博雅史学论丛

唐代的社会与性别文化

〔美〕姚平 / 著

北京大学出版社
PEKING UNIVERSITY PRESS

图书在版编目(CIP)数据

唐代的社会与性别文化/(美)姚平著.—北京：北京大学出版社，2018.9

(史学论丛·中国史系列)

ISBN 978-7-301-29760-5

Ⅰ.①唐… Ⅱ.①姚… Ⅲ.①性别差异—中国—唐代—文集 Ⅳ.①D691.91-53

中国版本图书馆CIP数据核字(2018)第183613号

书 名	唐代的社会与性别文化 TANGDAI DE SHEHUI YU XINGBIE WENHUA
著作责任者	〔美〕姚 平 著
责任编辑	刘书广 张 晗
标准书号	ISBN 978-7-301-29760-5
出版发行	北京大学出版社
地 址	北京市海淀区成府路205号 100871
网 址	http://www.pup.cn 新浪微博：@北京大学出版社
电子信箱	pkuwsz@126.com
电 话	邮购部62752015 发行部62750672 编辑部62755217
印 刷 者	北京溢漾印刷有限公司
经 销 者	新华书店
	965毫米×1300毫米 16开本 19.5印张 270千字
	2018年9月第1版 2018年9月第1次印刷
定 价	58.00元

目　录

序　言

1990年夏，我离开上海到美国中西部的伊利诺伊大学求学。四分之一世纪过去了，我对读研、执教和出版的艰辛也渐渐有了新的体会，于是便产生了以出版唐史论文集的形式来回顾自己的学术生涯的想法。这本小集子以论文发表的时间先后排列，在此，我希望通过对各篇论文的简单介绍来再现这一历程中的一些片断以及近二十年来美国的中国史研究和唐史研究的变化。

《中唐时期的"情"文学》①是我在美国发表的第一篇论文，也是我的博士论文《白居易作品中的女性、爱与女性气质》②第七章的修改稿，它凸现了我在美国读研时期导师们对我的影响。我在1990年至1992年期间就读于伊利诺伊大学的人类学系，师从女性主义人类学教授Alma Gottlieb。1992年至1997年间，我在历史系读博士学位。当时历史系有两位中国古代史教授，除了我的导师伊沛霞(Patricia Ebrey)教授

---

① "The Fascination with *Qing* in Mid-Tang China (763-835): A Study of the Writings of Bo Juyi (772-846)." *Chinese Historians* 10 (2000): 93-121.

② *Women, Love, and Femininity in the Writings of Bo Juyi (772-846)*, University of Illinois at Urbana-Champaign, 1997.

外，还有一位是研究明清科举制度和知识分子的周启荣教授。九十年代初期，美国的中国史研究领域对中国古代的社会阶层流动(social mobility)非常感兴趣，有关科举制度的论著也颇受关注。与此同时，福柯的权力话语理论在人类学和历史学领域中都极为盛行。因此，在决定博士论文方向时，我选择了通过考察唐代科举制度和进士集团的权力上升来反映社会性别话语权变化这一课题。此外，在历史领域中，以感情模式来定义历史时代的研究也非常受欢迎。这篇以"情"作为中唐时期的感情模式、以元白集团作为话语权代表的文章可以说是这些学术潮流的折射。它提出，在科考进仕者逐渐在权力结构中取代大姓望族的过程中，"情"在新贵族的自我表征中担当了非常重要的角色；"情"文学中所代表的社会性别观是中唐社会的一个重要文化动力，它对中唐社会各阶层有着巨大的影响。

《唐代的文人与女妓》①来自于我毕业论文中的另一章，其观点与《中唐时期的"情"文学》相近：新兴贵族集团借助公开炫耀女妓欢娱来取得唐代社会对他们在权力结构和文学文化的主导地位的认可。不过，在博士毕业之后，我的研究兴趣逐渐转向唐代墓志，因此，此文的论证中添加了一些女妓墓志资料。我在1998年底起向西文汉学期刊投稿，但是，由于自己才疏学浅，加之当时中国史领域中社会性别研究和墓志研究均尚未成气候，因此，这篇论文一直到2002年才得以在汉学研究外的性别研究期刊《妇女史学刊》(*Journal of Women's History*)上发表。

《唐代的文人与女妓》发文之艰难使我决定在写成《论唐代的冥婚及其形成的原因》②一文后直接向汉学期刊之外的学术刊物投稿。作

① "The Status of Pleasure: Courtesans and Literati Connection in Tang China (618-906)." *Journal of Women's History* 14.2 (2002): 26-53.

② "Until Death Do Us Unite: Afterlife Marriages in Tang China, 618-906." *Journal of Family History* 27.3 (2002): 207-226.

出这一决定的另一个原因是,2002 年是我提交终身教授申请报告的年度,如果没有几篇通过同行评审的文章发表,我的学术前途岌岌可危。我是我们系唯一一位亚洲史教授,因此,学校各级终身教授评审委员会更为认可史学中的专题期刊。所幸的是,《论唐代的冥婚及其形成的原因》一文投到《家庭史学刊》(*Journal of Family History*)后很快就被接受发表,这也反映了美国社会史研究领域的开放和包容。2003 年,我在英文原文的基础上,扩充了有关冥婚的墓志内容,在《学术月刊》发表,不期受到国内学者的异常关注。此文的主要观点是,唐代冥婚实践是与唐代的历史背景密切相关的——唐人重丧葬、重合葬;佛教兴盛也导致了唐代死亡观念的变化。这篇论文也是我对唐代佛教产生兴趣的开端。

《会昌灭法时期的女性》①从支氏女炼师墓志中有关支氏由住家尼转为道教炼师的记载来探讨宗教和政治的交错变迁以及社会的动荡不安对唐代女性的影响。这篇论文是我早年参加两个美国学术团体年会的成果。1998 年六月,我参加了在华盛顿州的 Whitman College 举办的美国亚洲研究学会西海岸分会(Asian Studies on the Pacific Coast)的年会。这是我毕业后第一次参加学术年会,虽然在会上发表的是关于唐代女妓的论文,但在开会期间,我结识了唐凯琳(Kathleen M. Tomlonovic)等一批非常关心、护持年轻学者的分会领袖。此后,我几乎每年参加这个分会的年会,并在 2000 年被选为分会理事。2001 年,学会电子期刊 *E-Journal of Asian Studies on the Pacific Coast*(简称 *E-ASPC*)创刊,由分会的另一个领袖人物 Jeffrey Barlow 担任主编。我便将 2002 年 4 月在洛杉矶召开的女性历史学家西部学会年会(Annual Meeting of Western Association of Women Historians)上发表的论文"Women's Lives

---

① "Compromised Aspirations: Tang Women's Life during the Era of the Persecution of Buddhism." *E-Journal of Asian Studies on the Pacific Coast*, Issue 2003.

under the Era of Persecution of Buddhism" 送审 *E-ASPC*,经外审、修改后,终于在 2003 年问世。这篇论文是我 1998 年夏天起转向墓志研究后发表的第一篇文章,它与学术团体领袖的支持以及我执教的学校对参加学术会议的重视是分不开的。

《唐代的生育》[①]一文发表在由留美历史学家学会(Chinese Historians in the United States,CHUS)创办的学术期刊《中国历史评论》(*The Chinese Historical Review*)上,其主旨在于揭示唐代女性生活的更深层面。虽然唐代公共话语赞誉母亲在家庭和社会中的积极角色,但是,从墓志统计数据来看,唐代贵族妇女因产而亡的现象很普遍。此文提出,政治和社会的动乱是女性生育率和寿命的最直接的逆向势力。此文可以说是我与留美历史学家学会结缘多年的成果。我到美国留学后不久,即经由当时担任学会期刊《中国历史学家》(*Chinese Historians*) 主编的陈兼教授介绍加入学会。CHUS 每年在全美历史学会 (American Historical Association) 年会上推出分组报告、召开 CHUS 会员大会,并定期出版会员通讯。2004 年《中国历史学家》改名为《中国历史评论》,由学会中坚王希教授出马担任主编,致力于将学刊办成一流学术刊物。[②] 因此,我投稿《中国历史评论》也是希望自己多年的研究被认可为有信誉的学术成果。所幸的是,此文被提名为 CHUS 学术优秀奖候选论著,并于 2006 年年初获奖。2007 年我被选为 CHUS 主席,2008 年起担任《中国历史评论》编委,可以说 CHUS 是我身份认同的一部分。

与许多同行的经历相同,我的大部分学术论文都是先在学术讨论会上发表的。讨论会上的评论和建议往往给修改论文提供了最佳方

---

① "Childbirth and Maternal Mortality in Tang China." *Chinese Historical Review* 12.2 (2005): 263-286.

② 有关《中国历史评论》的历史,参见王希《 在美国创办学术期刊——关于 CHR 成长经历的回顾》,收于陶飞亚、姚平编《中国的思想与社会》,上海大学出版社,2010 年,第 122—152 页。

案,《大德之争——金仙、玉真公主受法及唐代公主的政治历程》①一文就是这一过程的一个例证。在 2005 年 8 月召开于上海的国际亚洲学者研究大会(International Convention of Asian Scholars)上,我发表了有关唐代道教公主的宗教虔诚的论文;在 2006 年 4 月旧金山召开的全美亚洲研究学会(Association for Asian Studies, AAS)年会上,我发表了关于金仙和玉真造观争议的论文。参与这两个小组报告的学者卢苇菁、季家珍(Joan Judge)、姜进、曼苏恩(Susan Mann)和伊沛霞教授以及参加会议的学者给我提供了非常有益的建议。在这个 AAS 年会期间,我参加了唐研究学会(T'ang Studies Society)会员大会,遇到新任《唐研究》编辑的丁香教授,便冒昧地向她提起此文,丁教授回答说:这真是我们学刊所需要的课题!这让我感受到唐研究领域对性别史和墓志的关注,从此,唐研究学会便成为我身份认同的另一个重要部分。我在 2009—2015 年间担任《唐研究》编委,2016 年成为学会的终身成员,2017 年当选学会理事。

2006 年 3 月,我参加了由胡缨和季家珍组办的"中国历史中妇女传记与性别政治"(Gender Politics and Women's Biographical Tradition in China)国际研讨会,《唐代女性墓志综览》②即是在此会发表的论文的基础上修改而成。2007 年 6 月,我参加了由香港浸会大学的何刘咏聪教授筹办的"中国女性史史料学国际研讨会",与会者探讨了儒家经典、正史、墓志、医书、小说、文集、诗集、绘画、书法、报刊等的史料价值、使用及限制等范畴,《中古时期女性墓志综述》③一文是此次会议的成

---

① "Contested Virtue: The Daoist Investiture of Princesses Jinxian and Yuzhen and the Journey of Tang Imperial Daughters." *T'ang Studies* 22 (2007): 1-41.

② "Women's Epitaphs in Tang China (618-907)." In Joan Judge and Hu Ying, eds., *Beyond Exemplar Tales: Women's Biography in Chinese History*. University of California Press, 2011, 139-157.

③ "Women in Portraits: An Overview of Surviving Epitaphs from Ancient and Medieval China." In Clara Wing-chung Ho, ed., *Overt and Covert Treasures: Essays on the Sources for Chinese Women's History*. Hong Kong Chinese University Press, 2012, 157-184.

果。对我来说，应邀参与有关妇女史研究史料的研讨会象征着学术界对墓志作为史料的认可。可喜的是，时至今日，墓志几乎已被美国学界视为主流史料了。

《善缘——唐代的佛教徒母亲和子女》①的主要观点是，从唐代墓志来看，唐代社会视佛教妇道和儒教妇道互补互融，而佛教徒母亲的信仰对子女的影响似乎超过佛教徒父亲对子女的影响。由此可见，唐代佛教汉化过程是在公共和私人两个空间中同时进行的；唐代社会对佛教妇道观的接受以及佛教徒母亲对子女之言传身教反映了佛教汉化在私人空间的巨大成功。此文发表在2008年由管佩达（Beata Grant）教授任客座主编的《男女》学刊特刊上，而这辑以女性与宗教为主题的特刊的出版象征着中国宗教史领域中宗教与女性研究分支领域的初步成形。

《唐代表亲婚研究》②反映了我对联姻理论的重新认识和对我早年出版的《唐代妇女的生命历程》中有关表亲婚的探讨的纠正。此文提出，联姻理论不仅不能完整解释表亲婚的目的和作用，而且还会屏蔽表亲婚实践中的具体经验。从墓志来看，唐代的表亲婚有其非常具有时代性的特点——个人主观能动性、感情纽带以及本家的角色。此外，唐代表亲婚实践还证实了唐代望族自为婚姻的特殊现象。此文引用了大量人类学资料和比较研究的成果，因此，它与传统意义上的历史研究相距甚远，这使我在投稿过程中碰到不少坎坷。虽然成文于2008年，直到2011年它才在《中国历史评论》上刊出。所幸的是，此文持续两年成为该学刊点击数最高的论文，还被不少美国高校的性别史课程选为读物。

---

① "Good Karmic Connections: Buddhist Mothers and Their Children in Tang China (618-907)." *Nan Nü: Men, Women and Gender in China* 10.1 (2008): 57-85.

② "Cousin Marriages in Tang China (618-907)." *Chinese Historical Review* 18.1 (2011): 25-55.

2008年，卢苇菁教授受美国性史研究权威杂志《性史学刊》（*Journal of the History of Sexuality*）之邀，担任以"中国历史中的性"为主题的特刊客座主编，这体现了美国性史研究领域对中国史的极大兴趣。《历史视野下的大乐——唐代的性文学》[①]是这期特刊中的五篇论文之一，其他作者包括卢苇菁、张聪、苏成捷（Matthew H. Sommer）和黄卫总。此文通过分析《游仙窟》和《大乐赋》等文本来探讨唐代性文学的特殊性，它指出，唐代性文学十分强调礼节、雅致、博学、修养以及对性愉悦的感知；它凸现了唐代性别关系和性行为观念中的新层面——科举文人在政治体制和话语权上的优势以及他们与道教和佛教的互动。

《唐代妇女与佛教孝道观》[②]最初发表在2011年澳门大学举办的"中国宗教中的女性与社会性别国际讨论会"（International Conference on Women and Gender in Chinese Religions）上，此会是由在澳门大学任教的贾晋华教授发起。承蒙她的邀请，我和康笑菲一起参与了筹备工作。可以说，这个讨论会以及会议论文集[③]的出版象征了中国宗教史领域中宗教与女性研究分支领域的成熟。此文主旨在于考察中国佛教孝道的发展以及女性在这个进程中的角色。它提出，在唐代，中国佛教已形成一套繁复的孝道表达体系；而唐代的比丘尼和女信徒是这些新型孝道方式的推动者。

《东国、西国与南国——唐代韩人的身份认同》发表在2014年6月于哈佛大学召开的中世纪中国学术讨论会（The Middle Period Conference）上，这是我至今为止唯一一篇偏离女性和性别主题的论文。此文

---

① "Historicizing Great Bliss: Erotica in Tang China (618-907)." *Journal of the History of Sexuality*, 22.2 (2013): 207-229.

② "Tang Women in the Transformation of Buddhist Filiality." In Jinhua Jia, Xiaofei Kang and Ping Yao, eds., *Gendering Chinese Religion: Subject, Identity, and Body*. SUNY Press, 2014, 25-46.

③ Jinhua Jia, Xiaofei Kang and Ping Yao, eds., *Gendering Chinese Religion: Subject, Identity, and Body*. SUNY Press, 2014.

以九篇百济墓志和崔致远的《四山碑铭》为中心,探讨唐人对三韩人加予的身份认同与三韩人的自身意识的明显区别。这些文献还反映出,在唐代和新罗时代,墓志和碑铭的作用远远超越了纪念亡者、表现孝道、传播社会规范,它们还是表达、制造、"赐予"和竞争身份认同及其相应品德的载体。我对唐代三韩人的兴趣始于近年来发现的百济人墓志,但荣新江和陈三平等学者在唐代民族融合方面的研究也深深启发我对唐人民族身份认同的兴趣,这个课题将是我今后研究的一个主要方向。

本书第十四章——《中国性史研究的选题与资料》是应邀为性别史教材所写的一个章节,它也是我对西方有关中国性史研究的一个回顾和思考。这篇文章提出,现存史料的类型和体裁在某种程度上决定了中国性史研究的课题、方向和方法。比如,有关上古社会的性史研究多集中于对马王堆医书以及对早期道教文献的探讨,而有关魏晋南北朝时期的研究多注重探讨道教仪式和实践所反映的性观念。有关唐代的性研究在选题和史料选择方面则更为广泛;相对来说,宋代性史的研究多注重于考察儒家对性关系的界定以及对"不端"性行为的警示。至今为止,明清性史是中国性史研究中成果最为丰富的,这反映了明清史料的丰富和体裁之多元。

《从如愿墓志与惠果墓志看佛教文献的性别化》(Gendering Texts in Chinese Buddhism: Tang Epitaphs for State Masters Ruyuan and Huiguo)一文反映了我对"社会性别"这一概念的重新认识,也是我借助敦煌题记资料和传统的佛教文献来探讨唐代性别与宗教的起点。此文提出,佛教徒墓志和佛教文献中的社会性别语言以及这些文献所体现的感知上、认可的性别差异折射了唐代佛教系统和唐代社会中社会性别制度以及权力等级制度。此文发表在2015年由香港中文大学黄慧贞教授筹办的"性别与中国宗教——文本与处境的对话"国际学术研讨会上。这个研讨会是中国宗教与女性研究这一分支领域的第二次聚会,所提交的论文在选题和深度上超越了第一次聚会,学者们还决定在2020年之前在洛杉矶举办第三次国际研讨会。我相信,这个未来的聚会将在史料、选题和方法论上更为成熟、更加创新。

自1997年我提交博士论文,整整二十年过去了。在这二十年中,美国的中国史研究领域经历了巨大的变化:福柯的理论和结构主义已趋边缘化,社会性别史研究已不再是妇女史研究的代称,唐史研究已经成为一个多元化的、成熟的中国史研究分支。更为重要的是,近年来与中国学界的互动以及留美学者的参与使得美国的唐史研究领域在史料采纳和课题切入上都更为广博和细致。2016年11月,美国唐研究学会在位于佛罗里达州Sarasota市的艾伦图书馆(Elling O. Eide Library)举行了第二届唐研究国际讨论会,①有二十六位学者在会上做报告,其中包括西方唐史研究泰斗麦大维(David McMullen)、唐研究学会首任女会长田安(Anna M. Shields),以及几位尚在读博士的年轻学者。报告内容之精深和研究课题之多样已远远超越了2009年在纽约州立大学召开的第一届唐研究国际讨论会。② 我的总体感受是,如果说,美国唐史研究在20世纪后半期致力于重构唐代政治制度、经济结构,以及思想、宗教、文学的发展过程及其历史意义的话,那么,21世纪以来的研究则开始转向唐代社会组合中的方方面面及其内在互动和外在影响。我相信,这一研究趋势一定会挑战我们对唐代社会的认知,而对唐代社会性别制度及其体现的研究将会对这一挑战做出不可估量的贡献。

① "Making Connections: Contemporary Approaches to the Tang Dynasty." (In Honor of the Opening of the Elling O. Eide Library), November 10-12, 2016, Sarasota, Florida.

② T'ang Studies: The Next Twenty-five Years, An International Conference to Celebrate the 25th Anniversary of the T'ang Studies Society, University at Albany, Albany, New York, May 8-9, 2009.

中唐时期的“情”文学

——白居易作品研究

唐代元和元年(806)的一个冬天,三位文人官员①——白居易(772—846)、陈鸿(贞元二十一年[805]进士)、王质夫(9世纪初)在地处盩厔(今陕西周至)的仙游寺小聚。② 情爱以及玄宗-杨贵妃之生死恋是当天饮醇感怀间的中心话题。王质夫恳求白居易将这段故事记录下来,以飨读者,中国文学史上的经典长诗《长恨歌》由是问世。③ 这首诗作是以唐玄宗(汉皇)对天生丽质的杨贵妃的动情开

① 西方唐史研究者对以科举进仕的官员集团有“new elite”(新精英、新贵族)、“intellectuals”(知识分子)、“*shi*”(士)、“literati-officials”(文人官员)等不同称呼。近年来比较常用的称呼是麦大维(David L. McMullen)在《唐代的国家与学者》(*State and Scholars in T'ang China*, Cambridge University Press, 1988年)中提出的“scholar-officials”(学者官员)。本文采用“literati-officials”一词,意在强调这一新兴集团的科举出身背景。本文的选择是出于以下两个考虑:一、唐代科举以文采为重,尤其是以诗赋为中心的进士科;二、一旦进士及第,这些新贵往往以文人自居。正如李肇在《唐国史补》中提及的,“进士为时所尚久矣,是故俊人由此出者,终身为文人”(上海古典文学出版社,1957年,第55页)。

② 白居易当时正任职盩厔县尉。

③ 朱金城《白居易集笺校》第二册,上海古籍出版社,1988年,第659—661页。

篇的：

汉皇重色思倾国，御宇多年求不得。
杨家有女初长成，养在深闺人未识。
天生丽质难自弃，一朝选在君王侧。
回眸一笑百媚生，六宫粉黛无颜色。
春寒赐浴华清池，温泉水滑洗凝脂。
侍儿扶起娇无力，始是新承恩泽时。[①]

《长恨歌》叙述了玄宗与杨贵妃间的持久情爱、他们的生离死别、玄宗失去贵妃后的悲楚以及杨贵妃在仙界对玄宗的思念，它在成文不久就受到文人的欣赏、朝廷的赞誉，并在民间广泛流传。[②] 白居易在《与元九书》中曾提到《长恨歌》的声望：

及再来长安，又闻有军使高霞寓者，欲聘倡妓，妓大夸曰："我诵得白学士《长恨歌》，岂同他妓哉？"由是增价。又足下书云：到通州日，见江馆柱间有题仆诗者，复何人哉？又昨过汉南日，适遇主人集众娱乐他宾，诸妓见仆来，指而相顾曰：此是《秦中吟》《长恨歌》主耳。[③]

---

① 《白居易集笺校》第二册，第659—661页。参见柯睿（Paul W. Kroll）《白居易〈长恨歌〉新译》（Po Chü-i's 'Song of Lasting Regret': A New Translation），*T'ang Studies* 8—9（1990年），第97页。

② 白居易在元和十年（815）所写的《编集拙诗成一十五卷，因题卷末，戏赠元九、李二十》中曾列出了他自己认为最受读者欢迎的两部诗作——"一篇长恨有风情，十首秦吟近正声"。（见《白居易集笺校》第二册，第1053页。）王定保《唐摭言》也提及此诗在当时的流行以及宣宗的著名诗作《吊白居易》："白乐天去世，大中皇帝以诗吊之曰：缀玉联珠六十年，谁教冥路作诗仙。浮云不系名居易，造化无为字乐天。童子解吟长恨曲，胡儿能唱琵琶篇。文章已满行人耳，一度思卿一怆然。"（《唐摭言》卷一五）

③ 白居易《与元九书》，《白居易集笺校》第五册，第2793页。

《长恨歌》风行一时的原因何在？白居易是中国历史上最为著名的诗人之一，也是唐代最多产的文人，他又是中唐时期最具影响力的文人集团——元白文学集团的领袖，毋庸置疑，他的文学天才使得《长恨歌》成为千年绝唱。[①] 然而，《长恨歌》的流行的最重要原因是，这首叙事诗完美地体现了唐代中期的情感模式——“情”。本文的目的在于试图通过对白居易的作品的分析来考察中唐时期的“情”模式，笔者认为，这一极具特色的情感模式凸现了当时的历史背景——科举文人在权力系统中的逐渐占据优势、情爱在社会性别关系理念中的重要性，以及通俗文学对唐代文化的巨大影响力。

唐代之前及唐代前期的“情”

“情”在英文中很难找到恰当的翻译，这是因为它在汉语中的意思是多变的。西方学者将“情”译成“feeling”“emotion”“passion”“attraction”“affinity”“love”等不同词汇，[②]也有学者认为，直接用 *qing* 更

---

① 元白集团指以元稹和白居易为中心的文人集团。有关元白集团的研究可见马铭浩《唐代社会与元白文学集团关系之研究》，台北：学生书局，1991 年；华莉莉（Lily Hwa）《元稹：诗人兼政治家，其政治与文学生涯》（Yüan Chen［A. D. 779—831］: The Poet-Statesman, His Political and Literary Career），University of Illinois at Urbana-Champaign 博士论文，1984 年；花房英树《白氏文集の批判的研究》，京都：汇文堂书店，1960 年；平冈武夫《白居易》，东京：筑摩书屋，1977 年。

② 参见 Hua-yuan Li Mowry《〈情史〉中的中国爱情故事》（*Chinese Love Stories from Ch'ing-shih*, Hamden: Anchor books，1983 年；Howard Levy《唐代文学中的爱情主题》（Love Themes in Tang Literature），*Orient/West* 7，1962 年，第 67—78 页；孙康宜（Kang-I Sun Chang）《晚明诗人陈子龙：爱情和忠诚的危机》（*The Late-Ming Poet Ch'en Tzu-lung: Crises of Love and Loyalism*），Yale University Press，1991 年。Mowry 的著作翻译并分析了冯梦龙（1574—1646）的《情史》；孙康宜在她的陈子龙（1608—1647）研究中提出，陈子龙的词作是他的一个文学工具（literary device），他通过对女妓的理想情爱的描写来表达对明朝皇帝的忠诚；而陈子龙的诗作则体现了他对神女形象的追崇。Levy 的文章强调，唐代的“情”主题的历史背景是注重主观感情描述的个人主义。Levy 认为，唐代“情”文学创造了一个独特的道德守则，这个守则是对传统的伦理禁锢的反击（第 78 页）。

能反映出这一概念的特殊意义和内涵。[①] 不过,所有讨论到"情"的学者都同意,在中国文学中,"情"主要指男女间的感情。

"情"字在上古时期含义很广。"情"字以"青"为声旁,以代表感情和思考的"心"为形旁。[②] "心"作为通用的字旁是一个比较晚起的现象。在商周时期的甲骨文和金文中,所有与感情和情绪有关的字都以"言"(舌之象形)为形旁。[③] 这可能说明早期中国哲学对言语表达的注重超过了对感情表达或思维的注重,由此可见,对感情和思辨的强调是在商周以后发展起来的。从注重语言表述到对感情和思维的肯定的转变是在东周时期发生的——大部分带心旁的、与情绪和思维有关的字都出现在东周时期,"情"即是其中之一。"情"的本意包括"感受""情绪"以及"人性"。最早关于"情"字的解释出于《荀子》的《正名》篇:"性之好恶喜怒哀乐谓之情"。[④] 东汉许慎的《说文解字》称:"情,人之阴气,有欲者。"唐代之前最为著名的关于"情"的讨论是在刘勰(466—538)的《文心雕龙》中。刘勰强调了"情"在文学创作中的重要性:

> 故立文之道,其理有三:一曰形文,五色是也;二曰声文,五音是也;三曰情文,五性是也。五色杂而成黼黻,五音比而成《韶》

---

① 见高彦颐(Dorothy Ko)《闺塾师:明末清初江南的才女文化》(*Teachers of the Inner Chambers: Society and Women in Seventeenth Century China*)一书第二章《〈牡丹亭〉中的爱情的魅力》(The Enchantment of Love in *The Peony Pavilion*), Stanford University Press, 1994年;李惠仪(Wai-yee Li)《迷幻与警幻:中国文学中的爱情与梦幻》(*Enchantment and Disenchantment: Love and Illusion in Chinese Literature*), Princeton University Press, 1993年。高彦颐提出,随着17世纪时期印刷出版文化的突飞猛进,在江南地区的男女读者中出现了一个对"情"主题的热衷。李惠仪的研究考察了"情"这个主题的社会背景和明清时期的历史危机。她提出,虽然"情"是私人情感的宣泄,但另一方面,它的意识基础与儒教的伦理道德、道教的永生之约以及佛教的因果报应是相吻合的。

② 如"思""恨""悟""意""悲""感"和"愉"等。

③ 事实上,在上古文字中,有不少"心"旁与"言"相通的字。

④ 见《荀子集释》,台北:学生书局,1979年,第506页。

《夏》,五情发而为辞章,神理之数也。…… 故情者,文之经;辞者,理之纬。经正而后纬成,理定而后辞畅。此立文之本源也。①

"情"又指男女间的"爱情""激情""情欲"。最早以"情"字描述男女之爱的是战国时期的《楚辞》;在南北朝时期,"情"用于男女之爱逐渐普遍,这在诗歌中尤为突出。②

早唐是"情"文学发展的重要时期,这表现在用"情"表示男女之爱的比例急剧增加,不少与"情"字组合用以描绘男女之爱的方方面面的词汇也是在这个时期出现的,如"情语""情尘""情郎""情面"等。另一个重大发展是通俗小说的主题的变化。从早唐起,通俗小说开始脱离"志怪"主题而逐渐转向反映现实生活。张鷟(660—740)的《游仙窟》可以说是这个转型过程的代表。《游仙窟》讲述了一位张姓官员在任职河源途中与才貌双全的十娘的一夕欢情。此文的重点在于描写男女双方的"情"的表达,包括张的"留情",十娘的"才情",两人之间的"关情""情相交通""情急意密"和"情来不自禁"。

从"情"字的起源及发展来看,男女之"情"在中国文学史中有着悠久的历史,不过,本文希望进一步证明,"情"文学的成熟以及"情"成为一个时代的感情模式是在中唐时期才出现的。

白居易叙事诗中的"情"

中唐时期对"情"的追崇反映在四个方面:文人对男女之间的"情"之重的强调;"情"字在文学作品中出现的频率远高于之前任何时代;

① 《文心雕龙》第三十一《情采》。

② 如徐陵《玉台新咏》中的多首诗作。《玉台新咏》已经由 Anne Birrell 全文译出,并由英国伦敦的 Allen and Unwin 出版社在 1982 年出版,书名是 *New Songs from a Jade Terrace*。

“情”文学，尤其是元白体，在中唐非常受欢迎；元白集团的“情”文学推动了通俗小说中的爱情主题的作品的大量出现。

在《与元九书》中，白居易感叹道：“感人心者，莫先乎情，莫始乎言，莫切乎声，莫深乎义。《诗》者根情苗言，华声实义，上自圣贤，下至愚騃，微及豚鱼，幽及鬼神，群分而气同，形异而情一，未有声入而不应，情交而不感者。”[①]开成四年（839）白居易作《不能忘情吟》，[②]描述他自己对“情”的感受。当时白居易已经是68岁的老人，他的左腿因中风而不遂，于是决定遣放他的爱妓樊素（和他的爱马——骆），他们之间的告别可称是中唐“情有独钟”的一个例证。白居易写道，樊素“惨然立且拜，婉娈有辞”。对之曰：“素事主十年，凡三千有六百日。巾栉之间，无违无失。今素貌虽陋，未至衰摧。骆力犹壮，又无虺隤。即骆之力，尚可以代主一步。素之歌，亦可以送主一杯。一旦双去，有去无回。故素将去，其辞也苦。骆将去，其鸣也哀。此人之情也，马之情也，岂主君独无情哉？”而白居易则誓言：“噫，予非圣达，不能忘情，又不至于不及情者。事来搅情，情动不可柅。”

虽然《不能忘情吟》中的“情”字是广义的，但是从樊素所说的“巾栉之间，无违无失”句来看，白居易所希望强调的当是男女之情。这在元和七年（812）元稹和白居易之间的一组诗书交往中体现得最为明确。元稹在《梦游春》序中是如此阐述他对“情”的感受的：“斯言也，不可使不知吾者知，知吾者亦不可使不知。乐天知吾也，吾不敢不使吾子知。”[③]他在《梦游春》中描写的正是对男女之情的向往。[④] 在其他一些唐代作品中，“情”直接指男女情欲。如在《开元天宝遗事》中，王仁裕（880—956）称：“明皇正宠妃子，不视朝政，安禄山初承圣眷，因进助情

① 《白居易集笺校》第五册，第2790页。
② 《白居易集笺校》第六册，第3811页。
③ 《白居易集笺校》第二册，第863页。
④ 见《全唐诗》卷四〇六。

花香百粒，大小如粳米而色红。每当寝处之际，则含香一粒。助情发兴，筋力不倦。”①

白居易关于男女之情主题的诗作之众在他的时代已经得到公认，文人同僚称其为“多于情”者，②而王质夫“玄宗-贵妃”诗作的请求也正是因为他“多于情”。因此，《长恨歌》之以“情”为“玄宗-贵妃”故事主线是可想而知的。《长恨歌》描写到，自从玄宗恩泽杨贵妃之后，两人在十三年间几乎形影不离：

云鬓花颜金步摇，芙蓉帐暖度春宵。
春宵苦短日高起，从此君王不早朝。
承欢侍宴无闲暇，春从春游夜专夜。
后宫佳丽三千人，三千宠爱在一身。

白居易将安史之乱的起因和过程略去不提，而是着重渲染玄宗与贵妃的生离死别以及玄宗的“朝朝暮暮情”：

六军不发无奈何，宛转蛾眉马前死。
花钿委地无人收，翠翘金雀玉搔头。
君王掩面救不得，回看血泪相和流。
黄埃散漫风萧索，云栈萦纡登剑阁。
峨嵋山下少人行，旌旗无光日色薄。
蜀江水碧蜀山青，圣主朝朝暮暮情。
行宫见月伤心色，夜雨闻铃肠断声。
天旋地转回龙驭，到此踌躇不能去。

① 《开元天宝遗事》卷上“助情花”条。
② 陈鸿《长恨歌传》，《白居易集笺校》第二册，第659页。

马嵬坡下泥土中，不见玉颜空死处。
君臣相顾尽沾衣，东望都门信马归。
归来池苑皆依旧，太液芙蓉未央柳。
芙蓉如面柳如眉，对此如何不泪垂。
春风桃李花开日，秋雨梧桐叶落时。
西宫南内多秋草，落叶满阶红不扫。
梨园弟子白发新，椒房阿监青娥老。
夕殿萤飞思悄然，孤灯挑尽未成眠。
迟迟钟鼓初长夜，耿耿星河欲曙天。
鸳鸯瓦冷霜华重，翡翠衾寒谁与共。
悠悠生死别经年，魂魄不曾来入梦。

白居易接下来所设计的情节更是以“情”为重：一位道士“为感君王辗转思，遂教方士殷勤觅”；蓬莱宫太真/贵妃“闻道汉家天子使”，急迫地与方士相见，叙述她的思念，嘱托她的信物和誓言。

含情凝睇谢君王，一别音容两渺茫。
昭阳殿里恩爱绝，蓬莱宫中日月长。
回头下望人寰处，不见长安见尘雾。
唯将旧物表深情，钿合金钗寄将去。
钗留一股合一扇，钗擘黄金合分钿。
但教心似金钿坚，天上人间会相见。
临别殷勤重寄词，词中有誓两心知。
七月七日长生殿，夜半无人私语时。
在天愿作比翼鸟，在地愿为连理枝。
天长地久有时尽，此恨绵绵无绝期。

很显然,《长恨歌》的一个突出标记是“情”。为了渲染“情”这个主题,白居易故意更改了玄宗与杨贵妃初次见面的情节。杨贵妃最初是以寿王妃的身份进入唐皇宫的,[①]而《长恨歌》则将玄宗-贵妃之恋描写成一见钟情。[②] 正是因为它以“情”为主题,这首诗不仅在唐代风靡一时,而且还深受之后各代读者的赞赏。《长恨歌》的尾句之一“在天愿作比翼鸟,在地愿为连理枝”成为中国文学史上最著名的爱情宣言;后代作者还将《长恨歌》改写为小说和戏剧,[③]其中,洪昇(1645—1704)的《长生殿》被推崇为17世纪中国“情”文化高潮的动因之一。[④]

《长恨歌》成文之后十年,白居易创作了另一首脍炙人口的叙事诗《琵琶行》。与以“情”为故事主线的《长恨歌》不同的是,《琵琶行》表述了白居易对琵琶女的感情。白居易是这样描写他与琵琶女的相会的:“元和十年,余左迁九江郡司马。明年秋,送客湓浦口,闻舟中夜弹琵琶者。听其音,铮铮然有京都声。问其人,本长安倡女,尝学琵琶于穆曹二善才。年长色衰,委身为贾人妇。遂令酒使快弹数曲。”而琵琶女的举止和表演令白居易顿生同情:

千呼万唤始出来,犹抱琵琶半遮面。

---

① 见《新唐书》卷七六《后妃传》中的《杨贵妃传》。《新唐书》和《旧唐书》中的《杨贵妃传》已经由 Howard Levy 全文译出。见《杨贵妃的一生》(The Career of Precious Yang),收于 Howard Levy《一位煊赫天朝人的闺房之宠》(*Harem favorites of an Illustrious Celestial*),台中:中大印刷公司,1958 年。又可参见陈凡平(Fan-pen Chen)《官史资料所记杨贵妃与中国史学史的问题》(Problems of Chinese Historiography as Seen in the Official Records on Yang Kuei-fei),*T'ang Studies* 8—9(1990 年),第 83—96 页。

② Howard Levy 认为,白居易描写玄宗-贵妃一见钟情的目的在于强调这首长诗的永恒之爱的主题,它不需要受制真实故事,因为陈鸿的长序已经讲述了事情的经过。见 Levy《一位煊赫天朝的闺房之宠》,第 101 页。

③ 《长恨歌》之后的第一篇有关唐玄宗与杨贵妃的爱情故事的作品是北宋乐史(930—1007)撰写的《杨太真外传》。之后的文学作品有元人白朴(约 1226—1306)的杂剧《唐明皇秋夜梧桐雨》以及明末屠隆(1542—1605)的《彩毫记》。有关研究可见施鸠堂《白居易研究》(台北:天华出版社,1981 年)中《长恨歌的发展》一节。

④ 高彦颐《闺塾师:明末清初江南的才女文化》,第 80 页。

转轴拨弦三两声，未成曲调先有情。
弦弦掩抑声声思，似诉平生不得志。
低眉信手续续弹，说尽心中无限事。

琵琶女随后叙述了自己的身世，而白居易自己也是“出官二年”，“感斯人言，始觉有迁谪意”，因而有“同是天涯沦落人，相逢何必曾相识”之叹。琵琶女也为白居易的遭遇和性情所感动，再“坐弹一曲”，以致白居易泪湿青衫：

感我此言良久立，却坐促弦弦转急。
凄凄不似向前声，满座重闻皆掩泣。
座中泣下谁最多，江州司马清衫湿。

在另一首诗《夜闻歌者》中，白居易描述一个相似的情景。元和十年(815)白居易在谪至江州的途中，宿于鄂州，“邻船有歌者，发调堪愁绝”。白居易此时也正心情低落，歌者的凄切之音使他对这位“娉婷十七八”的少妇有“相逢何必曾相识”之感：

夜泊鹦鹉洲，秋江月澄澈。
邻船有歌者，发调堪愁绝。
歌罢继以泣，泣声通复咽。
寻声见其人，有妇颜如雪。
独倚帆樯立，娉婷十七八。
夜泪似真珠，双双堕明月。
借问谁家妇，歌泣何凄切？

一问一沾襟，低眉终不说。①

《琵琶行》和《夜闻歌者》所记录的是白居易自己的亲身经历，这也给我们提供了唐代社会的情感和性别关系观念的实际例证。江州之谪是白居易仕途的最低点，他在这一时期的伤感使得他对"情"有一种新的追求——交流和珍重。这两首诗还反映出，在中唐时期，男女间的感情表达是十分自由的。白居易对琵琶女和歌者坦然地表露自己的关爱，虽然《夜闻歌者》的少妇"一问一沾襟，低眉终不说"，但读者可以感受到她对白居易的抚慰的接受。而在《琵琶行》中，当白居易对琵琶女表白："今夜闻君琵琶语，如听仙乐耳暂明。莫辞更坐弹一曲，为君翻作琵琶行"之后，琵琶女"良久立"，读者也可以在此句中感受到她的"含情脉脉"。此外，这两首诗还反映出，白居易与琵琶女和歌者的交往是被唐人所接受的，因为，这两个"偶遇"都是在有旁人的场合。②

白居易短诗中的"情"

虽然唐史研究和中国文学研究学者对白居易的生平和他的作品有多方面论述，但对白居易在"情"文学方面的重要地位尚未有全面的探讨。而且，关于白居易作品中爱情主题的研究也多注重于对白居易的

① 《白居易集笺校》第二册，第 605 页；Levy《白居易集选译》(*Translations from Po Chü-i's Collected Works*)，New York：Paragon Book Reprint Corp.，1971 年，第 1 册，第 132—133 页。

② 值得一提的是，这种感情上的坦诚和男女间的交往使后人觉得不可思议。比如，宋代的洪迈（1123—1202）认为白居易的行为是完全违反儒家男女授受不亲的伦理规范的："白乐天《琵琶行》，盖在浔阳江上为商人妇所作，而商乃买茶于浮梁，妇对客奏曲，乐天移船，夜登其舟与饮，了无所忌。岂非以其长安故倡女，不以为嫌耶？"（《容斋随笔·三笔》卷六）

叙事诗(尤其是《长恨歌》)的讨论,[①]而对他的短诗则关注甚少。通读白居易诗作,我们可以看到,短诗似乎更全面地、更丰富地体现了他对“情”的表达、感怀、赞美和思考。

爱情是中国诗歌传统中一个经久不衰的主题,乐府诗中的长相思体即是一个最好的例证。长相思体始于南朝,其诗作多为描述身处两地的男女情人或者友人间的思念之情,在梁陈时期十分受欢迎。[②] 这一乐府诗体裁在早唐时期非常流行,但唐朝的长相思诗都是描写男女之爱的。[③] 中唐之前,长相思诗作最出名的是李白的作品。[④] 白居易是唐代新乐府诗运动的领袖,也是唐代诗人中写作乐府诗最多的诗人,共留下五十余首乐府诗作品。[⑤] 在这些诗中,他的《长相思》是最为出名的:

九月西风兴,月冷露华凝。
思君秋夜长,一夜魂九升。
二月东风来,草拆花心开。
思君春日迟,一日肠九回。
妾住洛桥北,君住洛桥南。
十五即相识,今年二十三。
有如女萝草,生在松之侧。

---

① 如陈寅恪《元白诗笺证稿》,香港:商务印书馆,1962 年;罗联添《长恨歌与长恨歌传共同结构问题及其主题探讨》,收于氏著《唐代文学论集》,台北:学生书局,1989 年,第 521—538 页;以及 Levy 和柯睿的论著。

② 明人胡震亨(1569—1642)认为,长相思诗体始于梁代的张率 (475—527),完善于陈代的徐陵(507—583)和江总 (519—594)。见胡震亨《唐音癸签》,上海:中华书局,1962 年,第 110 页。

③ 宋人郭茂倩(1041—1099)的《乐府诗选》收集了九篇唐代的长相思诗,其中三篇是李白的诗作,其他六篇的作者分别是郎大家宋氏、苏亭、刘复、陈羽 、武元衡、白居易。

④ 《全唐诗》卷一六二。

⑤ 有关白居易的乐府诗作,参见廖美云《元白新乐府研究》,台北: 学生书局,1988 年。

蔓短枝苦高，萦回上不得。
人言人有愿，愿至天必成。
愿作远方兽，步步比肩行。
愿作深山木，枝枝连理生。①

《长相思》原本是乐府中所用之曲，至唐代而成为词牌。就笔者所知，作为词牌的长相思的最早作者是白居易。②《全唐诗》收入两首白居易所作的《长相思》词，均以少女思念情人为题材。③ 与白居易有交往的女妓吴二娘，④也曾作《长相思》词，描写男女爱情。⑤ 白居易撰写乐府和词牌的中的《长相思》反映了以更为自由、开放和流行的体裁来传达“情”的主题的意愿。⑥

白居易的《赠言》是以古调诗的形式写成，时值宝历元年，白居易已经54岁，而这首诗写的是对一位年约20岁的妇人的爱慕之情：

捧籯献千金，彼金何足道。
临觞赠一言，此言真可宝。
流光我已晚，适意君不早。
况君春风面，柔促如芳草。
二十方长成，三十向衰老。

---

① 《全唐诗》卷八九〇。此诗未收入《白居易集》。

② 长相思的格式是：双调、三十六字、平韵。

③ 《长相思·汴水流》，《全唐诗》卷八九〇。

④ 白居易在《寄殷协律》一诗中曾提及吴二娘。见《白居易集笺校》第三册，第1746页。

⑤ 见任半塘《敦煌歌辞总编》，上海古籍出版社，1987年，第320页。任半塘提及，敦煌文献中还有其他三首长相思诗，但它们的格式与白居易的长相思诗略有不同(第591页)。

⑥ 西方有关唐代的词的综合性研究可参见魏玛莎（Marsha L. Wagner）《莲舟：唐代俗文化中词的起源》（*The Lotus Boat: The Origins of Chinese Tz'u Poetry in T'ang Popular Culture*），Columbia University Press，1984年。

镜中桃李色，不得十年好。
胡为坐脉脉，不肯倾怀抱。[①]

白居易曾钟情于多位女性，其中湘灵似乎是他最为怀念的“长情人”。[②] 湘灵和白居易间的感情是在白居易贞元十二年(796)回到符离为父亲服丧发生的。此时白居易25岁。白居易写过不少诗篇回忆他们之间的交往。从《感情》一诗中我们得知，湘灵曾送白居易一双鞋，暗示自己的向往：“永愿如履綦，双行复双止。”[③]白居易在服丧结束后，又滞留符离两年，未知是否与湘灵有关？从他在贞元十六年旅途中所写的《寄湘灵》来看，白居易确实非常珍惜他对湘灵的感情：

泪眼凌寒冻不流，每经高处即回头。
遥知别后西楼上，应凭栏干独自愁。[④]

贞元十九年(803)，白居易书判拔萃登榜，次年授校书郎，这一年的冬至夜，白居易在长安写下了这首题为《冬至夜怀湘灵》的诗作：

艳质无由见，寒衾不可亲。
何堪最长夜，俱作独眠人。[⑤]

这首诗还反映出白居易和湘灵可能是曾有肌肤之亲的情人。不过，他们最终并没有成婚。在《感秋寄远》中，白居易感叹道：虽然他与湘灵

---

① 《白居易集笺校》第一册，第460页；Levy《选译》第三册，第112—113页。
② 《感情》，《白居易集笺校》第二册，第562页。
③ 同上。
④ 《白居易集笺校》第二册，第784页。
⑤ 同上书，第760页。

“两情千里同”，但他们的结局却是“佳期与芳岁，牢落两成空”①。贞元二十年（804）白居易与湘灵秘密相聚作别，白居易作《潜别离》一诗以慰湘灵：

不得哭，潜别离。
不得语，暗相思。
两心之外无人知。
深笼夜锁独栖鸟，利剑春断连理枝。
河水虽浊有清日，乌头虽黑有白时。
惟有潜离与暗别，彼此甘心无后期。②

元和二年（807）白居易与出身大族的杨氏成婚，但他对湘灵一直难以忘怀。在元和七年（812）的《感镜》③以及元和十二年（817）的《感情》两诗中，白居易记录他睹物生情的思绪。《感镜》陈述道：“美人与我别，留镜在匣中。自从花颜去，秋水无芙蓉。”而《感情》一诗读来更是凄楚动人：

中庭晒服玩，忽见故乡履。
昔赠我者谁？东邻婵娟子。
因思赠时语，特用结终始。
永愿如履綦，双行复双止。
自吾谪江郡，漂荡三千里。
为感长情人，提携同到此。
今朝一惆怅，反复看未已。
人只履犹双，何曾得相似？

① 《白居易集笺校》第二册，第725页。
② 同上书，第683页；Levy《选译》第一册，第128页。
③ 同上书，第534—535页。

可嗟复可惜，锦表绣为里。
况经梅雨来，色暗花草死。①

白居易很可能在元和十年（815）从长安到江州的旅途中与湘灵见面，《逢旧》一诗记录他对此事的感受：

我梳白发添新恨，君扫青蛾减旧容。
应被傍人怪惆怅，少年离别老相逢。②

此外，白居易的《冬至宿杨梅馆》③《客中守岁》④《江楼月》⑤《嘉陵夜有怀》⑥等诗作读来都似乎是他在怀想自己对湘灵的情感。

白居易与他的文人僚友经常以诗书交往的形式来表达他们对“情”的追逐。在白居易致刘禹锡的《酬刘和州戏赠》诗中，白居易自称“政事素无争学得，风情旧有且将来”。⑦“情”主题经常出现在白居易与其他文人的文字来往中。⑧大和二年（828），白居易作《酬严给事》，诗中以“青琐仙郎”来描述男女之爱：

嬴女偷乘凤去时，洞中潜歇弄琼枝。
不缘啼鸟春饶舌，青琐仙郎可得知。⑨

---

① 《白居易集笺校》第二册，第 562 页；Levy，《选译》第一册，第 128 页。
② 同上书，第 942 页；Levy《选译》第二册，第 6 页。
③ 同上书，第 785 页。
④ 同上书，第 787 页。
⑤ 同上书，第 834 页。
⑥ 同上书，第 836 页。
⑦ 《白居易集笺校》第三册，第 1617 页。
⑧ 如《早春忆苏州寄梦得》（《白居易集笺校》第四册，第 2148 页）；《齐云楼晚望偶题十韵兼呈冯侍御周殷二协律》（《白居易集笺校》第三册，第 1684 页）。
⑨ 《白居易集笺校》第三册，第 1763 页。严给事即是严休复。

青琐仙郎的典故出于《世说新语》,乃指贾充女与韩寿的情爱:“韩寿美姿容,贾充辟以为掾。充每聚会,贾女于青琐中看,见寿,说之,恒怀存想,发于吟咏。”[①]白居易的《酬严给事》是当时四位著名文人关于嬴女的诗作之一。开成五年(840)初,白居易年近古稀,他写下《病入新正》,“情”依然是他的诗作主题之:“枕上惊新岁,花前念旧欢。是身老所逼,非意病相干。风月情犹在,杯觞兴渐阑。便休心未伏,更试一春看。”[②]不久,他又寄诗给刘禹锡,戏称他们是“风情虽老未全销”[③]。

中唐时期,除《长恨歌》外,白居易以“情”为主题的诗文都非常受欢迎,白诗流行的最大特点是不同阶层和不同性别的读者都喜欢他的文字。与白居易同时代的杜牧(803—853)曾经在为李戡所写的墓志中记载,李戡称:“尝痛自元和以来,有元白诗者,纤艳不逞,非庄士雅人,多为其所破坏,流于民间,疏于屏壁,子父女母,交口教授。”[④]然而,李戡和杜牧对元白诗的贬责并没有对白居易的文学声誉有什么影响。白居易自己曾在《与元九书》颇为得意地提到他的诗作的流行:“自长安抵江西三四千里,凡乡校、佛寺、逆旅、行舟之中,往往有题仆诗者,士庶、僧徒、孀妇、处女之口,每每有咏仆诗者。”他非常清楚地意识到,这是因为他的“情”的主题所致——“时俗所重正在此耳”。[⑤]

通俗文学中的“情”

中唐时期对于“情”的崇尚还反映在唐代的传奇小说体的兴盛。虽然白居易自己并没有参与这个体裁的写作,但是他对这一文学潮流

---

① 《世说新语· 惑溺》第三十五。《世说新语》的英文翻译及介绍可参见马瑞志(Richard B. Mather), *A New Account of Tales of the World*, University of Minnesota Press,1976 年。

② 《白居易集笺校》第四册,第 2405 页;Levy《选译》第 4 册,第 220 页。

③ 《梦得前所酬篇有炼尽美少年之句,因思往事》,《白居易集笺校》第四册,第 2408 页。

④ 《唐故平卢军节度巡官陇西李府君墓志铭》,《全唐文》卷七五五。

⑤ 同上。

的发展有极大的推动作用。陈寅恪曾经提出,中唐时期的传奇小说从早唐时期的志怪小说中分离出来不仅仅是因为它的言情主题,而且还因为它的新文体,而元稹和白居易正是这种新文体的代表——他们的作品往往兼容多种文体。陈寅恪认为,白居易的《长恨歌》和陈鸿的《长恨歌传》①、李绅的《莺莺》和元稹的《莺莺传》②是这种新文体小说的代表,陈寅恪因而主张将《长恨歌》视为小说的一部分。③

陈寅恪曾将新小说体的兴起归功于韩愈(770—824)的古文运动:“此种文体之兴起与古文运动有密切关系,其优点在便于创造,而其特征则尤在备具众体也。”④不过,我们也应该注意到,通俗文学(尤其是话本和变文)对中唐传奇小说的影响可能大于古文运动对它的影响。⑤这种诗与故事结合的小说新文体与变文极为相似:几乎所有变文的表演都是先由表演者讲述故事,然后再以唱诗重复故事情节的,或将故事分段而穿插以诗歌的。⑥

---

① 《白居易集笺校》第二册,第656—659页。

② 《太平广记》卷四八八。

③ 陈寅恪写道:“是故唐代贞元元和间之小说,乃一种新文体,不独流行当时,复更辗转为后来所则效,本与唐代古文同一原起及体制也。唐代举人之以备具众体之小说之文求知于主司,即与以古文诗什投献者无异。”《元白诗笺证稿》,1962年,第4页。

④ 同上。

⑤ 有关唐代小说,参见郑振铎《中国俗文学史》,商务印书馆,1937年;张锡厚《敦煌文学》,上海古籍出版社,1980年;张鸿勋《敦煌话本词文俗赋导论》,台北:新文丰出版公司,1993年。有关敦煌变文的研究可参见梅维恒(Victor H. Mair)《敦煌通俗叙事文学作品》(*Tun-huang Popular Narratives*),Cambridge University Press,1983年;梅维恒《绘画与表演:中国的绘画叙事及其印度起源》(*Painting and Performance: Chinese Picture Recitation and Its Indian Genesis*),University of Hawaii Press,1988年;梅维恒《唐代变文:佛教对中国俗讲和戏剧产生的贡献之研究》(*T'ang Transformation Texts: A Study of the Buddhist Contribution to the Rise of Vernacular Fiction and Drama in China*),Harvard University,1989年;周绍良《敦煌变文汇录》,上海出版公司,1954年;向达《敦煌变文集》,人民文学出版社,1957年;周绍良、白化文《敦煌变文论文集》,上海古籍出版社,1980年。

⑥ Arthur Waley 也讨论过此诗与敦煌文献中的民谣的相似性,不过,他强调,两者间又有很大的区别:“《长恨歌》非常流利、优雅、温情,而敦煌民谣则显得粗犷、亲切、有生气。《长恨歌》的构架非常平稳,而敦煌民谣则行进迟缓,直到故事讲完。”《白居易的生平与时代》,第44页。

白居易和元稹对唐代通俗文学十分熟悉，他们曾经一同去听话本《一枝花》，而《一枝花》也正是白行简名作《李娃传》的原始题材。① 在《唐摭言》中，王定保记载了这样一段故事：

> 张处士《忆柘枝》：诗曰：“鸳鸯钿带抛何处？孔雀罗衫属阿谁？”白乐天呼为“问头”。祜矛楯之曰：“鄙薄‘问头’之诮，所不敢逃；然明公亦有《目连经》，《长恨辞》云：‘上穷碧落下黄泉，两处茫茫都不见。’此岂不是目连访母耶！”②

问头是变文中经常使用的一种手法，而《目连经》则可以说是唐朝最为流行的变文了。在这个故事中，张祜（782—852）与白居易互开玩笑地指责对方借用变文，而它反映出的正是文人官员与通俗文学的密切关系。

白居易热衷于话本和变文的另一个事例是他对三教论衡的格式的创新。三教论衡起源于北朝，几乎所有的唐代皇帝都会召集文人参与。唐文宗太和元年（827）十月，白居易奉皇帝召入麟德殿道场参与辩论。白居易改变其格式，将它转变成一场戏曲表演。这个过程在他的《三教论衡》中有非常详尽的描写。③ 由此可见，白居易对这个小说新文体的兴起影响巨大，事实上，当时最著名的新文体小说的作者都与他关系亲密。《李娃传》作者白行简是他的弟弟，而《莺莺传》作者是他的终生好友元稹。其他作者，如沈既济（779—850）、许尧佐、李公佐（约779—850）、陈鸿、沈亚之（781—832）、蒋防等都与元白文学集团有关。

然而，白居易对中唐小说的最大贡献是“情”主题。当时最为流行

---

① 《太平广记》卷四八四。

② 《唐摭言》卷一三。

③ 《白居易集笺校》第六册，第3673—3682页。又见宫泽正顺《白居易の三教に対する态度》，载《白居易研究讲座》第1期，东京：勉诚社，1993年，第137—154页。

的小说是沈既济在建中年间写成的《枕中记》[1]、许尧佐在贞元末年前后撰写的《柳氏传》[2]、成文于贞元末年(804)的《莺莺传》、成文于元和元年(806)的《长恨歌传》、成文于元和三年(808)的蒋防的《霍小玉传》[3]、成文于元和六年(811)的《李娃传》等,[4]此外,李公佐的《南柯太守传》也当是元和时期的作品。[5] 所有这些风靡一时的传奇小说都描写了男女恋人间的"情"的发展。以《李娃传》为例,它讲述了一个长安娼女与一位年轻举子一见钟情至洞房花烛的进程,这期间,两人经历了许多磨难,因为"情"的支撑,他们终成眷属。[6]

李娃原是长安平康里的一个女妓,她所爱上的考生是一位官宦子弟(常州刺史荥阳公之子)。当两人初次相遇时,他为她的"妖姿要妙"深深吸引,而她也对他"回眸凝睇",两人"情深相慕"。[7] 数日之后,考生造访李娃住处,表白自己"心常勤念"。李娃答曰:"我心亦如之。"考生遂长住李娃(鸨母)处,两人"情弥笃"。当他病重时,李娃出资赎身,与考生在一隙院住下,精心照顾他。康复后,"令生斥弃百虑以志学,俾夜作昼,孜孜矻矻","娃常偶坐,宵分乃寐。伺其疲倦,即谕之缀诗赋。二岁而业大就,海内文籍,莫不该览"。此后,考生科考一路顺风,最后,应直言极谏策科,名第一,授成都府参军。当常州刺史荥阳公得知两人之情后,"命媒氏通二姓之好,备六礼以迎之,遂如秦晋之偶"。之后,考生得以"累迁清显之任。十年间,至数郡。娃封汧国夫

---

① 见王梦鸥《唐人小说研究二集》第二册,台北:艺文印书馆,1972年,第46页。

② 同上书,第84页。

③ 同上书,第59页。

④ 同上书,第95页。

⑤ 同上书,第49—55页。

⑥ 《李娃传》的英译及有关其爱情故事的讨论,参见杜德桥(Glen Dudbridge)《〈李娃传〉:对一个9世纪中国故事的研究与校勘》(*The Tale of Li Wa: Study and Critical Edition of a Chinese Story from the Ninth Century*), Oxford University Press, 1983年。

⑦ 《太平广记》卷四八四。

人,有四子,皆为大官”。[①]

《李娃传》可以说是最无保留地表达了中唐言情小说所共有的一个主题——“情”是不可抵御的人的本性。白行简在故事中以鸨母(姥)的口吻评议道:“男女之际,大欲存焉。情苟相得,虽父母之命,不能制也。”[②]

综上所述,白居易的诗歌、中唐小说新文体的诞生以及传奇小说主题的变迁证明,对“情”的崇尚是中唐的情感模式,它渗透了整个社会,为朝廷、贵族和平民百姓所共享。

情
——中唐的情感模式

西方情感研究者很早就提出了历史化情感(historicizing emotion)的研究模式。他们认为,如果我们将情感视为是历史变迁所构建的,那么它会给我们提供一些非常有意义的线索和资料。Catherine A. Lutz 和 Lila Abu-Lughod 指出,历史化情感旨在追究有关情感的话语、主观性和自我的变迁过程,尤其是它们在某些特定社会环境和历史性时刻的表征,并分析它们是如何变迁的。[③] 这个领域的一个典型作品是德国社会学家 Norbert Elias 的《礼仪史》。[④] 此书所依赖的史料是欧洲中世纪时期的大量礼仪手册和 18 世纪时期的小说和游记。Elias 的结论

---

① 有关《李娃传》的介绍和研究可参见王梦鸥《李娃传之来历及其作者写作年代》,载氏著《唐人小说研究》二集,第 87—96 页。

② 白行简《李娃传》,《太平广记》卷四八四。

③ Catherine A. Lutz, Lila Abu-Lughod《语言与情感政治》(*Language and the Politics of Emotion*), Cambridge University Press, 1990 年,第 5 页。

④ Norbert Elias《礼仪史》(*The History of Manners*), E. Jephcott 英译, New York: Pantheon Books, 1978 年。

是,欧洲的情感生活的巨大变革是与绝对主义国家的发展同步的。[①] 如果用这个方法论来探讨白居易和元白集团的写作和文学活动的话,我们似乎可以推论,"情"是中唐时期的最为显著的情感模式,对"情"的崇尚不仅反映在大量文学作品中,而且弥漫在社会各阶层中,它反映了中唐时期的历史模式和文化动力。

中唐是中国历史的转折时期。安史之乱对唐朝廷的政治力量和唐朝经济实力带来了几近毁灭性的削弱,它也带来了大量的人口迁徙、通俗文化的兴盛、经济的商业化、政府的分权化以及思想和哲学上的多元化。而最重要的变化则发生在权力结构上。由于安史之乱对大姓旧贵带来了巨大的冲击,中唐以后,朝廷开创了更为直接地依赖科举考试来选择官员。根据杜希德的统计,在 737 年,只有 2.5% 的品官是进士。[②] 相比之下,在 9 世纪,15% 是进士。[③] 此外,中唐时期科举登第者所授的官位远高于中唐之前。这在宪宗朝 (806—820) 尤为显著——宪宗时期的朝官几乎都是科举出身的。

科举制度为家族地位并不显赫的有才有志者提供了一个进入上层

---

① 其他将情感范式与历史背景联系起来的研究有 S. W. Jackson 关于怠惰(accidie)的论文《怠惰之罪及其与悲伤和忧郁的关系》(Acedia the Sin and Its Relationship to Sorrow and Melancholia),载 A Kleinman、B. Good 编《文化与忧郁症》(*Culture and Depression: Studies in the Anthropology and Cross-cultural Psychiatry of Affect and Disorder*), University of California Press, 1985 年,第 43—62 页; Rom Harré 和 Robert Finlay-Jones 关于欧洲中世纪的"忧伤"(melancholy)的研究《跨越时代的情感谈话》(Emotion Talk Across Times),载 Rom Harré 编《情感的社会构建》(*The Social Construction of Emotions*), Oxford: Basil Blackwell, 1986 年,第 120—133 页。

② 杜希德《从敦煌文书看唐代统治阶层的成分》(The Composition of T'ang Ruling Class: New Evidence from Tunhuang),载芮沃寿、杜希德编《唐代概观》(*Perspectives on the T'ang*), Yale University Press, 1973 年,第 47—85 页。

③ 包弼德 (Peter K. Bol)《斯文:唐宋思想的转型》("*This Culture of Ours*": *Intellectual Transitions in T'ang and Sung China*), Stanford University Press,1992 年,第 44 页。据杜希德的估计,在 9 世纪时期,唐代政府官员中有 16% 是科举出身的。伊沛霞(Patricia Ebrey)的研究显示, 30% 至 50% 的博陵崔氏成员科举及第。见伊沛霞《早期中华帝国的贵族家庭:博陵崔氏个案研究》(*The Aristocratic Families of Early Imperial China: A Case Study of the Po-Ling Ts'ui Family*), Cambridge University Press, 1978 年,第 104—105 页。

官僚体制的机会。白居易就是他的家族中第一个进士及第的(800),八年之后,白行简也获此殊荣。白居易从弟白敏中在长庆二年(822)进士及第并在宣宗时期任宰相。白氏家族的历史证明,虽然科举及第者多来自于五大姓,科举制度仍然使得唐代的社会流动成为一种可能,[①]它也逐渐成为贵族阶级文化和社会再生产的一个重要工具。同时,科举制度也为文人们自我组合提供了一个优良环境——文人集团的成员往往是在长安准备科考时结识的,或者是同年的进士。白居易和元稹在同一年登书判拔萃科,从而成为终生好友。韩愈文学集团的主要成员也都是同年的进士。为了确立他们在权力体系中的地位,进士集团成员致力于显示出与旧贵族所不同的特质——他们公然炫耀与女妓的交往,以诗人为自我标识,并精晓通俗文化。"情"文学兴起既与这些特质有密切关联,同时也是提高他们的社会地位的一个媒介。

"情"的模式也体现了中唐时期社会性别制度和社会性别观念的变化。在中唐,虽然魏晋以来门当户对的婚姻观仍然占主导地位,婚姻不完全被视为仅仅是合两性之好。随之而来的是婚姻礼仪上的变化:唐代之前,庙见礼在婚礼之后的三个月举行,若新妇在庙见礼之前去世,她不会被认可为丈夫家族的成员。在中唐时期,庙见礼与婚礼是在同一天举行,也就是说,一旦夫妇成婚,新妇就被认可为家族成员。此外,夫妇合葬的兴盛也可能是当时婚姻观变迁的一个反映。虽然夫妇合葬自古就有,但中唐时期合葬的比例急剧上升,[②]这在中唐时期的文献中多有见证。许多中唐墓志是合葬志,甚至有墓志感叹墓志主因续弦身份不得与丈夫合葬者。合葬在中唐小说中也有反映,比如,在《唐

---

① 有关科举与社会流动关系的争论的评价,参见伊沛霞《宋代贵族统治的动力》(The Dynamics of Elite Domination in Sung China),载 *Harvard Journal of Asiatic Studies* 48(1988 年),第 493—519 页。

② 见赵超《由墓志看唐代的婚姻状况》,《中华文史论丛》1987 年第 1 期,第 192—208 页。

眩》中，唐眩之亡妻夜访，唐眩依依不舍，遂又安慰她："同穴不远矣。"①此外，夫妇之间和睦恩爱的主题在中唐的文学作品也愈趋增多，不少诗人留下了"赠内"诗作。白居易在婚后不久曾在《赠内》诗写道：

生为同室亲，死为同穴尘。
他人尚相勉，而况我与君。②

"情"的模式还反映出，通俗文化是中唐社会和文化氛围的一个重要刺激因素。我们可以从敦煌文献中看到，"情"是各种通俗文学体裁的主题，并反映在平民百姓的社会生活中。在敦煌《放妻书》中，我们发现，"情"被认为是理想婚姻的基础。比如：

某李甲谨立放妻书。盖说夫妇之缘，恩深义重，论谈共被之因，结誓幽远。凡为夫妇之因，前世三生结缘，始配今生夫妇，若结缘不合，比是怨家，故来相对。妻则一言数口，夫则反目生嫌，似稻鼠相憎，如狼羊一处。既以二心不同，难归一意，快会及诸亲，各还本道。愿妻娘子相离之后，重梳蝉鬓，美裙娥眉，巧逞窈窕之姿，选聘高官之主。解怨释结，更莫相憎。一别两宽，各生欢喜。③

这种对情爱的注重还反映在敦煌文献中的占卜文书，其中有大量关于如何获得所爱之人青睐的方法。④

---

①　《太平广记》卷三三二。

②　《白居易集笺校》第一册，第 43 页。

③　俄藏敦煌Ⅱx. 11038。

④　高国藩认为，敦煌文献中的占卜文书是以男女之情为主。见氏著《敦煌民俗导论》，台北：新文丰出版公司，1993 年，第 264 页。

结　语

白居易的《长恨歌》描写了玄宗对贵妃的"朝朝暮暮情",这首叙事长诗风靡中唐,而此诗的创作者白居易也成了崇尚男女之情的象征性人物。"情"是中唐文学的主流,而元白集团在引导中唐文学潮流中起了决定性的作用。"情"文学的骤兴和"情"崇尚的普遍,说明"情"是中唐时期的感情模式。这一感情模式也反映出中唐时期在中国历史中的特殊地位。当以科考进仕的成员逐渐在权力结构中取代大姓望族出身的成员时,"情"在新贵族的自我表征中担当了非常重要的角色。与此同时,唐代社会对婚姻和睦和对男女私情的向往为"情"的表述提供一个非常理想的社会环境。此外,通俗文化的参与也使得"情"崇尚成为一个更为广泛深层的文化现象。随之而来的是,"情"文学中所代表的社会性别观成为中唐社会的一个重要的文化动力,并对中唐社会各阶层有着巨大的影响。

会昌灭法时期的女性

引　言

相对中国历史上的其他朝代而言，唐代妇女享有较大程度上的自由、地位和权利。[①] 武则天之自专朝政、[②]唐公主之攘权夺利[③]以及章怀太子墓中的壁画《打马球图》经常被学者们引以为证。唐代的社会制度和公共话语也对妇女在社会和家庭中地位有积极的认可。比如《唐律》规定，丈夫若无故休妻，其判例为“徒一年半”。[④] 高宗时期，唐

① 见高世瑜《唐代妇女》，三秦出版社，1988 年。

② 有关武则天的研究，参见桂雨时（R. W. L. Guisso）《武则天唐代中国的政权合法化》（*Wu Tse-T'ien and the Politics of Legitimation in T'ang China*），Western Washington University, Center for East Asian Studies, 1978 年。

③ 有关唐代公主的研究可参见童若雯（Jowen R. Tung）《写给父家长们的寓言：唐代话语中的社会性别政治》（*Fables for the Patriarchs: Gender Politics in Tang Discourses*），Rowman & Littlefield, 2000 年。

④ 《唐律疏议》一八九。

王朝首次将服母丧延至三年。[①] 在唐代，对女德、妇道和母仪的赞扬反映在所有文学体裁上，而且经三百年而不衰。[②]更何况，唐代早期的医学发展首次为女性健康提供了理论上的指导。[③]

所有这些文化、社会和医学上的优势对唐代妇女有什么样的影响？唐代女性的日常生活中有何种程度的自由？在唐代三百年历史中，女性的生活有什么变化？唐代女性是如何构建自己的身份标识的？何种因素对唐代女性生活影响最大？所幸的是，迄今为止，至少有六千份唐代墓志保存了下来，其中近一千六百份是女性墓志。[④] 这些墓志为我们提供了唐代女性从幼年到成人的经历、她们的婚姻和生育、她们的成就以及困境等详细资料。虽然至今为止历史学界对这些资料并不注重，但我认为它们实在是了解唐代女性生活的最宝贵的资料。[⑤] 本文是利用这类资料来研究唐代女性的一个尝试，它旨在通过对《唐鸿胪卿致仕赠工部尚书琅耶支公长女炼师墓志铭并序》[⑥]的分析来探讨宗教和政治的交错变迁以及社会的动荡不安是如何影响唐代女性的生活和她们的身份标识的。

---

① 《新唐书》卷一一《后妃》。

② 有关唐代女性与女性特质话语，参见拙作《白居易作品中的女性、爱情与女性特质》(Women, Love, and Femininity in the Writings of Bo Juyi [772—846]), University of Illinois at Urbana-Champaign 博士论文，1997 年。

③ 据马大正的研究，唐代有关妇产科的著作有十四种之多，其中最著名的是孙思邈的《备急千金要方》，此书为宋代的妇科的成立奠定了基础。见马大正《中国妇产科发展史》，山西科学教育出版社，1991 年，第 108—141 页。中国妇产科史的研究可参看费侠莉(Charlotte Furth)《繁盛之阴：中国医学史中的性(960—1665)》(*A Flourishing Yin: Gender in China's Medical History, 960-1665*), University of California Press, 1999 年。

④ 其中 1029 篇收集在周绍良、赵超《唐代墓志汇编》(上海古籍出版社，1992 年)、445 篇收集在周绍良、赵超《唐代墓志汇编续集》(上海古籍出版社，2001 年)，146 篇收集在《全唐文》。

⑤ 值得一提的是，在唐代墓志志主并不仅限于贵族，在这六千余份墓志中，大约 6% 的志主是平民。

⑥ 《汇编》咸通 020。

支氏的佛教徒生活

《唐鸿胪卿致仕赠工部尚书琅耶支公长女炼师墓志铭并序》成文于咸通二年（861），作者是支氏的弟弟支谟。这篇墓志介绍道，支氏“法号志坚，小字新娘子”。她出生于一个非常显赫的月支家族：“曾祖讳平，皇江州浔阳丞；祖讳成，皇太子少詹事赠殿中监；显考讳，皇鸿胪卿致仕赠工部尚书；先妣汝南谭氏，追封汝南县太君；继亲清河崔氏，封鲁国太夫人。”志坚有兄弟十二人，他们是“长兄裕，早世；防，终泽州端氏令；爰弟向，终鄂州司士；询、谦，少亡；讷、诲、谟、详、让、祈、谚”，“迭居官秩，咸在班朝”。

生长在这样一个有地位的贵族家庭，志坚显然应该与其他唐代上层女性那样，早修四德，及笄而嫁，生儿育女，以妇道母仪闻。① 然而，儿时的“幽忧之疾”却完全改变了她的命运。这篇墓志称：志坚“九岁奉浮图之教，洁行晨夕，不居伽蓝”。很可能的是，她的家人认为皈依佛教会给她带来身心健康，这在唐代是很常见的一个现象。比如天宝元年成文的《唐上殇姚氏墓志铭并序》记载，墓志主姚氏“无字，号功德藏”，“爰自受病之初，誓心□域，将不退转，行陀罗尼”。② 不过，从墓志记载来看，在相同的情况下，唐代贵族似乎更愿意让自己的女儿奉浮图之教。这种佛教与贵族家庭的女儿的紧密联系也反映在墓志所见之命名习俗——唐代女性的名和字中与佛教相关的比例要远远超过男性，相对而言，男性的名字大多源于儒家经典。很有可能的是，唐代贵族世家期待自己的儿子参加科考、走上仕途，因此，依据典籍和传统的命名方式为儿子取名是理所当然的。而为女儿取与佛教相关的名字则给予

① 白居易为元稹之母郑氏所撰写的墓志《唐河南元府君夫人荥阳郑氏墓志铭》便是一个典型的例子。《白居易集笺校》第五册，第2715—2718页。

② 《汇编》天宝015。姚氏的皈依并没有治愈她的疾病，她在18岁时病逝。

唐代父母亲一个表达自己对佛教的向往和为家人祈福的愿望。[①] 同样地，唐代贵族家庭对儿子的出家入道比对女儿的出家入道要犹豫得多。在我收集的六千多份唐代墓志中，女尼的墓志占女性墓志的4.4%，而和尚的墓志则是男性墓志的2.1%。

虽然志坚并没有入住尼寺，但她“洁行晨夕”，很可能是敦煌文稿及其他唐代墓志中所见之“住家尼”。[②] 住家尼的起居当与住持尼姑无甚差别——晨昏念经礼佛，清心寡欲，常年素斋。从志坚的墓志来看，她还经常为家人亲戚病痛灾难“系月长斋，克日持念”，其“孝悌之至，通于神明”。志坚18岁时，母亲过世，她“居丧之礼，至性过人，柴毁偷生，感动顽艳”。志坚对同辈手足也非常尽心，“训勉诸弟，唯恐不立”。从这些描述来看，唐代社会对女性美德的赞扬往往会肯定她们的佛教信仰和儒教礼仪的双重影响，这是唐代墓志的一个常见现象。正如志坚被描绘成孝女那样，唐代墓志经常将贵族女性的美德归功于儒教的熏陶和她们对佛教的虔信。比如白居易为裴克谅夫人李娥撰写《海州刺史裴君夫人李氏墓志铭并序》[③]墓志记载道，李氏出身世家，23岁嫁入裴家，生一子一女。李氏“敬恭勤俭，柔顺慈惠，自女于室，妇于家，不以初终而怠其行”。她一生慈悲为怀，“抚下若子，敬夫如宾。衣食之余，傍给五服亲族之饥寒者。又有余，散霑先代仆使之老病者。又有余，分施佛寺僧徒之不足者”。白居易称，李氏的佛教信仰是李氏一生

---

① 有关唐代取名习俗，参见拙文《祈盼女性的身份标识——唐代命名习俗》（Invoking a Woman's Identity: Naming Practices in Tang China），发表于1999年的全美亚洲研究学会年会。

② 比如，《沙洲尼海觉牒》（伯3730）即提到住家尼的状况。有关住家尼的讨论，参见郝春文《唐后期五代宋初敦煌僧尼的社会生活》，中国社会科学出版社，1998年，第88页。又《唐故游击将军行蜀州金堤府左果毅都尉张府君夫人吴兴姚氏墓志铭并序》（《汇编》贞元018）提及，墓志主姚氏“临终遗令，属念诚深，忧之季男，恤于仲女。仲女久披缁服，竟无房院住持；季男初长成人，未有职事依附。缅想尔等，栖栖者欤！”姚氏仲女也当是一位住家尼。

③ 《全唐文》卷六八〇。

行止得体的终极原因:“栖心空门,等观生死。故治家之日欣然自适,捐馆之夕怡然如归。”

佛教关于灭欲的观念与儒教的女性贞节观也相吻合。从唐代墓志来看,许多女性之皈依佛教往往是在丈夫死去之后,而唐代墓志对长年守寡的女性的褒扬也大多渲染她们的佛教信念,而不是重复儒家经典中的妇道事迹。[①]

志坚幼年入道以及墓志有关佛教徒女性的记载说明,在唐代,女性的佛教信仰是与她们的性别角色紧密相关的,这种关联的重要性可能还超过她们发自内心的虔诚。

会昌灭佛

会昌灭佛始于唐武宗会昌三年(843),至会昌五年,武宗朝又颁布一系列灭佛敕令,造成中国古代史上一次最大规模的宗教迫害。《旧唐书》记载,会昌五年四月,武宗“敕祠部检括天下寺及僧尼人数,大凡寺四千六百,兰若四万,僧尼二十六万五百”。七月,“敕并省天下佛寺”,八月,制曰:“其天下所拆寺四千六百余所,还俗僧尼二十六万五百人,收充两税户,拆招提、兰若四万余所,收膏腴上田数千万顷,收奴婢为两税户十五万人。隶僧尼属主客,显明外国之教。勒大秦穆护、袄三千余人还俗,不杂中华之风。”[②]日本和尚圆仁曾亲身经历了这场浩劫,《入唐求法巡礼行记》中提及,在灭法运动中死伤的佛教徒也不计其数。

虽然会昌五年八月的制诰斥责佛教“蠹耗国风而渐不觉,诱惑人

---

① 比如,在《唐故朝议郎周府君夫人南阳赵氏墓志铭并序》(《汇编》开元252)中,赵氏“自丧所天,鞠育孤孺,屏绝人事,归依法门,受持金刚、波若、涅般、法华、维摩等西部尊经,昼夜读诵不辍”。志铭赞扬她“妇道坚著,禅心秘密”。

② 《旧唐书》卷一八《武宗本纪》。

意，而众益迷”，但是，会昌灭佛的真正原因并不是对佛教教义的反感。时至唐代后期，佛教已经渗透到了唐代社会各阶层，成为唐人生活和社会规范的一部分。[①] 更何况，虽然武宗崇尚道教，他在少年时代也一度热衷佛教。会昌灭佛的真正动机是阻止佛教势力对唐朝经济的过度掌控以及朝廷内部的政治斗争。正如许多学者指出的，唐朝后期的经济状况每况愈下，而佛教寺院却聚积了大量的金银财富以及朝廷用以铸币的铜材等，这进一步加剧了政府财政困难。此外，许多大寺庙还拥有大量的免税土地，有经营头脑的佛寺主利用这些土地来种植农产和林业产品。僧人尼姑又不用交税，也影响了政府的税收。因此，武宗认为，没收寺院财产、迫使僧人还俗会给朝廷增加财源。[②]

会昌灭佛的另一个原因是宫廷斗争。《旧唐书》记载，武宗时期的宰相李德裕是会昌灭佛的关键人物之一，他的真正动机在于遏制太监仇士良的权势。仇士良本人是一个虔诚的佛教徒，又主持对佛教寺院的管理。[③] 也有学者指出，武宗怀疑他的叔叔李忱（即宣宗）藏身于佛寺，以图夺取皇位，而会昌灭佛的毁庙也是因为武宗希望藉机抓获李忱。[④]

对唐代僧侣集团成员来说，会昌灭佛一定是个生命的转折点，然而，记载他们的个人经历的文字却极为稀少。很有可能的是，他们被迫

---

① 有关唐代的佛教，参见 Stanley Weinstien《唐代佛教》（*Buddhism under the T'ang*），Cambridge University Press，1987 年；许理和（Erik Zürcher）《中国佛教研究中的视野》（Perspectives in the Study of Chinese Buddhism），载于 *Journal of the Royal Asiatic Society* 2，1982 年，第 161—176 页；许理和《唐代的佛教与教育》（Buddhism and Education in T'ang Times），收于贾志扬（John W. Chaffee）、狄百瑞（Wm. Theodore de Bary）编《理学教育：成形阶段》（*Neo-Confucian Education: The Formative Stage*），University of California Press，1989 年，第 19—56 页；Peter N. Gregory、伊沛霞（Patricia Buckley Ebrey）《宗教与历史背景总览》（The Religious and Historical Landscape），收于氏著《唐宋时代的宗教与社会》（*Religion and Society in T'ang and Sung China*），University of Hawaii Press，1993 年，第 1—44 页。

② 《旧唐书》卷一八《武宗本纪》。

③ 《旧唐书》卷一四《李德裕传》。

④ 见于辅仁《唐武宗灭佛原因新探》，《烟台师范学院学报》1993 年第 3 期。

还俗后过着常人的生活。但是,可以想象,对女尼来说,这个转折要比男僧艰难得多。在唐代,女性的法定结婚年龄是13岁,大多贵族女性在17岁前后嫁人。因此,对大部分被迫还俗的女尼来说,她们已经失去了成家的机会。如果她们没有维持生计的能力和空间的话,回到娘家可能是唯一的出路,而对于没有直系亲属的女尼来说,她们所经受的艰难是可想而知的。而对当时已经是37岁的志坚来说,"中涂佛难,易服玄门"可能是不得已之下的最佳方案了。

志坚的后半生

在从由佛转道的身份变化(845)到因病过世(861)的这十六年间,志坚经历了种种厄难,她的这段经历也折射了唐代后期的社会动荡和日趋衰落。志坚所经历的第一个大灾难发生在大中七年(853),志坚之"爱弟"鄂州司士支向落难,"托其主孤,犹女孀妇",志坚由此"不离瞬息"地照顾她们。八年之后,志坚弟支讷授职藤州,"传闻土宜,不异淮浙,嘉蔬香稻,粗可充肠,愿执卑弟奉养之勤,得申令姊慰心之道,假路东洛,扶持南州"。然而,支讷"到官逾旬,旋属蛮扰",不久便被调往富阳。志坚终因旅途劳顿、食膳不适、疠气侵身而殁于"富州之公舍",是年50岁。

志坚的一生和她的种种困境在当时的贵族妇女中并不罕见。时至唐代后期,宫廷女性之专权早已成为天方夜谭,而妇女的自我标识也渐趋淡化。从墓志来看,唐代中后期(755—907)的女性墓志中,只有6%记载她们的名字,而相比之下,在早唐和盛唐时期(618—754)这个比例是15%。此外,中晚唐时期名字得以记载的墓志女主人的身份很多是女妓、妾、女尼或女道士,贵族女性的身份标识往往是以她们嫁入的家庭或她们丈夫的官衔来体现的。此外,墓志还反映出寡妇贞节的观念愈趋重要。在早唐墓志中,早年守寡的比例是28%,在盛唐和中唐,这个比例高达38% ,唐后期的比例是33% 。志坚的一生还反映出,社会动荡对女性的冲击要大于男性。志坚终年50岁,已超过她的同时代女性平均寿命(43岁),但却远远低于当时的男性的平均寿命以及唐代早期的女性平均寿命(65岁)。在志坚过世的那十年(861—870)中,男女的平均寿命相差几近十三年!

结　语

《唐鸿胪卿致仕赠工部尚书琅耶支公长女炼师墓志铭并序》的重要性反映在以下几个方面。第一,它反映了宗教对女性生命历程以及对她们的身份标识的影响。志坚早岁奉浮图,这不仅仅是因为她的父母选择用佛教(而不是医药)来治愈她的病痛,而且还可能因为她是一个女孩。第二,虽然佛教信仰与贵族男性的齐家治国前途相悖,但它却与传统儒教的女性贞节观非常相融。因此,唐代公共话语中常常可以看到将女性的道德品行同时归功于佛教和儒教,但却少有将男性的成功描写成佛教的影响的文字。第三,志坚之改信道教还说明,在唐代,宗教信仰与女性的灵魂上追求的关联要比她们所处的社会和家庭地位的关联要薄弱得多。最后,志坚的身世证明,政治变迁和社会动荡对女性的影响要远远超过它们对男性的影响。在会昌灭佛的这几年中,被迫还俗的女尼所经受磨难一定是大于男僧的。通过选择道教炼师的身份,志坚避免了因会昌佛难而给家人带来负担和羞辱,但她最终还是成了社会动荡的牺牲品。她的一生折射了唐代后期女性的生命历程,很显然的是,她成了越来越不平衡的人口学统计中的一个数据。

附录　《唐鸿胪卿致仕赠工部尚书琅耶支公长女炼师墓志铭并序》

唐鸿胪卿致仕赠工部尚书琅耶支公长女炼师墓志铭并序　季弟朝议郎权知司农寺丞兼度支延资库给官谟纂

师姊第卅二,法号志坚,小字新娘子。曾祖讳平,皇江州浔阳丞;祖讳成,皇太子少詹事赠殿中监;显考讳,皇鸿胪卿致仕赠工部尚书;先妣汝南谭氏,追封汝南县太君;继亲清河崔氏,封鲁国太夫人;长兄裕,早世;防,终泽州端氏令;爱弟向,终鄂州司士;询、谦,少亡;讷、诲、谟、详、让、沂、谚,迭居官秩,咸在班朝。永惟尊灵。天植懿德,不恃不怙,再罹悯凶,性能均一,稚齿抱幽忧之疾,九岁奉浮图之教,洁行晨夕,不居伽蓝。或骨肉间有痾恙灾咎,南北支离,未尝不系月长斋,克日持念,孝悌之至,通于神明。年十八,锺汝南太君艰疚,居丧之礼,至性过人,柴毁偷生,感动顽艳,江塞浮泛,温清无违,训勉诸弟,唯恐不立。好古慕谢女之学,择邻遵孟母之规,虽指臂不施,而心力俱尽。中涂佛难,易服玄门,自大中七载,因鄂州房倾落之际,托其主孤,犹女孀妇,不离瞬息。今天子之明年,讷兄蒙授藤州牧,传闻土宜,不异淮浙,嘉蔬香稻,粗可充肠,愿执卑弟奉养之勤,得申令姊慰心之道,假路东洛,扶侍南州。到官逾旬,旋属蛮扰,方安藤水,忽改富阳,日夕有征发馈漕之劳,食膳厥甘辛丰脆之美。因涵疠气,奄然终天,端坐寄辞,沉交无挠,春秋五十,咸通二年九月十二日没于富州之公舍,呜呼哀哉!冥理茫昧,积德者不寿,至仁者不华,谟详忝官,未遂迎觐,寸心莫报,上清所临,出富至伊,引旐归祔;以三年十月八日葬于河南府河南县平乐乡杜翟村陪大茔西北原礼也。时谟縻职国库,乞假东归,卜宅附棺,庶必情信,刀肠刻石,拉血濡毫,临圹吁天,哀音永诀,文不足以达志,礼有防陵谷之变而已。其铭云:

昭昭彼苍,隐见微远,忽忽浮生,孰明舒卷?常闻辅德,何期罚善,金坚玉贞,鹤去松偃。难言者命,莫问者天,乳哺惊疾,身世缠绵。释氏禀教,玄元养贤,口持经律,心游法田。我性不动,我形属迁,才及中岁,未为得年。奄化桂峤,安灵邙阡,嵩云自东,洛波居前。寿堂斯镝,幽魂归仙,剜身断手,摧裂铭焉。

论唐代的冥婚及其形成的原因

冥婚是指男女死后结亲，这一习俗在西周时就已形成。《周礼·地官·媒事》立则："禁迁葬者与嫁殇者。""迁葬"，按郑玄的解释，是指将生时并非夫妇的一男一女合葬在一起，以"使相从也"。[1]"嫁殇"，郑司农定义为"嫁死人也"。[2]贾公彦又进一步解释说："嫁殇者，生年十九已下而死，死乃嫁之。"[3]大概是因为冥婚不合儒家礼教传统的缘故，唐代以前关于冥婚的记载不仅屈指可数，而且都略带有贬义，如《战国策》中秦国宣太后与魏丑夫死后合葬的要求、[4]《汉书》中馆陶公主与董偃的身后姻缘、[5]《北史》中平城与始平公主的冥婚[6]以及《三国志》中曹操为其少子曹冲求亲的曲折等。[7] 到了唐代，鄙视冥婚的态度似乎

---

① 《周礼注疏》卷一四。
② 郑玄引郑司农注。同上。
③ 同上。
④ 《战国策》卷六《秦策》二。
⑤ 《汉书》卷六五《东方朔传》。
⑥ 《北史》卷二〇《穆崇传》。
⑦ 同上。

忽然烟消云散，不仅正史、墓志铭、唐文学作品中都有关于冥婚的记载，而且唐代文物遗址中也有冥婚习俗的反映。冥婚似乎已被唐代的各个社会阶层所接受，以至于作为书信来往指南的《大唐吉凶书仪》也将冥婚书仪作为其内容之一。本文旨在对唐代史料中的冥婚实例作初步考察，并在此基础上探索唐代冥婚中所反映出来的唐代婚姻制度和形态的变迁以及唐代社会、政治、经济、宗教的时代特殊性。

唐代有关冥婚的记载

现存唐代史料所见冥婚实例共有十四个（参见“唐代冥婚实例表”）。在这些实例中，有十一个是来自墓志铭的记载。它们是：韦几与崔氏（实例1《大唐象州使君第六息故韦君之墓志铭》）、贾元叡与卫氏（实例2《大唐故贾君墓志铭》）、颜襄子与刘氏（实例3《大唐尚书都事故息颜子之铭并序》）、张楚与马氏（实例4《唐故处士张府君墓志》）、赵承庆与刘氏（实例5《唐故昌平县开国男天水赵君墓志铭并序》）、陆广秀与孙氏（实例6《唐故宣德郎行忠州参事飞骑尉陆公并夫人孙氏墓志铭并序》）、陈冲与张氏（实例7《大唐故□士陈君墓志铭并序》）、司马论长子长媳（实例8《大周长安二年岁次壬寅正月己巳朔廿八日景申故司马君墓志》）、王豫与萧氏（实例9《大周故右翊卫清庙台斋郎天官常选王豫墓志铭》）、韦泂与崔氏（实例11《大唐赠并州大都督淮阳王韦君墓志铭》）、李璇与刘氏（实例13《西郡李公墓石》）。其他三个冥婚实例出自于《旧唐书》。它们是：李重润与裴氏（实例10《懿德太子重润传》）、韦洵与萧氏（实例12《萧至忠传》）、李倓与张氏（实例14《承天皇帝倓传》）。就这些实例而言，唐代的冥婚似乎只限于生前未婚的年轻男女。冥婚新郎的平均年龄是22岁，冥婚新娘的年龄记录只有一例，16岁。在这十四例冥婚中，有四位冥婚新郎出生于平民家庭，六位冥婚新郎的祖辈和父辈是朝廷或地方的官员，两位是皇室亲属,还有两位是太子。十四位冥婚新娘的家庭背景与新郎的家庭背景大致相符,两人出自平民,八人出自贵族,一人是皇室亲属,其他三人未有明确记载。

唐代冥婚实例表

冥婚实例	出处	合葬日期	新郎家庭背景	死亡日期	死亡年龄	新娘家庭背景	死亡日期	死亡年龄
1	《续集》贞观 051	647	贵族	646	21	贵族	缺	缺
2	《汇编》显庆 124	660	平民	660	17	平民	缺	缺
3	《汇编》显庆 133	660	贵族	660	17	贵族	缺	缺
4	《汇编》显庆 163	661	平民	645	17*	缺	缺	缺
5	《汇编》垂拱 001	685	贵族	685	23	贵族	缺	缺
6	《汇编》垂拱 029	686	平民	683	20	缺	685	21
7	《续集》延载 004	694	贵族	687	29	贵族	688	16
8	《汇编》长安 004	缺	贵族	缺	缺	缺	缺	缺
9	《汇编》神功 007	697	贵族	694	28	贵族	697*	缺
10	《旧唐书》卷八六	705	皇室成员	701	19	贵族	缺	缺
11	《汇编》景龙 011	708	皇室亲属	692	16	贵族	缺	缺
12	《旧唐书》卷九二	705—710	皇室亲属	缺	缺	贵族	缺	缺
13	《汇编》天宝 86	745	平民	745	28*	平民	缺	缺
14	《旧唐书》卷一一六	768	皇室成员	760*	25*	皇室亲属	缺	缺

* 估计数

唐代笔记小说中也有不少关于冥婚的记载,如《纪闻》中的《季攸》,《广异记》中的《长洲陆氏女》《王乙》《魏靖》,以及《鉴诫录》中的《求冥婚》等。但最有意思的冥婚故事要数《玄怪录》中的《曹惠》。曹惠是武德初期的江州参军,他的官舍的佛堂中有两个木偶人。一天这两个木偶人开口说话，自称是宣城太守谢家佣偶轻素和轻红，并告诉了曹惠谢太守在冥间离婚、再婚的经历。原来谢夫人王氏性格粗暴，“至冥中，犹与宣城琴瑟不睦”。于是谢太守向天帝请求，要休王氏。“天帝许逐之”，但把他们共同养育的二女一男判给了王氏。在冥中离婚之后，谢宣城“再娶乐彦辅第八娘子”。显然，谢对他的冥婚十分满意。乐氏“美资质，善书，好弹琴”。婚后，谢“见为南曹典铨郎，与潘黄门同列，乘肥衣轻，贵于生前百倍”。关于宣城谢太守与乐氏的冥间姻缘的故事表明，唐代社会不仅没有轻视冥婚，似乎还将它看作解决现世婚姻不幸的一条后路。

唐代诗歌中也有对冥婚的描写，比如，韦璜的《与独孤穆冥会诗》就是根据独孤穆与临淄县主冥婚的传说而创造的。其序约略记述了这段阴阳间的缘分：

> 贞元中，河南独孤穆者，隋将独孤盛裔孙也。客游淮南，夜投大仪县宿。路逢青衣，引至一所，见门馆甚肃，酒食衾褥备具。有二女子出见，自称隋临淄县主，齐王之女，死于广陵之变。以穆隋将后裔，世禀忠烈，欲成冥婚。召来护儿歌人同至，赋诗就礼。且云死时浮瘗草草，嘱穆改葬洛阳北阪。穆于异日发地数尺，果得遗骸，因如言携葬。其夜县主复见，曰：“岁至己卯，当遂相见。”至贞元十五年己卯，穆果暴亡，与之合窆。①

唐代社会似乎视冥婚为正常婚姻的一种，描写冥婚的用词与生人婚姻没有差别，如“聘”“娶”“伉俪”“夫人”等。同样的，唐代冥婚的程序也与正常结婚相似。冥婚的第一个步骤是找一户背景相当的、刚失去子女的家庭。《唐故宣德郎行忠州参事飞骑尉陆公并夫人孙氏墓志

---

① 《全唐诗》卷八六六。

铭并序》提到,陆广秀与孙氏的冥婚(实例6)是因孙氏之父与陆广秀姑姑之子的同僚关系而促成的,两家既不陌生,又门当户对。陆广秀出生于世族,他的七代祖陆丽是后魏简王,陆广秀自己曾任朝散郎、行忠州参军事、宣德郎、飞骑尉等。孙氏的祖父孙处约是唐代东西两台侍郎;父亲孙俊见任中大夫、安北都护。冥婚之注重门当户对在所有实例中都有反映,而望族间自为婚姻也是冥婚习俗所认同的一个准则,实例1与实例11的韦崔联姻、实例9的王萧联姻及实例12的韦萧联姻等都是大姓通婚。记载冥婚的墓志铭都非常强调门户的重要性,如《唐故昌平县开国男天水赵君墓志铭并序》(实例5)感叹道,因为赵承庆一生"延爵于恩泽",所以在他死后,父母要在"胜族"中为他找一位"夫人",以"结影夜台"。[①]从敦煌文稿中的《冥婚书题依吉法》[②]来看,两家正式协办冥婚之前,唐人还互寄冥婚书以确定双方的意愿。

冥婚程序的第二步是由亲家双方合办的冥婚礼。虽然冥婚实例中没有冥婚礼的记载,但唐笔记小说及敦煌文稿却对此有所反映,比如《广异记》中的《长洲陆氏女》和《王乙》都提到死者双方家属合办"冥婚礼"。从敦煌文稿来看,唐冥婚礼至少包括宴席和祷告两个内容。斯坦因1727《大唐吉凶书仪》就有一份冥婚夫妇双方的父亲所念的祷词样本。其中新郎的父亲祷词:

> 告汝甲乙,汝既早逝,大义未通。独寝幽泉,每移风月。但生者好偶,死亦嫌单。不悟某氏有女,复同霜叶。为汝礼聘,以会幽灵。择卜良辰,礼就合吉。设祭灵右,众肴备具。汝宜降神就席尚飨。[③]

---

① 《汇编》垂拱001。

② 《书仪残卷》,收于黄永武《敦煌宝藏》第123卷,第551页。有关敦煌书仪中的冥婚的研究。见周一良《敦煌写本书仪中所见的唐代婚丧礼俗》,《文物》1985年第7期,第18页;周一良、赵和平《唐五代书仪研究》,中国社会科学出版社,1998年。

③ 《敦煌宝藏》第13卷,第104—105页。

冥婚程序中最重要的一个环节是合葬。所有有关唐冥婚的资料都涉及这一步骤。冥婚在西周时称为“迁葬”,就是指将一死者的遗体或棺椁移至配偶的墓中。冥婚合葬与唐代一般的夫妇合葬一样,有单棺葬与双棺葬两种方法。敦煌的冥婚书讲到“以骨同棺”,[①]这一定是指单棺葬。最明显的冥婚单棺葬是懿德太子与裴氏的合葬。据《唐懿德太子墓发掘报告》的报道,懿德太子与裴氏的骸骨是在同一石椁中找到的。[②]《王乙》的故事似乎也证实了冥婚单棺葬的存在——王乙的仆人声称他亲眼看到王乙与美人的灵魂双双飞入她原来的坟墓,此外,王家在冥婚礼之后似乎也没有为王乙另备棺椁。《季攸》的故事也讲到季、杨两家安排了冥婚单棺葬,可能是为了满足季的侄女的“同寝”的迫切愿望。在唐代,冥婚双棺葬可能也很普遍。最明显的例子是韦洵与萧至忠之女的冥婚。新旧《唐书》中的《萧至忠传》都提到,萧至忠对他女儿与韦洵的冥间姻缘并不热衷,冥婚的安排都是韦后的主意。韦后当时气焰正盛,而韦洵是韦后的弟弟,所以萧不好推托。等韦后败于玄武门之变后,萧便“遽发韦洵垄,持其女柩归”。[③]

唐冥婚兴盛的原因

冥婚在唐以前一直被看作“非礼”,为什么到了唐代会那么兴盛呢?这与唐代的社会和历史背景是切切相关的。首先,唐人本来就比前代人重丧葬,尤其是在前唐和盛唐时期。[④] 由于经济繁荣、社会稳定,唐人的生活方式渐趋奢侈。唐人衣饰之华丽、筵席之丰盛、宫室之

---

① 《敦煌宝藏》第 13 卷,第 104—105 页。

② 《文物》1972 年第 7 期,第 26—32 页。

③ 《新唐书》卷一二三。

④ 参见蔡希勤《中国墓葬文化》,中国城市出版社,1995 年;叶骁军《中国墓葬历史图鉴》,甘肃文化出版社,1994 年。

精美,及车马之俱全在文学作品及考古文物中体现得淋漓尽致。这种对物质生活的追求是唐人重丧葬的主要原因之一。更何况,对贵族成员来说,一个体面的墓葬似乎并不是很大的经济负担。①

与重葬相关的唐代死亡观念的变化也是冥婚盛行的重要原因之一。中国死后世界的概念早在新石器时代就已萌芽。考古学家们指出,半坡人普遍实行二次葬,这可能是因为他们相信死者只有在身体上的肉完全消失的情况下才能进入下一个世界。到了商朝,"另一世界"似乎无所不在,殷人的生活几乎完全受它控制。殷人的青铜器装饰着繁复的饕餮以防备自己祖先之外的鬼魂来吃盛器中的祭品;殷人的人牲祭祖及殉葬风俗也是中国历史之最;殷人的周祭制度十分严密,而且任何重大决定都要通过占卜来征求先祖与诸神的意见。周人也曾以甲骨占卜的方式来决定行止;他们还创造出一套繁复的祭祀和丧葬制度,以祖先神灵来维持现世社会。到了汉代,中国人已牢固地建立了死者灵魂所属的"另一世界"的概念。此外,汉代人还对死后世界的细节十分关注,汉代墓葬的随葬品似乎包罗了死者在另一世界中所需要的一切生活用品。魏晋南北朝时期,天堂与地狱的概念渐趋形象化,佛教与道教互相借鉴、互相竞争,使得天堂与地狱成为十分具体、尽人皆知的场所。

这种道佛两教的争斗、融合和互长的状态持续到了唐代,死后世界的形象也更趋完满精致。几乎所有的文学体裁都有对死后世界的描述,唐代变文及佛教经典尤其如此。除此之外,在唐代,死后世界的图绘作品也十分丰富。比如张孝师的地狱画,吴道玄及刘阿祖所画的

① 据《新唐书·食货志》,会昌年间,唐朝廷对官员的薪水定下统一标准。九品官月俸起自一万六千文,一品官的月俸则高达二百万文。而大中六年的一篇墓志铭记载道,买一块长安附近(万年县)的宽敞的墓地只是一个一品官的月俸的百分之六(《唐故朝议郎行内侍省宫闱局丞员外置同正员上柱国同府君墓志》,《汇编》大中062)。

《大目乾连冥间救母变文》《还魂记》以及《十王经》等。[①]同时唐人对死亡的态度也深受佛教的影响。比如,虽然夫妇合葬在唐代十分流行,但是也有夫妇以“奉清净教,欲断诸业障”为由而拒绝合葬,或要求火化的。[②] 许多妇女还在晚年或临死前乞一佛教号,以图在死后世界能有菩萨的保佑。[③]

唐代死后世界观最受佛教影响的可能是“判定”的概念的成熟。比如《十王经》就描写了地下世界的十个判官分掌对死者一生的评估与判断的大权的故事。[④] 尽管中国早期的死后世界观已有官员掌管地下世界的概念,但繁复的“判定”过程却是随着佛教而来的舶来品。而《十王经》正是这种更新了的死后世界观的产物。另外一个很有意思的变文故事是《唐太宗入冥记》,它记载太宗死后受地下判官崔子玉的嘲弄和利用的经历。[⑤] 这个故事的重要性在于它不仅描写了一个结构完整的地下世界,而且还反映出了中国早期死后世界观中所没有的一些概念。在佛教进入中国之前,中国的死后世界的尊卑体系是与现实世界的尊卑体系一致的——活着是尊者,死后也一定是尊者,因此,上古社会的墓葬规模及随葬品的数量往往是根据死者生前的地位来决定。古人甚至认为,儿童的体力不够健壮,因而他们的魂魄很可能到不了天上或地下。而在《唐太宗入冥记》中,堂堂的皇帝也不过是一个普

① 参见太史文(Stephen F. Teiser)《死去又活来——中国中世纪的地狱的表现》(Having Once Died and Returned to Life: Representations of Hell in Medieval China),载 *Harvard Journal of Asiatic Studies* 48 (1988 年),第 433—464 页。

② 见《唐故常州武进县尉王府君夫人苏氏墓志铭并序》,《汇编》会昌 033。

③ 比如,《有唐卢氏故崔夫人墓铭并序》记载到,卢缄之妻乃是名相崔群之女,她“将终加号曰上乘,庶幽明之有凭,其护佑也”,《汇编》大中 128。

④ 参见太史文《〈十王经〉文及中国中世纪佛教中“炼狱”观念的形成》(*The Scripture on the Ten Kings and the Making of Purgatory in Medieval Chinese Buddhism*),University of Hawaii Press, 1994 年,第 4、14—15 页。

⑤ 斯坦因 2630。见黄征和、张涌泉编《敦煌变文校注》,中华书局,1997 年,第 319—332 页。参见高国藩《敦煌鬼故事〈唐太宗入冥记〉与信仰民俗》,收于氏著《敦煌俗文化学》,上海三联书店 1999 年,第 349—384 页。

通的灵魂。更重要的是,任何人,包括皇帝,只要还在六道轮回之中,都要被判官审判一番,都要对自己生前的所作所为负责。

这一中国化了的"判定"观念的形成具有极大的历史意义:与唐以前的死后世界观相反,在唐代,每个人的死亡与再生的经历和过程都一样,因此每个人的"好死"也就具有同样的重要性,而死者死后生活的幸福也成了家人最关心的事。正是因为这个原因,唐朝为未成年的孩子撰墓志、办重葬的也特别多。[①] 唐代的父母不仅相信他们的子女死后会生活在另一世界,而且还要为子女的死后生活而操心。由此看来,冥婚的兴起也是唐代的死后世界观变迁的结果。

这种对子女死后生活的关心和忧虑在冥婚墓志及敦煌文稿有明显的反映。比如,《冥婚书》中就讲到,冥婚父母为子女办婚事的主要原因是心疼他们在"泉宫""独寝",没有享受到"男女""风月"之温情。[②]《大唐赠并州大都督淮阳王韦君墓志铭》(实例 11)也讲到韦崔之姻的成功是对韦崔两家的极大安慰:"求淑魄于高门,代姻无忝;结芳神于厚夜,同穴知安。"[③]《西郡李公墓石》(实例 13)陈述道:李璇虽属功成名就,但却"未婚而终"。他的"父母哀其魂孤,为结幽契,娶同县刘氏为夫人"。[④] 由此可见,冥婚安排的动因之一是父母希望自己的子女在死后能够享受幸福的生活,虽然冥间的婚姻并不能给双方家庭添子加孙、传宗接代。

当然,在唐代也有像季攸那样因为内疚而成全夭折子女的冥间婚姻。李倓与张氏的婚姻就是肃宗悔过的结果。《旧唐书·承天皇帝倓传》记载道:

---

① 比如,在《汇编》及《续编》中,大约有百分之十的墓志是为未成年成家者写的。

② 《敦煌宝藏》第 13 卷,第 104—105 页。

③ 《汇编》景龙 011。

④ 《汇编》天宝 086。

> 承天皇帝倓，肃宗第三子也。天宝中封建宁郡王。授太常卿同正员。……为良娣、辅国所构。云建宁恨不得兵权，颇畜异志。肃宗怒，赐倓死。既而省悟，悔之。……大历三年五月诏曰：故齐王倓承天祚之庆，保鸿名之光。降志尊贤，高才好学。艺文博洽，智略宏通。断必知来，谋皆先事。识无不达，理至逾精。乃者，寇盗横流，銮舆南幸。先圣以宸扆之恋，将侍君亲。惟王以宗庙之重，誓宁家国。克协朕志，载符天时。立辨群议之非，同献五原之计。中兴之盛，实藉奇功。景命不融，早从厚穸。天伦之爱，震惕良深。流涕追封，胙于东海。顷加表饰，未极哀荣。夫以参旧邦再造之勤，成天下一家之业，而存未峻其等，殁未尊其称。非所以旌徽烈，明至公也。朕以眇身缵膺大宝，不及让王之礼，莫申太弟之嗣，所怀靡殚，邈想逾切，非常之命，宠锡攸宜。敬用追谥曰：承天皇帝，与兴信公主第十四女张氏冥婚，谥曰恭顺皇后。①

如果说佛教的死后世界观导致了唐代父母对子女死后男女风月之情的关心，那么唐人对男女风月之情的开放态度也对冥婚的兴起起了极大的促进作用。唐笔记小说绝不乏男女苟合的故事，或男求“不以陋愚，特垂枕席之欢耳”，②或“女笑而止，相得之欢，誓将白首，绸缪之意，无不备尽”。③《唐语林》曾提到，天宝中，唐人“呼丈夫、妇人纵放不拘礼度者为‘查’。又有百数十种语，自相通解，谓之‘查语’。大抵多近猥僻”。④仅“查语”就达百数十种，唐代的“猥僻”之风可谓盛矣。

唐人认为“男女之际”的“大欲”是极自然的事，⑤当双方“情苟相

---

① 《旧唐书》卷一一六。
② 《玄怪录》卷四《华山客》。
③ 《玄怪录》卷四《尹纵之》。
④ 《唐语林》卷四。
⑤ 白行简《李娃传》，《太平广记》卷四八四。

得,虽父母之命,不能制也”。[①] 在敦煌文稿中,有一份性交图描绘了男女交媾的种种姿势,想来该是性生活指南之类的图标。此外,向来被认为是伪作的《天地阴阳交欢大乐赋》也在敦煌文稿中被发现。这份题署白行简著的《大乐赋》详细描述了各种类型的男女关系(如夫妻、婚外恋、主人与奴婢等)的性交状态及感受,并声称“男女之情”乃是情之精要,而“官爵功名”则是“情之衰”。[②]应该说,唐人对性行为的态度使得让生时未婚的男女合葬在一起显得顺情合理。

当然,在唐代也有反对冥婚的议论,白居易就曾撰文讨论冥婚。这篇题为《得景嫁殇、邻人告违禁、景不伏》的判拔萃文写道:

> 生而异族,死岂同归。且非合祔之仪,爰抵嫁殇之禁。景忝婚是恤,窀穸斯乖。以处子之蕣华,迁他人之蒿里。曾靡卜于鸣凤,各异室家;胡为相以青乌,欲同宅兆。徒念幼年无偶,岂宜大夜有行。况生死宁殊,男女贵别。纵近倾筐之岁,且未从人;虽有游岱之魂,焉能事鬼?既违国禁,是乱人伦。请征媒氏之文,无抑邻人之告。[③]

虽然白居易写得非常义正词严,但可以肯定的是,这篇判文似乎并不能代表唐代社会对冥婚的看法。首先,唐代并不存在所谓的针对冥婚的“国禁”;其次,这篇文章用的是“嫁殇”一词,而不是唐代通用的“冥婚”,显然白居易的着眼点是在阐扬《周礼》的儒家思想,而不是讨论唐代的社会问题。

其实,在唐代,冥婚的安排也不完全是为亡者而作,真正的得益者应该是冥婚者的家属。对这些家属来说,安排冥婚的好处还不少。首

---

① 白行简《李娃传》,《太平广记》卷四八四。
② 伯2539,见《敦煌宝藏》第121卷,第616—618页。
③ 朱金城《白居易集笺校》第六册,上海古籍出版社,1988年,第3596页。

先，冥婚虽不能“上以事宗庙，下以继后世”，但它至少能“合二姓之好”。[①] 敦煌文稿中的《冥婚书题依吉法》即很好地体现了这一点。在冥婚书中，男方家族表示“平生之日”即已“思展好仇”；女方家族则为“久缺祗叙，延伫诚劳”而感慨。可见冥婚的安排起到了增进家族间交往的作用，这在大姓间可能更是如此。《唐故昌平县开国男天水赵君墓志铭并序》（实例5）就明确地提到了这一点：

赐耿之后，纂帝其先，新合二族，冥交两贤。猗欤显德，燕尔幽泉，一谐琴瑟，万古兰荃。[②]

此外，冥婚还为双方家属提供了炫耀财富、地位和伸张权势的极好机会。最明显的例子便是三个与韦后有关的冥婚实例：韦后的儿子懿德太子李重润（实例10），以及韦后的弟弟韦洞（实例11）与韦洵（实例12）。《旧唐书·懿德太子重润传》记载了懿德太子的曲折经历和他的冥间姻缘：

懿德太子重润，中宗长子也，本名重照，以避则天讳故改焉。开耀二年，中宗为皇太子，生重润于东宫内殿。高宗甚悦，及月满，大赦天下，改元为永淳。是岁，立为皇太孙，开府置官属。及中宗迁于房州，其府坐废。圣历初，中宗为皇太子，封邵王。大足元年为人所构，与其妹永泰郡主、婿魏王武延基等窃议张易之兄弟何得恣入宫中。则天令杖杀，时年十九。重润风神俊朗，早以孝友知名。既死非其罪，大为当时所悼惜。中宗即位，追赠皇太子，谥曰懿德，陪葬乾陵。仍为聘国子监丞裴粹亡女为冥婚，

① 《礼记·昏义》。
② 《汇编》垂拱001。

与之合葬。[1]

韦后的季弟韦洞，字冲规，如意元年(692)病死时年仅16岁。当时韦后和中宗被武则天黜为庶人，韦洞也因此而被流放。神龙元年(705)，中宗复位，“恢张百度，惇叙六姻”，因“嗜右戚之丧家宝，感中闱之失贤季”，乃追赠韦洞卫尉卿。次年又追赠淮阳郡王，“迎置京邑，具礼改窆”，于是“冥婚太子家令清河崔道猷亡第四女为妃而会葬”。[2] 丧事均由朝廷支出，韦氏乃为之铺张至极。韦洵与萧至忠的女儿的会葬规模并无详细资料可询，但想来与韦洞的差不多。虽然这三个冥婚都是以朝廷的名义安排的，但真正的策划者可能是韦后。《新唐书·萧至忠传》明确讲到：“韦后尝为其弟洵与至忠殇女冥婚。”[3]韦后在东山再起之后，昭冤雪耻以及炫耀、巩固和扩张她的殊荣和威势当是她念念不忘的大事。为她自己的儿子和弟弟安排冥婚虽出于悯惜之心，但这背后的政治动机也是显而易见的。与萧、裴、崔三家有权势的望族联盟，韦后可算是煞费苦心。

冥婚不仅能提供巩固联盟和势力的机会，还能为冥婚家属带来许多实际的利益。比如，韦后的儿子和弟弟都被封王，他们的冥婚新娘们也因此而被封为王妃，冥婚家庭便因而成了真正的受益者。比如在韦洞与崔氏会葬之日，韦家得赏赐“赙物□千段，米粟五百石，衣等九袭”，又加赠韦洞“使持节都督并州诸军事并州大都督。赐东园秘器”。[4] 更有甚者，代宗之弟李倓与张氏(实例14)在冥婚之日被追谥承天皇帝和恭顺皇后，[5]可以想象，恩赐之厚一定是又过之而无不及。

---

① 《旧唐书》卷八六。

② 《汇编》景龙011。

③ 《新唐书》卷一二三。

④ 《汇编》景龙011。

⑤ 《旧唐书》卷一一六。

结　语

唐代冥婚的骤兴是与唐代的社会和历史背景密切相关的。唐代(尤其是唐前期与盛唐)经济的繁荣为冥婚提供了深厚的物质基础,唐代死后世界观的更新及对男女之情的开放态度为冥婚提供了极好的精神和心理条件。从另一方面来说,冥婚则又为有能力作此安排的父母和亲属提供了表达自己心愿以及获取种种实际利益的机会。难怪到了经济衰退、社会动荡的五代,冥婚忽然显得不再顺理成章。《新五代史·刘岳传》记载道,后唐的明宗皇帝读了郑余庆的《书仪》之后,对唐代的起复冥婚之制颇感困惑,叹曰:"儒者所以隆孝悌而敦风俗,且无金革之事,起复可乎？婚,吉礼也,用于死者可乎?"于是他诏令刘岳"选文学通知古今之士,共删定之"。刘岳与太常博士段颙、田敏对《书仪》作了一番研究之后,得出的结论是,冥婚乃"出鄙俚,皆当时家人女子传习所见",虽然"时有礼之遗制",但"其后亡失,愈不可究其本末"。[①] 由此可见,时至后唐,冥婚之礼已不为朝廷及上层社会所认同!

---

① 《新五代史》卷五五。

唐代的文人与女妓

玉管清弦声旖旎，翠钗红袖坐参差。
两家合奏洞房夜，八月连阴秋雨时。
歌脸有情凝睇久，舞腰无力转裙迟。
人间欢乐无过此，上界西方即不知。

乐曲、歌舞、美人、文士、夜宴，白居易《与牛家妓乐雨夜合宴》所描写的华丽场景可以说是唐代女妓文化的典型体现。唐代是中国历史上女妓制度得以完善的时期，同时，文人与女妓的密切关系、有关女妓的文学、女妓的写作尤其是文人对与女妓欢宴的公开张扬都是中国历史少见的。随着女妓制度的变迁，这种公开炫耀在唐代以后被视为不可思议。宋代学士龚明之（1091—1182）就曾经这样评论白居易与女妓的过往：

> 乐天为郡时,尝携容满、张志等十妓,夜游西湖虎丘寺,尝赋纪游诗。为见当时郡政多暇,而吏议甚宽,使在今日,必以罪闻矣![①]

然而,唐代女妓文化的种种鲜明特征也正是唐代权力结构和文化动因的变迁的反映。学者们早已指出,唐代(尤其是中唐)是中国古代史的转折点,而这个转折的起点是给唐王朝带来极大的政治和经济冲击的安史之乱(755—763)。[②]随着大姓望族的势力衰退[③]以及唐皇朝渐趋依赖科举铨选举官,进士集团在权力结构中的影响力随之而增强。虽然许多科举及第者出身望族,但是,望族之外的成功者也比比皆是。唐代的女妓兴盛,尤其是蓄家妓的现象可以直接追溯到科举及第的文人在官僚体制中的逐渐扩张,与女妓来往是这些经由科举而进仕的文人官员显示他们在权力系统中的特殊地位的方式之一。而唐代社会又为这一女妓文化提供了优裕的土壤——唐代与外界的交流达到了空前的程度;[④]其经济的商业化、[⑤]南北人口迁徙所带来的社会流

---

① 龚明之《中吴纪闻》,上海古籍出版社 1986 年,第 6 页。

② 参见蒲立本(Edwin G. Pulleyblank)《安禄山叛乱的背景》(*The Background of the Rebellion of An Lu-shan*),Oxford University Press, 1965 年。

③ 参见姜士彬(David Johnson)《中世纪中国的寡头政治》(*The Medieval Chinese Oligarchy*),Westview Press, 1977 年;伊沛霞(Patricia Ebrey)《早期中华帝国的家庭:博陵崔氏个案研究》(*The Aristocratic Families of Early Imperial China: A Case Study of the Po-ling Ts'ui Family*), Cambridge University Press, 1978 年;崔德瑞(Denis C. Twitchett)《唐代统治阶层的构成——来自敦煌的新证据》(The composition of T'ang Ruling Class: New Evidence from Tunhuang),收于芮沃寿(Arthur F. Wright)、崔德绎编《唐史探讨》(*Perspectives on the T'ang*), Yale University Press, 1973 年, 第 47—85 页。

④ 参见向达《唐代长安与西域文明》,三联书店,1957 年;薛爱华(Edward H. Schafer)《撒马尔罕的金桃——唐朝的舶来品研究》(*The Golden Peaches of Samarkand: A Study of T'ang Exotics*),University of California Press, 1963 年。

⑤ 参见崔德瑞《唐代的财政管理》(*Financial Administration Under T'ang China*),Cambridge University Press, 1970 年;斯波义信《宋代商业史研究》(*Commerce and Society in Sung China*),伊懋可(Mark Elvin)译,University of Michigan Press, 1970 年。

动性、[1]通俗文化和思想的多元化[2]等都是唐朝时期非常特殊的动因。

唐史和唐代文学研究者对唐朝女妓文化的突兴早有注意，有关唐朝女妓及其与文人的密切关系的研究论著也是不计其数。[3]本文的目的在于探讨一组与这个课题有极大关系然而至今为止尚未引起重视的

---

① 参见郝若贝(Robert M. Hartwell)《750—1550 年中国人口、政区与社会的转化》(Demographic, Political, and Social Transformation of China, 750-1550), *Harvard Journal of Asiatic Studies* 42 (1982 年), 第 365—442 页。

② 参见麦大维 (David L. McMullen)《唐代的国家与学者》(*State and Scholars in T'ang China*), Cambridge University Press, 1988 年; 包弼德(Peter Bol)《斯文:唐宋思想的转型》(*This Culture of Ours: Intellectual Transitions in T'ang and Sung China*), Stanford University Press, 1992 年;宇文所安 (Stephen Owen)《中国中世纪的尾声:中唐文学文化论文集》(*The End of the Chinese's Middle Ages: Essays in Mid-Tang Literary Culture*), Stanford University Press, 1996 年。

③ 20 世纪 60 年代即有两部《北里志》的译本出版。一是哈沃德・列维(Howard Levy)《北里志》(The Gay Quarters of Chang'an),分别载于 *Orient/West* 8.5(1963 年),第 121—128 页;*Orient/West* 8.6(1963 年),第 115—122 页;*Orient/West* 9.1(1964 年),第 103—110 页。另一个译本是法国汉学家戴侯杜(Robert des Rotours)的《中国唐末的妓女》(*Courtisanes Chinoises à la fin des T'ang*), 高等中国研究学院图书馆出版物第 22 种 (Bibliothèque de l'Institut des Hautes Etudes Chinoises 22), Presses Universitaires de France, 1968 年。其他有关文人与女妓的西文研究包括:熊存瑞 (Victor Xiong)《唐代长安的歌舞妓》(Ji-entertainers in Tang Chang'an),收于 Sherry Mou 编《存在与再现:中国文学传统中的妇女》(*Presence and presentation: women in the Chinese Literary Tradition*), St. Martin's Press,1999 年,第 149—169 页;童若雯(Jowen R. Tung)《写给父家长们的寓言:唐代话语中的社会性别政治》(*Fables for the Patriarchs: Gender Politics in Tang discourse*), Rowman & Littlefield Inc.. 2000 年,第 6—10 章等。熊文指出,平康里与考生聚居的崇仁坊接邻,唐妓的主要接待对象是举子,因而,她们的主要职责是歌舞与诗书来往。童若雯认为唐代妓女文化的兴盛是唐社会性别政治的产品。唐代的文人官员不仅需要女妓来抬高自己在文坛的地位,而且还依靠她们来满足自己对女性美的渴望,因为在儒教传统中,男性是不应该对自己的妻子表现出强烈的情爱的。宇文所安在他的《中国中世纪的尾声》一书中对文人与女妓的过往也有评论,他认为,这一现象反映了文人新贵对私人空间和性情的追求。日本、中国大陆和中国台湾学者对唐代女妓的研究多注重于对女妓身份和组织,女妓的生活,以及她们的艺技和文学。重要研究成果有王桐龄《唐宋时代妓女考》,《史学年报》1929 年第 1 辑第 1 期,第 21—31 页;岸边成雄《长安北里の性格と活动》,《历史と文化》4,《历史学研究报告》7(1959 年);岸边成雄《唐代妓馆の组织》,《东京大学教养学部人文科学科纪要》5,《古代研究》2(1955 年);石田乾之助《增订长安の春》,东京:平凡社,1967 年;傅乐成《唐代妇女的生活》,收于氏著《汉唐史论集》,台北:联经出版公司,1977 年,第 117—142 页;宋德熹《唐代的妓女》,收于鲍家麟编《中国妇女史论集续集》,台北:稻香出版社,1991 年,第 67—122 页;高世瑜《唐代妇女》,三秦出版社,1988 年,第 56—79 页; 廖美云《唐妓研究》,台北:学生书局,1995 年;郑志敏《细说唐妓》,台北:文津出版社,1997 年。

史料——为女妓所撰的墓志铭。事实上,为女妓撰志本身就明显地反映出唐人对女妓制度的态度。此外,本文还将探讨其他论著较少提及的家妓制度,并考察唐代女妓与唐文人生活的种种关联。正如诗歌是唐文人官员的自我标识和身份认同的中心,[①]在唐代,与女妓的交往是这些新贵用以巩固和标榜自己的社会地位和特殊身份的重要途径。

唐代的女妓制度

作为社会性别系统(gender system)中最为重要的社会设置(social institution)之一,女妓制度最早出现在春秋时期(公元前772—前481)。[②]虽然自古以来称呼女妓的名词有多种,[③]"娼"和"妓"是最为常见的用词。"娼"字由"倡"衍变而成,其原意是乐人。[④]在春秋时期"娼""倡"两字互相通用,都是乐人的意思。"妓"字由"伎"衍变而来,在春秋时期"妓""伎"两字都是"有技艺者"的意思,亦可与"技"字通用。从"娼""妓"两字的起源和演变我们可以断定古代中国娼妓的主要职能是音乐而不是性。

---

① 参见王国斌(R. Bin Wong)、胡志德(Theodore Huters)、于宝琳(Pauline Yu)《序言:政治和社会体制的范式转型》(Introduction: Shifting Paradigms of Political and Social Order),收于 Huters, Wong, and Yu 编《中国史中的文化与国家》(*Culture and State in Chinese History: Conventions, Accommodations, and Critiques*), Stanford University Press, 1997 年,第1—28 页。又见于宝琳《明清时期的经籍的形成》(Canon Formation in Late Imperial China),同前,第 83—105 页。

② 据《战国策·东周策》,齐桓王建女闾,聚女妓七百。王书奴则认为女妓在商代即已存在,商代的女巫既是舞者,亦是妓女。见王书奴《中国娼妓史》,三联书店,1988 年,第9—24 页。有关上古史中的女妓研究,参见武舟《中国妓女生活史》,湖南文艺出版社,1990年,第 1—75 页;单光鼐《中国娼妓:过去和现在》,法律出版社,1995 年,第 51—97 页;萧国亮《中国娼妓史》,台北:文津出版社,1996 年,第 1—52 页。

③ 据王书奴研究,指称女妓的名词有二十三种之多。《中国娼妓史》,1988 年,第 3 页。

④ 许慎(约 58—147 年)《说文解字》:"倡,乐也。"从"人"旁,可见其初意。

在唐代，女妓可以分为官妓和私妓两大类。[①]官妓有三种：宫妓[②]、营妓、官妓。唐玄宗时期，宫妓人数剧增，尤其是在开元二十八年（740）玄宗设立了左右教坊之后。[③]宫妓可以因皇帝的欣赏而给她全家带来利禄。正如白居易形容的："一曲称君心，恩荣连九族。"[④]学者们一般认为宫妓是职业歌舞手而不是普通意义上的娼妓，但皇帝有幸于宫妓并不罕见。宋人吴曾在《能改斋漫录》中曾提到，在唐代，这类宫妓被称之以"十家"。[⑤]

营妓从属于军中将官，因此，她们也是官妓中的一种。[⑥] 在唐代，营妓的地位并不比其他种类的女妓低。事实上，著名的诗人薛涛（770—832）即是一位营妓。前蜀景涣在《牧竖闲谈》中描写道："元和中，成都乐籍薛涛者，善篇章，足辞辩，虽无风讽教化之旨，亦有题花咏月之才，当时营妓中尤物也。"[⑦]

薛涛与元稹（777—831）情交多年，[⑧]并与牛僧孺（779—842）、令狐楚（766—837）、裴度（765—839）、杜牧（803—853）、刘禹锡（772—842）和白居易等著名文人官员有诗文来往。营妓也经常在将官筵席

---

① 学者们在对唐代女妓的分类上有差异。比如傅乐成将唐妓分为三类：宫妓、私妓、家妓（傅乐成《汉唐史论集》，台北：联经出版公司，1977 年，第 117—142 页）；宋德熹的《唐代的妓女》一文将唐妓分为宫妓、官妓、营妓、家妓和民妓五类（见鲍家麟编《中国妇女史论集续集》，台北：稻香出版社，1991 年，第 67—122 页）。有关唐代女妓的分类方面的讨论可参见郑志敏《细说唐妓》，1997 年，第 27—32 页。

② 春秋时期的女闾可称是宫妓的雏形，但真正意义上的宫妓要到南朝才出现。南朝是女妓制度发展的第一个兴盛期。

③ 有关左右教坊可参见崔令钦著、任半塘笺订《教坊记笺订》，中华书局，1962 年。

④ 白居易《续古诗十首》，《白居易集笺校》第一册，第 28 页。

⑤ 吴曾《能改斋漫录》，《丛书集成初编》卷二八九，第 124 页。

⑥ 营妓亦可追溯到春秋时期，但"营妓"一词的出现在汉代。

⑦ 景涣《牧竖闲谈》，见陶宗仪、陶珽《说郛》，上海古籍出版社，1988 年，第 139 页。关于薛涛的生平与作品，参见美国学者 Jennifer Larson 的博士论文《中国诗人薛涛——一位中唐女性的生平与作品》（The Chinese Poet Hsueh T'ao: the Life and Works of a Mid-T'ang Woman），University of Iowa，1983 年。

⑧ 薛涛与元稹的交往在唐代笔记中多有记载。如据孟棨《本事诗》、范摅《云溪友议》等。此外，元代辛文房在其《唐才子传》也提及此事。

上表演歌舞。

服务于文官的官妓也属朝廷管辖。虽然古代要官也配有由政府管辖的女奴,[①]官妓作为一种常制是到唐朝才出现的。官妓一般配置在官邸,而官员任满离职后并不随从,其他官员可以邀请她们提供服务。比如著名的杭州官妓商玲珑就曾为在杭州任刺史的白居易和在会稽任浙东观察使的元稹所设宴会上助兴。唐代文人还留下不少官员与其宠爱的女妓含悲告别的记载。比如,歙州刺史李曜离职时,与继任的吴圆交代:佐酒录事媚川,聪明敏慧,自己颇留意,希望吴圆能对她多加"存恤"。李曜离别时,"洪饮,不胜离情"。[②]

除了为地方官员提供歌舞宴乐外,官妓偶尔也会陪伴官员们处理公务。[③] 比如,唐人冯贽在《云仙杂记》中称,唐代官员张宪使曾给官妓取雅号,"奏书者,号传芳妓;酌酒者,号龙津女;传食者,号仙盘使;代札者,号墨娥"。[④]可见,官妓的职责不只限于歌舞宴乐。官员与官妓发生关系在唐代很常见,比如,王谠《唐语林》曾提到,宣宗时期,宰相崔慎由的一个儿子就是官妓所生。[⑤]值得一提的是,在唐代,营妓也可被称之为官妓(或官夫人),但官妓和营妓并不能互换,文职官员所配置的官妓并不是营妓。

私妓有两种:民妓和家妓。民妓一般从属于由老鸨掌管的妓院。至今所知最早关于妓院的描写是卢照邻（635—689）的《长安古意》,

---

① 清人俞正燮(1775—1840)认为,古代官员的奴婢有性义务,"事同妓妾而无常夫"。见《癸巳类稿》,上海商务印书馆,1957 年,第 12 页。

② 事见《抒情诗》,《太平广记》卷二五二"诙谐""李曜"条。

③ 日本和尚圆仁在其游学唐朝的日记——《入唐求法巡礼行记》中也记载关于唐朝官员会见他时有年青女子陪伴的情形。参见赖世和（Edwin O. Reischaue)《圆仁日记:入唐求法巡礼行记》(*Ennin's Diary: The Record of a Pilgrimage to China in Search of the Law*),New York: The Ronald Press Company, 1955 年,第 121 页。

④ 见冯贽《云仙杂记 · 凤巢群女》。不过,毛春翔认为《云仙杂记》乃是宋人王铚伪作。见毛春翔《古书版本谈》,中华书局,1962 年,第 15 页。

⑤ 王谠《唐语林》,中华书局,1987 年,第 319—320 页。

其中一段描写了长安的妓院："娼家日暮紫罗裙，清歌一啭口氛氲。北堂夜夜人如月，南陌朝朝骑似云。"[①]除了长安和洛阳之外，娼家众多城市还有杭州、苏州、扬州等地。于邺曾在《扬州梦记》中描写道："扬州，胜地也。每重城向夕，倡楼之上常有绛纱灯万数，辉罗耀列空中。九里三十步，街中珠翠填咽，邈若仙境。"[②]可见，在都市中设立作乐场所是广为唐代社会接受的现象。

然而，唐代女妓制度文化最显著的特色是家妓的盛行。虽然家妓的产生以及"家妓"之称出现在南北朝，蓄养家妓在唐代达到高峰。这一习俗不仅得到皇室的鼓励，而且还被唐代社会传为佳话，而唐文人也因之多有记述。唐皇室对家妓的许可始于中宗朝。神龙二年（706）九月，中宗"敕三品已上，听有女乐一部，五品已上，女乐不过三人"。[③]天宝十载（751），玄宗进一步放开对女乐人数和音乐上的限制："敕五品以上正员清官、诸道节度使及太守等，并听当家畜丝竹，以展欢娱。"[④]玄宗之后，德宗朝（780—805）、穆宗朝（821—824）和宣宗朝（847—859）均十分推崇家妓文化。

文人官员蓄妓以唐中后期为多。白居易即以拥有多名出众的家妓而著称，其中樊素和小蛮最有声誉。白居易留下约两百首描写女妓的诗作，其中绝大部分是有关家妓的。比如，《小庭亦有月》即是以其家妓的名字组合而成的。[⑤] 招纳家妓的途径有两种。[⑥] 一是出资从妓院或贫家买得，二是来自赠礼。白居易曾经在多首诗中提到，他在买得家

---

① 《全唐诗》卷九。

② 《丛书集成新编》卷八三，台北：新文丰出版公司，1985 年。

③ 《唐会要》卷二四，中华书局，1955 年，第 628 页。

④ 同上书，第 630 页。

⑤ 《白居易集笺校》第四册，第 2002 页。

⑥ 王书奴与宋德熹对其他四类女妓均有所讨论。王书奴认为，宫妓多来自于掖庭；宋德熹则指出，唐代宫妓中也有选自平民女子的。官妓和营妓大多来自战俘或罪人家眷，也有皇帝从宫妓中选赠者，民妓则多来自贫穷家庭。见王书奴《中国娼妓史》，第 72 页；宋德熹《唐代的妓女》，第 86—87 页。

妓之后，亲自调教歌舞技艺。如《把酒思闲事二首》之二写道：

把酒思闲事，春娇何处多？
试鞍新白马，弄镜小青娥。
掌上初教舞，花前欲按歌。
凭君劝一醉，劝了问如何？①

白居易对家妓的培养颇为热衷，尤其在他的晚年之际。他经常在诗中表露出对自己家妓的技艺长进的满意，还会邀请他的文人僚友与他一起欣赏她们的新曲目。比如在《尝酒听歌招客》一诗中，白居易吹嘘道：

一瓮香醪新插刍，双鬟小妓薄能讴。
管弦渐好新教得，罗绮虽贫免外求。
世上贪忙不觉苦，人间除醉即须愁。
不知此事君知否，君若知时从我游。②

不过，据孟棨《本事诗》记载：白尚书姬人樊素，善歌，妓人小蛮，善舞。尝为诗曰："樱桃樊素口，杨柳小蛮腰。"③ 很可能她们来自青楼。

女妓买卖是如何进行的？《唐律疏议》④之类的文献中并没有任何记载，但是，唐代的墓志为我们提供了非常有价值的线索。比如，女妓

① 《把酒思闲事二首》，《白居易集笺校》，第四册，第 2131 页。唐代文人还会雇请乐师来调教家妓。比如，司空曙《病中嫁女妓》写道："黄金用尽教歌舞，留与他人乐少年。"《全唐诗》卷二九二。

② 《白居易集笺校》第四册，2269 页。

③ 《唐五代笔记小说大观》下册，上海古籍出版社，2000 年，第 11 页。

④ 《唐律疏议》已经庄为斯（Wallace Johnson）全文译出，由普林斯顿大学出版社 1979 年出版。

卿云的墓志《前长安县尉杨筹女母王氏墓志》[1]告诉我们她是如何进入杨家的。卿云姓王，小字娇娇，汴州开封人。因幼失怙恃，而“鞠于二女兄之手”。虽然这篇墓志没有明确提到二女兄是否是妓院里姐妹，[2]但从墓志提到的“长女兄以善音律归于故相国卢公钧[3]”以及卿云“因女兄遂习歌舞艺”来看，她很有可能在进入杨家前生活在妓院里。此外，墓志还提到，“弘农人初以音律知，遂用彩问于女兄。唐咸通庚辰岁子月遂归于杨氏”。[4]很可能指杨筹在买下卿云前就已经看过她的表演。

另一个获得家妓的途径是赠品。唐代文献记载道，唐代皇帝会将女妓作为奖励赐予文人官员。比如，德宗曾以破朱滔、朱泚有功而赐李晟“女乐八人”，浑瑊“女乐五人”，戴休颜、李元谅女乐不等。[5]文人官员中以女乐为赠品者也时有发生，最著名者当为李绅赠妓与刘禹锡的故事。《本事诗》记载道：

> 刘尚书禹锡罢和州，为主客郎中、集贤学士。李司空罢镇在京，慕刘名，尝邀至第中，厚设饮馔。酒酣，命妙妓歌以送之。刘于席上赋诗曰：“鬟髯梳头宫样妆，春风一曲杜韦娘。司空见惯浑闲事，断尽江南刺史肠。”李因以妓赠之。[6]

---

① 周绍良、赵超《唐代墓志汇编》(以下简称《汇编》)，上海古籍出版社，1992年，咸通038。

② 唐代墓志铭几乎找不到一篇称姐妹为女兄弟的，而《教坊记》称：“坊中诸女，以气类相似，约为香火兄弟。”(《唐五代笔记小说大观》，第125页)由此推测，卿云女兄可能是她在乐籍中的“香火兄弟”而不是她的亲姐。

③ 卢钧事迹见于《旧唐书》卷一七七。

④ 弘农当指杨筹。

⑤ 事见《旧唐书》卷一三三和《新唐书》卷一五四的《李晟传》；《旧唐书》卷一三四和《新唐书》卷一五五的《浑瑊传》；《旧唐书》卷一四四和《新唐书》卷一五六的《戴休颜传》《李元谅传》。

⑥ 《本事诗·情感第一》。

此外，白居易《酬裴令公赠马相戏》一诗提到，开成三年（838）裴度赠白居易一匹马，并赋诗提议：欲将赤骥换青娥。[①]虽然裴白诗酬是"相戏"，但它间接地反映出，文人对以女妓为赠物是习以为常的。

从唐代墓志来看，也有主人同时招买姐妹为家妓的。如，大和九年（835）成文的吕媛墓志记载道：

> 唐吕媛，大和七年以乐艺与姊俱进于祁公。明年，姊以疾殁。后一年，媛继终，年十七。父嘉荣其年仲冬月朔日葬于金鹅村祁公茔西北二百步，与其姊同茔别兆。[②]

虽然家妓的主要职责是为主人提供歌舞娱乐，她们与主人之间发生性关系也是常见的现象。大和六年（832），文人官员杨虞卿（？—835）的家妓英英病逝，杨虞卿、白居易和刘禹锡均作诗悼之。[③]白居易写道："自从娇騃一相依，共见杨花七度飞。玳瑁床空收枕席，琵琶弦断倚屏帏。"[④]此诗以"玳瑁床空"对"琵琶弦断"，典型地体现了家妓提供歌舞与性娱乐的角色。这一现象在其他史料中也有反映。如，《太平广记》"韦隐"条曰：

> 大历中将作少匠韩晋卿女，适尚衣奉御韦隐。隐奉使新罗，行及一程，怆然有思，因就寝，乃觉其妻在帐外，惊问之。答曰："愍君涉海，志愿奔而随之，人无知者。"隐即诈左右曰："欲纳一妓，

---

① 见白居易《酬裴令公赠马相戏》，《白居易集笺校》第四册，第2334页。

② 《汇编》大和097。此志似无盖，故无墓志题。

③ 见杨虞卿《过小姬英英墓》，《全唐诗》卷四八四；白居易《和杨师皋伤小姬英英》，《白居易集笺校》第三册，第1865页；刘禹锡《和杨师皋给事伤小姬英英》，《全唐诗》卷三六〇。

④ 白居易《和杨师皋伤小姬英英》，《白居易集笺校》第三册，第1865页。

将侍枕席。”人无怪者。①

此外,两篇家妓的墓志也反映出她们为男主人提供性和歌舞娱乐的功能。一篇是天宝年间的《大唐故范氏夫人墓志铭并序》,其志文称:“夫人姓范,讳如莲花,怀河内人也。……始以色事朝请大夫行河内县令上柱国琅琊王升次子前乡贡明经察。”“以色事”显然点明了范氏进入王家时的身份是家妓。另一篇墓志是咸通年间的《前邢州刺史李肱儿母太仪墓志》,撰志者是李肱本人,而墓志主是纳入李家的陈氏。墓志称:

> 有陈氏子,会昌三年,年廿一,以色以艺□妓于予,及今廿一年矣。有男子五人:长曰小太,次曰蒙儿,又次曰金刚坚,又次曰小坚,最幼曰郡儿;女子二人,皆早不育。咸通元年,予以其诸男萃萃相次,粗知诗礼,遂册其名曰太仪。太仪聪慧女,贫处身有道,事长待幼各尽其礼,予甚重焉。而又妙通音乐,曲盖其妙,兼甚工巧。②

虽然范氏进入李家时的身份是以声色娱主的家妓,但她为李肱生育了五男二女而被册以“太仪”(非正妻的子女之母之称),其墓志盖又称她为“范氏夫人”,可见她的地位相当于妾。

虽然家妓有提供性娱乐的责任,她们在主人家中的地位和角色与妾不一样。从《唐语林》所记载的柳公绰已娶妾的故事中,我们似乎可以隐约看出唐代妾与妓的本质区别:

> 公绰尝纳一姬,同院知之,或征其出妓者。公绰曰:士有一妻

① 《太平广记》卷三八五。

② 《汇编》咸通 030。

一妾，以主中馈，备洒扫。公绰买妾，非妓也。[1]

大体说来，妓与妾的区别体现在四个方面。第一，歌舞声乐是家妓必备的技艺，而妾却并不需要具备这方面的条件。第二，从法律上来说，纳妾称“娶”，妾入夫家是“嫁”。因此，夫与妾是一种婚姻关系，妾可以以夫荫而减罪，但也会像妻一样因夫罪而受牵连。而家妓与主人间没有法制上的婚姻关系，因此家妓的地位比妾要低。[2] 虽然《唐律疏议》没有关于家妓的条例，但是它把太常音声人归于配隶，[3]可见提供歌舞娱乐的家妓的地位并不高。唐代文学作品中直称女妓为“奴”者。如在《本事诗》中，孟棨同时用“声伎”“女奴”和“妓”来形容家妓。[4] 此外，也有以“侍女”称家妓的。在《后山诗话》中，陈师道（1053—1102）称，韩愈（770—824）“有二妓，号绛桃、柳枝”。而张籍的诗作称：“为出二侍女，合弹琵琶筝。”[5]

因为家妓没有像夫与妾那样的法律上的关系，她们往往面临随时被遣出的困境。比如，开成四年（839）白居易患风疾后，曾有放妓之念。[6] 而在上文提及的《长安县尉杨筹女母王氏墓志》中，当杨筹“以罪逆受天罚，待死于长安万年畜村曰库谷”时，杨家认为，家妓王氏（卿

① 《唐语林》卷三，中华书局，1987 年，第 203 页。

② 唐之前的史料中曾有关于主人为讨好家妓而将她们注籍为妾者。例如，《北史》卷四〇《高聪传》记载，北魏高聪“有妓十余人，有子无子皆注籍为妾，以悦其情”。

③ 《唐律疏议》第 28 条。

④ 《本事诗·高逸第三》：“杜为御史，分务洛阳时，李司徒罢镇闲居，声伎豪华，为当时第一。洛中名士，咸谒见之。李乃大开筵席，当时朝客高流，无不臻赴。以杜持宪，不敢邀置。杜遣座客达意，愿与斯会。李不得已，驰书。方对花独酌，亦已酣畅，闻命遽来。时会中已饮酒，女奴百余人，皆绝艺殊色。杜独坐南行，瞪目注视，引满三卮，问李云：“闻有紫云者，孰是？”李指示之。杜凝睇良久，曰：“名不虚得，宜以见惠。”李俯而笑，诸妓亦皆回首破颜。”《唐五代笔记小说大观》第二册，第 212 页。

⑤ 陈师道（1053—1101）《后山诗话》卷七。

⑥ 白居易《不能忘情吟》，《白居易集笺校》第六册，第 3810—3811 页。

云)“非宜留,将归女兄”。[1]然而,释放家妓与解雇婢奴有相当大的区别,因为,一般来说,家妓与主人的感情纽带要比婢奴与主人的感情纽带强,白居易的《不能忘情吟》即是他对放遣樊素的伤感。[2] 唐代文人官员留下了大量悲悼亡故家妓的文字,杜牧就撰写过四首这类主题的诗。[3] 为家妓或友人之家妓撰写的墓志也为数不少,比如,全唐文中的《太府李卿外妇马淑志》就是柳宗元为友人太府李卿(无名)所写的。虽然柳宗元称马淑为“外妇”,她的身份很可能是家妓。她出生于妓楼云集的广陵,母亲刘客乃“倡也”。马淑随母而为南康歌妓,后因为太府李卿所“慕”而被“纳为外妇”。据墓志记载,马淑跟随李卿贬居永州时,她还经常为李卿的友人表演,当时被贬为永州司马的柳宗元可能就是她的听众之一。[4]

家妓与妾的第三个不同处是家妓可以赠人,而妾则不可。事实上,《唐律》规定娶他人妾者,得受徒刑一年,[5]而夺人之妓似乎没有法律上的后果。《本事诗》中就有这样一段关于李逢吉夺妓的传说:

> 太和初,有为御史分务洛京者,子孙官显,隐其姓名。有妓善歌,时称尤物。时太尉李逢吉留守,闻之,请一见,特说延之。不敢辞,盛妆而往。李见之,命与众姬相面。李妓且四十余人,皆处其下。既入,不复出。顷之,李以疾辞,遂罢坐,信宿绝不复知。怨叹

① 《汇编》咸通 038。

② 《白居易集笺校》第六册,第 3810—3811 页。

③ 杜牧《池州李使君没后十一日处州新命始到后见归妓感而成诗》(《全唐诗》卷五二二)、《见刘秀才与池州妓别》(《全唐诗》卷五二二)、《见吴秀才与池妓别因成绝句》(《全唐诗》卷五二三)、《伤友人悼吹箫妓》(《全唐诗》卷五二四)。又如,如韦庄(836?—910)《悼杨氏妓琴弦》(《全唐诗》卷七〇〇)。

④ 《全唐文》卷五八七。

⑤ 《唐律》187 条:“诸和娶人妻及嫁之者,各徒二年;妾,减二等。各离之。即夫自嫁者,亦同。仍两离之。[疏]议曰:和娶人妻及嫁之者,各徒二年。若和嫁娶妾,减二等,徒一年。”“各离之”,谓妻妾俱离。“即夫自嫁者亦同”,谓同嫁妻妾之罪。二夫各离,故云“两离之”。

> 不能已，为诗两篇投献。明日见李，但含笑曰："大好诗。"遂绝。[1]

《太平广记》也搜集了类似的传说：

> 邕南朝度使蔡京过永州，永州刺史郑史与京同年，连以酒乐相邀。座有琼枝者，郑之所爱，而席之最妍。蔡强夺之行。郑莫之竟也。[2]

妓与妾的第四个不同处是，家妓可以与主人之友发生性关系。比如，《本事诗》记载道：

> 李相绅镇淮南。张郎中又新罢江南郡，素与李隙，事具别录。时于荆溪遇风，漂没二子，悲戚之中，复惧李之仇己，投长笺自首谢。李深悯之，复书曰："端溪不让之词，愚罔怀怨。荆浦沈沧之祸，鄙实悯然。"既厚遇之，殊不屑意。张感涕致谢，释然如旧交，与张宴饮，必极欢醉。张尝为广陵从事，有酒妓尝好致情，而终不果纳。至是二十年，犹在席。目张悒然，如将涕下。李起更衣，张以指染酒，题词盘上，妓深晓之。李既至，张持杯不乐。李觉之，即命妓歌以送酒。遂唱是词曰："云雨分飞二十年，当时求梦不曾眠。今来头白重相见，还上襄王玳瑁筵。"张醉归，李令妓随去。[3]

此外，值得一提的是，文人官员娶妾的目的往往是为了传宗接代或满足性欲，而招纳家妓的主要目的是歌舞娱乐、陪伴助兴、显示自己文人新

---

① 《本事诗·情感第一》。明代冯梦龙《情史》刘禹锡条有相同记载，并称被夺妓的是刘禹锡。

② 《太平广记》卷二七三。

③ 《本事诗·情感第一》。

贵的地位。①

不过，虽然家妓与妾的角色和地位不同，她们之间的差别很难说是非常明显的。大和年间的《渤海严氏墓志》显示，在唐代，由家妓转为妾是完全可能的。这篇由曾经担任过光王（宣宗）傅的田聿撰写的《渤海严氏墓志》就是一个典型的例子：

> 维大唐大和七年岁次癸丑后七月乙卯朔，二十八日壬午，疾枕卒于河南府洛阳县履信坊里之第，享年四十一。以八年夏五月辛亥朔四日甲寅，葬于河南府河南县平乐乡张阳村之里也。其人即渤海严也。其氏先君军于魏，而名不称，常厚酒为意，此女生妓肆。余时家于魏，女君少以乐艺方进余门。受性明博，惬适正礼，可重可愧，乃当处吾之室。先也育男二人：长曰名广，次曰名廙。已生女一人，成长而亡，即前年之祸。墓在于东，亲其茔，以封以树。岁月何已，已者远可厚，亦志之至。遂悼成其铭：
>
> 卒葬既具，私分用叙，日月自驰，我怀不违。生无阻情，彼此和颜，补余之道，二十三祀。亡女在侧，幼子哀至，夏日赫照，新坟野次。我有血诚，君当知之，葬我葬所，永远望极。②

《渤海严氏墓志》反映出几个令人琢磨的地方。首先，墓志题中并没有点明严氏的身份。从“我有血诚，君当知之，葬我葬所，永远望极”句来看，严氏的身份几乎等同于妻子。但严氏显然是生于“妓肆”，并因“乐艺”而成为田聿的家妓。虽然这篇墓志强调，严氏“受性明博，惬适正礼，可重可愧，乃当处吾之室”。但是，从对她生儿育女的记载来看，严

① 白居易曾撰有多篇携妓游玩的诗赋，如《题谢公东山障子》（《白居易集笺校》第四册，第 2357 页）、《候仙亭同诸客醉作》（《白居易集笺校》第三册，第 1355 页）、《晚春酒醒寻梦得》（《白居易集笺校》第四册，第 2305 页）等。

② 《汇编》大和 071。

氏在田家的地位的提高显然因为她从家妓到母亲的身份转换。我们无法知道严氏是否被正式注籍为妾，她会不会受到《唐律》中规定的对妾的保护。但是，这篇墓志显然反映出，在唐代家妓与妾的界限并不是明确划分的。

进士集团与女妓的密切关系

九烛台前十二姝，主人留醉任欢娱。
翩翻舞袖双飞蝶，宛转歌声一索珠。
坐久欲醒还酩酊，夜深初散又踟蹰。
南山宾客东山妓，此会人间曾有无。[①]

大和八年（834）白居易前往裴度家赴宴。之后，白居易以《夜宴醉后留献裴侍中》一诗答谢。这首诗淋漓尽致地描写了女妓佐酒的欢宴以及赴宴者的自我陶醉之情，它也最典型地反映了唐代女妓文化的特征——唐代是中国历史上唯一一个公开炫耀女妓之欢的朝代。

毋庸置疑，唐皇室在这一女妓之娱的公开展示中扮演了一个极为重要的角色。唐玄宗与唐德宗均以鼓励女妓文化著称，此后诸帝也多有过于沉溺于声色之名声。史书称穆宗"倡优在侧，驰骋无度，内作色荒，外作禽荒"；[②]宣宗亦"尝游北里"。[③] 中国历史上第一部记叙女妓文化的《北里志》就是讲述宣宗时代的女妓和她们的顾客的，由此可见当时女妓文化之盛。从玄宗朝开始，朝廷在皇城曲江为新科进士设宴

---

① 《白居易集笺校》第四册，第 2198 页。
② 《新唐书》卷一七五。
③ 《唐摭言》卷三。

庆贺,这也是文人官员们最为炫耀张扬的场面。宫妓的歌舞表演是曲江宴的必备项目,唐代史料中也有民妓参与的记载。白居易呈献给宪宗的谢恩状是如此描写这一“盛会”的:

> 今日伏奉圣恩赐臣等于曲江宴乐,并赐茶果者。伏以暮春良月,上巳佳辰。获侍宴于内庭,又赐欢于曲水。蹈舞局地,欢呼动天。况妓乐选于内坊,茶果出于中库。①

开成年间的《唐故赠陇西郡夫人董氏墓志铭并序》也为我们提供了有关唐皇室鼓励女妓制度的信息。②这篇墓志是翰林学士朝议郎黎埴奉文宗之命撰写的,它描述了宫妓出身的董氏所受到的皇室荣宠。董氏出生于大历六年(771),笄年入宫为歌舞妓,历经代宗至文宗七朝。

她经常在“良辰佳宴”之际为皇帝及百官表演,其“玉女萦空”般的舞姿深为德宗所青睐,因此而得幸:

> 自笄年入居宫台,容华绰约,仪则详闲,执礼谦和,发言明媚,而又纤腰柔弱,举趾嫣妍。飞燕自得于体轻,平阳雅称其妙丽。当德皇御宇,而名达宸听,超自辈流,登于乐籍。时或曲移节奏,韵变宫商;故态方□于俗流,新声尚迷于众伎,彼则哇咬才啭,此已俯仰合仪。岂习利而学能,诚目击而心得者也。时或令节良辰,锡燕兰殿,百辟就列,九奏在庭,天子厌八修之旧容,思七盘之新态。锦茵既设,罗袜徐登,动容而宛转若神,当场而义气自得。莫不金乌驻景,借白日之光辉;玉女萦空,讶彩鸾之腾赴。宁独千官万乐,屏息

① 《三月三日谢恩赐曲江宴会状》,《白居易集笺校》第六册,第3380页。又见,白居易《三月三日祓禊洛滨》,《白居易集笺校》第六册,第3381页。

② 《汇编》开成010。

> 而心呼者哉！

从墓志来看，董氏曾长年在梨园教舞（“罗袖时翻，授梨园之弟子”），“名居上品，时历六朝”，她在66岁死去后被追授“赠陇西郡夫人”封号。[①]董氏很可能因艺技而获幸于德宗，从这篇墓志对她的出身的描写以及对赵飞燕和平阳侯的典故的引用来看，董氏并不是以嫔御身份入宫的，她后来成为“椒房之贵人”当是得幸之后的事。正因为如此，墓志才会强调董氏死后被封为陇西夫人是由于文宗“念其恩旧，奖以伎能”（而并不是因为她的嫔御地位）。这篇长达544字的墓志对董氏的一生褒奖有加，充分反映了唐王朝在女妓文化中的重要角色。

不过，唐代女妓文化的重心在于文人与女妓关系的公开炫耀。自武则天朝起，唐皇朝渐趋依赖科举制度铨选要官，唐中期起，居住在长安备考的举子人数逐年上升，他们大多居住在与平康里及尚书省吏部邻近的崇仁坊。[②]科考准备往往需要六个月至一年，及第之后，这些文人往往会继续留住长安，等候授职，交游平康里女妓是他们这一段京都生涯的内容之一。五代王仁裕（880—956年）在《开元天宝遗事》这样描写道：

> 长安有平康坊，妓女所居之地，京都侠少萃集于此，兼每年新进士以红笺名纸游谒其中，时人谓此坊为风流薮泽。[③]

及第之后，新科进士又往往会走访平康里，庆祝自己的成功、炫耀自己

---

① 有关梨园及左右教坊，可参见任半塘《梨园考》，收于任半塘《唐戏弄》，上海古籍出版社，1984年，第1111—1137页。

② 见熊存瑞（Victor Xiong）《隋唐长安：中世纪中国的城市史研究》（*Sui-Tang Chang'an: A Study in the Urban History of Medieval China*），University of Michigan Press，2000年，第109—113、217—220页。

③ 《开元天宝遗事》，《丛书集成初编》卷三八三三。

的地位。[①] 事实上,进士及第之后在平康里设宴喜庆是一个不成文的习俗。唐代后期文人王定保(870—940)《唐摭言》记载道:喜庆筵席往往在进士们拜见皇帝谢恩之后,而声色与饮酒缺一不可。[②]

进士与女妓的这种特殊关系在《北里志》中有非常详尽的记述。《北里志》记载了十七位最有声望的女妓,她们都与进士有密切来往。[③] 女妓天水仙哥的主客是少年登第的刘覃,其他与天水仙哥来往的进士有右史郑休范和户部府吏李全等。[④] 郑举举有十四位常客,其中十位是进士,包括乾符六年的状元孙龙光。此外,《北里志》称,女妓颜令宾"举止风流,好尚甚雅,亦颇为时贤所厚。事笔砚,有词句,见举人尽礼祗奉"。[⑤]

对文人官员而言,走访平康里女妓给他们带来的不仅仅是愉悦,更重要的是炫耀这种愉悦的机会和场合。这种公开炫耀是唐代文学一个常见主题。9 世纪初,白居易与曾和他一起游乐于平康里的旧友萧彻相逢,白居易写下一首长诗回忆他们当年作为举子时在平康里寻欢作乐的情景:[⑥]

忆昔嬉游伴,多陪欢宴场。
寓居同永乐,幽会共平康。
……

---

① 如尤袤(1127—1194)《全唐诗话》称:"裴思谦及第后,作红笺名纸十数,诣平康里。"《丛书集成初编》卷二五五六。

② 《唐摭言》卷三。

③ 《北里志》所列的四十个访客中,二十位是举子,八人是官员(其中当有科举出身者),二人是商人。

④ 《唐五代笔记小说大观》第二册,第 161—162 页。

⑤ 同上书,第 162—163 页。

⑥ 《江南喜逢萧九彻,因话长安旧游,戏赠五十韵》,《白居易集笺校》第六册,第 3825—3826 页。值得一提的是,此诗并没有收入白居易自己编的文集(《白居易集》)。

在浓墨渲染了平康里女妓们的衣装和居室后,白居易详细地描写了筵席的进展以及与女妓的云雨之欢。首先是歌舞欢宴:

选胜移银烛,邀欢举玉觞。
炉烟凝麝气,酒色注鹅黄。
急管停还奏,繁弦慢更张。
雪飞回舞袖,尘起绕歌梁。
旧曲翻调笑,新声打义扬。
名情推阿软,巧语许秋娘。①

随后是选择性伴侣及转移到卧房:

风暖春将暮,星回夜未央。
宴余添粉黛,坐久换衣裳。
结伴归深院,分头入洞房。

接着,白居易坦直地描绘了与女妓交欢的场面:

彩帷开翡翠,罗荐拂鸳鸯。
留宿争牵袖,贪眠各占床。
绿窗笼水影,红壁背灯光。
索镜收花钿,邀人解袷裆。
暗娇妆靥笑,私语口脂香。

---

① 阿软和秋娘是唐代中期的著名女妓,在白居易其他诗作中也有提及。如《微之到通州日授馆未安见尘壁间有数行》称:"十五年前似梦游,曾将诗句结风流。偶助笑歌嘲阿软,可知传诵到通州。"(《白居易集笺校》第二册,第922页);《琵琶行》称:"曲罢曾教善才服,妆成每被秋娘妒。"(《白居易集笺校》第二册,第686页)

其云雨之欢往往持续到天明之际：

怕听钟声坐，羞明映缦藏。
眉残蛾翠浅，鬟解绿云长。
聚散知无定，忧欢事不常。
离筵开夕宴，别骑促晨装。①

据宋德熹研究，走访女妓的费用非常昂贵。宣宗朝时，一斗米值四十文，一匹绢要二百文，而在平康里办宴席要花费九千六至三万八文钱。②很显然，游乐于平康里会给文人官员带来权势和财富的光环。然而，有能力支付这种女妓欢娱并不是文人新贵的身份认同的主要因素，造成这种文人与女妓的特殊关系的是赋诗的能力，而这个能力又正是唐代进士科考的最关键内容。也就是说，是赋诗的能力使得这些文人得以成为权力系统中的新贵。与女妓的诗作往来，由女妓在种种场合诵读他们的诗作是举子们建立文学声誉的途径之一。而一旦登第授官，与女妓的交往又进一步巩固文人新贵的自我标别和身份认同——一个通过文学才能取得权力的富有的、举足轻重的集体。

唐代著名文人官员往往会着意用壮观的娱悦场景来炫耀他们的新身份。自宣宗朝起，曲江宴基本上成了新科进士们自己打造的欢宴，皇室参与的成分越来越少。据《唐摭言》，常例是先办酒筵，然后坐游船娱乐。届时，"行市罗列，长安几于半空"。③此外，白居易所描写的开成二年在洛河边上的祓禊活动也是异曲同工之作。白居易的《三月三日祓禊洛滨》序中写道：

---

① 《白居易集笺校》第六册，第 3825—3826 页。

② 宋德熹《唐代的妓女》，第 83—85 页。据《新唐书 · 食货志》，会昌年间（841—845）唐朝官员的俸禄在一万六千文（九品）至二百万文（一品）之间。

③ 《唐摭言 · 散序》。

> 开成二年三月三日，河南尹李待价以人和岁稔，将禊于洛滨。前一日，启留守裴令公。令公明日召太子少傅白居易、太子宾客萧籍李仍叔刘禹锡、前中书舍人郑居中、国子司业裴恽、河南少尹李道枢、仓部郎中崔晋、伺封员外郎张可续、驾部员外郎卢言、虞部员外郎苗愔、和州刺史裴俦、淄州刺史裴洽、检校礼部员外郎杨鲁士、四门博士谈弘谟等一十五人，合宴于舟中。由斗亭，历魏堤，抵津桥，登临溯沿，自晨及暮，簪组交映，歌笑间发，前水嬉而后妓乐，左笔砚而右壶觞，望之若仙，观者如堵。①

这种文人官员与女妓寻欢作乐的公开炫耀不仅广受唐代社会的赞誉，而且还常常被之后的文人所提及。②而当时参与的文人官员也誉其“尽风光之赏，极游泛之娱”，称之为“美景良辰，赏心乐事”。③所有在场的文人官员都赋诗记之。也有文人官员单独为自己打造这类壮观场面的。据高彦休(874—944)《唐阙史》，杜牧到吴兴郡时：

> 使君籍甚其名，迎待颇厚。至郡旬日，继以洪饮，睨观官妓曰：“善则善矣，未称所传也。”览私选曰：“美则美矣，未惬所望也。”将离去，使君敬请所欲，曰：“愿泛彩舟，许人纵视，得以寓目，愚无恨焉。”使君甚悦，择日大具戏舟讴棹，较捷之乐，以鲜华夸尚，得人纵观，两岸如堵。④

由此可见，杜牧的真正目的是“得人纵观”。杜牧曾自诩“赢得青楼薄

① 《白居易集笺校》第四册，第2298—2299页。

② 比如，宋代文人洪迈（1123—1202）曾在《容斋随笔》中详细陈述这一场面。《容斋随笔》卷一。

③ 《白居易集笺校》第四册，第2299页。

④ 《唐阙史》卷一。

幸名”,[1]然而他并不是文人官员中的特例,他的祖父杜佑(735—812)即以“广陈妓乐”闻。[2] 事实上,文人官员间争相炫耀家妓之事时有发生,白居易就经常以自己的家妓为招徕友人的诱惑。在一首给他的杭州僚友的诗中,白居易称:

香浓酒熟能尝否?冷澹诗成肯和无?
若厌雅吟须俗饮,妓筵勉力为君铺。[3]

为了显示他的用心,白居易还曾以他享有盛名的家妓的名义邀请他的朋友。比如,《九日代罗樊二妓招舒著作》:

罗敷敛双袂,樊姬献一杯。
不见舒员外,秋菊为谁开?[4]

互相夸耀家妓在文人官员的诗作往来中也有反映。比如,白居易在答牛僧孺的诗作《酬思黯戏赠》中戏称:

钟乳三千两,金钗十二行。
妒他心似火,欺我鬓如霜。

他在诗句后记道:“思黯自夸前后服钟乳三千两,甚得力,而歌舞之妓颇多,来诗戏予羸老,故戏答之。”[5]事实上,蓄养有名望的家妓确

---

① 杜牧《遣怀》,《全唐诗》卷五二四。
② 《旧唐书》卷一四七。
③ 《闲夜咏怀因招周协律刘薛二秀才》,《白居易集笺校》第三册,第1336页。
④ 《白居易集笺校》第三册,第1457页。
⑤ 《白居易集笺校》第四册,第2327页。

实能获得同僚的敬佩。《本事诗》"高逸第三"曾记载,中唐时期,杜牧为御史,分务洛阳时,李司徒罢镇闲居,声伎豪华,为当时第一。洛中名士,咸谒见之。正是因为这种炫耀娱悦的风气,赞赏友人的宴席上的家妓成了唐代文人官员生活的一个内容以及他们文学作品的主题之一。白居易的《夜宴醉后留献裴侍中》和《与牛家妓乐雨夜合宴》可以说是这个主题的代表作。

结 语

唐代是中国女妓历史的高峰时期,家妓制度更是唐朝女妓文化中的突出现象。唐朝的女妓制度和女妓文化具有强烈的时代特征:开放的态度、感性的追求以及物质的丰富都是造成这一现象的重要因素。然而,我们也可以进一步观察到,女妓文化得以全面发展的最根本原因是文人官员集团在权力系统中的地位上升。学者们曾经指出,与女妓的交往反映了新贵族凸显其与旧贵族之区别的企图以及新贵族对私人感情的追求。童若雯教授最近指出,女妓文化的兴盛显示了文人在雄性化的朝政意识下的"男性欲望的内在分裂",唐朝的男性对他们的妻子的情感受制于儒家伦理的框架,因此,他们转而在女妓身上寻求感情纽带和知性伴侣。①本文通过考证女妓与文人关联的方方面面,进一步展现出新兴贵族集团是如何借助于公开炫耀女妓欢娱来取得唐代社会对他们在权力结构和文学文化的主导地位的认可的。

---

① 童若雯《写给父家长们的寓言》,第101—113页。

大德之争

——金仙、玉真公主受法及唐代公主的政治历程

引 言

在载入史册的210位唐代公主中,至少有十一位早年受法并守戒终身;[①]一位在儿时入道,但成人后返俗;[②]五位在成婚后因种种原因而选择女冠生涯。[③] 唐代公主之入道始于高宗与武后之女太平公主,止于穆宗之女安康公主。[④] 唐皇室极力将公主们的宗教选择渲染为皇族大德以及公主女范的显现,然而,道观也给公主们提供一个独立自主以

---

① 她们是金仙公主、玉真公主、万安公主、华阳公主、文安公主、浔阳公主、平恩公主、邵阳公主、永嘉公主、义昌公主、安康公主。

② 太平公主曾在其外祖母荣国夫人(武则天母)亡故后被度为女冠。

③ 她们是永穆公主、新昌公主、寿春公主、咸宜公主、永安公主。

④ 有关唐代入道公主的最详记载是王溥(922—982)编纂的《唐会要》卷六“公主”以及卷五〇“尊崇道教”。此外,《新唐书》卷八三《诸帝公主传》也记录了唐代公主的宗教身份。

及积聚权力、财富的空间。正因如此,从睿宗朝起,朝官们便纷纷上书谏劝,而睿宗景云元年(710)为女儿金仙公主、玉真公主造观的诏令则为异议者们提供了极好的机会。

本文以金仙、玉真公主入道以及睿宗为之造观所引起的争论为起点,考察唐朝各权力集团是如何利用对"德"的界定、阐释、演绎和争论来争取、维护自己的利益的。本文提出,金仙、玉真公主入道以及朝官们的抗议是唐皇室历史的一个转折点:如果说女性干政是初唐时期皇室政治的重要特点的话,那么,到了金仙、玉真时代,朝官已决意要扼制这一现象。而金仙公主和玉真公主选择入道很可能是因为她们认识到自己已不再可能像太平公主和安乐公主那样在宫中有所作为,而道观生活则会给她们带来自由、权势、财富以及宗教精神上的追求。景云造观之争是唐代历史上第一次女性皇室成员与男性朝官们利益冲突的大规模爆发,虽然皇室对朝官的异议做了种种让步,但在金仙和玉真之后,仍然有公主选择入道。不过,这个势力冲突最后以皇室女性的失败而告终——乾符四年(877),皇室以安康公主"在外颇扰人"为由而将她召回宫中。至此,唐朝的女德话语的演变也终于有了一个结局:皇室公主们被推崇为顺妇之德的楷模,而她们自己的声音则在唐朝的政治舞台上彻底地消失了。

德的制造

在唐代,入观做女道士是一个由朝廷控制的缓慢过程,立志出家者必须经过重重手续、种种仪式才能走到受法这一步;而唐代道士女冠中被传授三洞经戒者更是屈指可数。① 一旦入道，大多数女道士终身持戒，粗茶淡饭，隐踪藏迹，刻意修炼。② 但是，公主入道则完全是另外一回事。在由集贤院学士徐峤奉玄宗之敕而撰写的《大唐故金仙长公主志石铭并序》中，金仙公主的入道选择被描写成是公主的"志"和"节"的表现，睿宗因而"许之"。墓志还称，金仙公主（法名无上道）是中国皇室史中唯一一位"悟指马以齐物"者，正因如此，她才决心"归道德以全贞"。③

金仙公主与玉真公主（法名无上真）的入道选择成了唐皇室一个自我光大的机会，当他们的父亲在景云元年即位后，她们在道教体制内的地位也迅速上升。当年，睿宗下诏为两公主各造一观，以树皇室之"功德"。④ 在随后的两年内，金仙和玉真又分别被传授《灵宝经》和《上清经》。⑤ 此后，她们便成为道家中地位最高的上清大师，可以主持任何道教仪式。金仙公主墓志对她"位上清"大加赞扬，称她由此"荐环玦，刻金名。侣九仙而高视，齐十圣而忘情"。在一篇关于玉真公主在王屋山仙人台主持祈雨仪式的文献中，作者唐代著名道士蔡玮称玉

---

① 有关女冠的入道受法仪式的研究，参见孔维丽（Livia Kohn）《中世纪道教的寺院生活：一个跨文化的视野》（*Monastic Life in Medieval Daoism: A Cross-Cultural Perspective*），University of Hawaii Press，2003 年，第 187—190 页；彬仕礼（Charles D. Benn）《玄洞传经——公元 711 年的一个道教授职仪礼》（*The Cavern-Mystery Transmission: A Taoist Ordination Rite of A. D. 711*），University of Hawaii Press，1991 年，第 2—4 页。孔维丽的著作是对唐代金明七真的《奉道科戒》的研究，彬仕礼的著作是对张万福的《传授三洞经戒法箓略说》的研究。有关玉真公主的研究，参见薛爱华（Edward H. Schafer）《玉真公主》（The Princess Realized in Jade），*T'ang Studies* 3，1985 年，第 1—25 页。

② 参见柯素芝（Suzanne Cahill）《习而得道：中国中世纪女性的成仙之径》（Practice Makes Perfect: Paths to Transcendence for Women in Medieval China），*Taoist Resources* 2. 2，1990 年，第 28—29 页。

③ 周绍良、赵超《唐代墓志汇编续集》，上海古籍出版社，2002 年，开元 145。

④ 《唐会要》卷五〇。

⑤ 见张万福《传授三洞经戒法箓略说》，收入张宇初（？—1410）、张宇清（？—1427）编纂《道藏》，文物出版社、上海书店、天津古籍出版社，1988 年，第 32 册，第 196—197 页。从此文来看，道士张万福亲眼目睹了这一传授仪式。

真公主为“上清元都大洞三景法师”。[①]文中称，玉真公主在场时，“左右不戒而严，肃如也”。仪式毕，水“流盈尺”，“当时远近，咸谓之为公主雨焉”。[②] 蔡玮强调，祈雨的成功是玉真公主“大德”的表现，故“其惠也广”。[③]

当代历史学家颇为怀疑金仙、玉真二公主之入道纯粹是她们“悟指马以齐物”“归道德以全贞”的结果。比如，彬仕礼（Charles D. Benn）指出，这两位公主入道反映了她们对错综复杂的宫廷斗争的厌恶，[④]也有学者认为，道观给予公主们一个性别平等和自由自在的感觉，[⑤]此外，公主们也可以因此而得到性的独立和生活上的奢侈。[⑥] 从现有史料来看，入道的公主中确实没有真正过着糠粃膏腴、苦心求道生活的信徒。金仙、玉真二观均建在长安的辅兴坊，与皇宫仅一墙而隔。据《大唐故金仙长公主志石铭并序》，金仙观“馆台北阙，接笙歌于洛滨；珠阁西临，聆箫曲于秦野”，绝对不是苦行修道之所。玉真公主对笙歌箫曲也是情有独钟，据《新唐书》记载，玄宗至德二载（757）返京之后居兴庆宫，玉真公主常在其左右，“梨园弟子日奏声伎为娱乐”。[⑦] 除了宴娱外，入道的公主似乎还可以参与朝廷中的其他仪礼活动。从《新唐书》的杨贵妃传记中我们得知，命妇入班觐见玄宗时，玉真公主

---

① 蔡玮《玉真公主朝谒应□□真源宫受□□□王屋山仙人台灵坛祥应记》，《全唐文》卷九二七。

② 彬仕礼认为此仪式是在天宝二年（743）举行的。见彬仕礼《玄洞传经》，第160页。

③ 《全唐文》卷九二七。

④ 彬仕礼《玄洞传经》，第9页。

⑤ 如，戴思博（Catherine Despeux）、孔维丽《道教中的妇女》（*Women in Daoism*），Three Pine Press，2003年，第118—128页。

⑥ 如，董若雯（Jowen R Tung）《写给父家长们的寓言：唐代话语中的社会性别之争》（*Fables for the Patriarchs: Gender Politics in Tang Discourse*），Rowman & Littlefield Publishers，2000年，第50页。

⑦ 《新唐书》卷二〇八《李辅国传》。

每每在场。[①]

唐代的史料还表明,道观生活并没有限制公主们对朝廷政治的干预。比如,开元二年(714),玉真公主曾与宦官高力士一起帮太子、信安王躲过了一场政治灾难。[②] 开元十二年(724),玉真公主又上表玄宗为泽王幼子李义珣求情,使其得以恢复嗣泽王之封。[③]之后,她还为魏征之子魏瞻求情,使他免于死罪。[④]

道教公主还经常与道士来往、交流,她们与男性交往的自由度显然要比选择婚姻的公主们大得多。比如,开元十五年(727),玉真公主与朝官韦绦一起长途旅行去拜见道家大师司马承祯。[⑤] 她还几次陪同玄宗和朝官们出游,玄宗曾作《同玉真公主过大哥山池》,表达他对玉真公主伴随在旁的喜悦之情,[⑥]玄宗还命陪同朝官作诗纪念,《全唐诗》中收有张说《奉和圣制同玉真公主过大哥山池题石壁应制》及《奉和圣制同玉真公主游大哥山池题石壁》两诗。[⑦]

看来,即使金仙公主和玉真公主在入道时确有"归道德以全贞"之诚意,她们不可能有终身麻麦为飡,心若死灰的准备。那么,她们入住道观的真正动机是什么呢?她们选择入道的年份可能为我们提供了一个很好的线索:在金仙、玉真二公主入道的神龙二年(706),太平公主和中宗女——长宁公主、安乐公主在宫廷中的势力正如日中天,时值睿宗被废,对金仙、玉真二公主来说,入道是积累政治资本和经济财富的

---

① 《新唐书》卷七六《杨贵妃传》称:"天宝初,进册贵妃。追赠父玄琰太尉、齐国公。擢叔玄珪光禄卿,宗兄铦鸿胪卿,锜侍御史,尚太华公主。主,惠妃所生,最见宠遇。而钊亦浸显。钊,国忠也。三姊皆美劭,帝呼为姨,封韩、虢、秦三国,为夫人,出入宫掖,恩宠声焰震天下。每命妇入班,持盈公主等皆让不敢就位。"持盈即玉真公主。

② 见《新唐书》卷一四七《宇文融传》。

③ 见《旧唐书》卷八六《泽王上金传》。

④ 见《新唐书》卷一九二《颜杲卿传》。

⑤ 见《旧唐书》卷一九二《司马承祯传》。

⑥ 《全唐诗》卷三。

⑦ 《全唐诗》卷八七、卷八九。

最好出路。睿宗再次即位,金仙、玉真的雄心便一览无余了。玉真之观原是她的曾外祖父——窦诞的故居。载初元年(689),武则天封其父武士彟为忠孝太皇,下旨没收窦诞宅,并将它改为崇先府,即负责处理与武士彟有关事务的机构。[①] 数年后,武后又害死金仙、玉真的亲生母亲——窦太后。窦氏的势力由之大为削弱,直到睿宗再次即位时才得以有东山再起的机会。显然,玉真观所在地的选择反映了窦氏以及公主们重新进入宫廷政治争斗的愿望。[②]

从唐代的史料来看,入道受法还可以给公主们带来巨大的财富。据张万福《传授三洞经戒法箓略说》记载,仅为装饰传授《灵宝经》的灵坛,两位公主所得赐物就包括"青罗十八匹、绯罗六匹、白罗十四匹、皂罗十匹、黄罗二十四匹,以安五方。紫罗二百四十匹、绢四百八十匹、钱二百四十贯、黄金二百两、五色云锦二十五匹、香一百二十斤、七宝周足、青丝五百两、奏纸二万四千番、笔墨各二百四十管、挺书刀十二口、护戒刀巾各三十八具、金龙六枚、金钮五十四枚"。其他所赐用具包括各种精雕细刻的香炉、几案以及锦绣珍品,"价直亿千"。除了特殊赠物之外,二公主还可以保留分给她们的实赋和邑司以及任何其他财产。朝廷还令置资财以供道观日常运作之用。

可想而知,除了以上这些正常来源之外,公主们的道观一定还会比其他道观得到更多的捐物、赠品。此外,公主道观甚至还会以强制性手段来扩充财源。比如,据《旧唐书》,负责建造金仙、玉真二观的窦怀贞曾"征百姓所隐逆人资财,以充观用"。[③] 看来,独立支配这些财源也可能是公主们入道的动机之一。从史料来看,金仙、玉真两公主的财富确实惊人。《新唐书》记载道,玉真公主晚年曾执意将属于她的非道观财

① 《唐会要》卷五〇。

② 这个地址很可能是玉真公主自己的选择。据《新唐书》,在唐代早期,多位公主皇室"丐"自己理想的住宅处,而往往"得之"。(《新唐书》卷八三)

③ 《旧唐书》卷一九〇。

产捐赠给朝廷，自称“请入数百家之产，延十年之命”。[1] 金仙公主的墓志称，睿宗即位后，封金仙为长公主，“加实赋一千四百户”。入道受法显然还给公主们带来极大的权势：公主们不仅被邀主持宫廷中的种种道教仪式，而且还参与地方上的祭祀。从蔡玮的叙述中我们得知，在天宝十二载(753)，玉真公主主持王屋山仙人台祈雨仪式之前，当地曾经历了长期干旱，而玉真公主的现身是当地官民企盼已久的。[2]

德的话语

唐皇室及金仙、玉真公主对德的自我标榜遭到了朝官们激烈反击。睿宗下诏建观后不久，朝官们纷纷上书批评皇室的“德的制作”，而他们的依据恰恰是“德”的含义。有些谏议者称，建造道观不仅与道家所倡议的“德”相去甚远，而且还违背了君王之德。大部分谏议者强调，一个真正的、虔诚的道家应该通过自我陶冶和精神上的追求来表现自己的“德”，而任何额外的、物质上的奢侈只会对“德”的表现起反作用。右补阙辛替否在《谏造金仙玉真两观疏》中称：

> 臣闻出家修道，不干预人事，专清其身心。以虚泊为高，以无为为妙。依两卷老子，视一躯天尊，无欲无营，不损不害。何必璇台玉树，宝像珍龛，使人困穷，然后为道哉？……以两观之财，为公主贷贫乏，填府库，则公主之福德无穷矣。[3]

谏议大夫宁悌原称：道教尚虚无，因而，入道者应当“虚室生白，静虑元

---

① 《新唐书》卷八三。
② 《全唐文》卷九二七。
③ 《全唐文》卷二七二。

门”。一旦违反这一原则，便有“邪教”之嫌。[1]

为了强调金仙、玉真两观的建造与道教真谛相悖，朝官们甚至夸大其词地描述造观工程给当地民众百姓带来的扰乱。左散骑常侍魏知古称：

> 《语》曰：“修己以安百姓。”此皆兴化立理之教，为政养人之本。今陛下为公主造观，将树功德以祈福佑。但两观之地，皆百姓之宅，卒然迫逼，令其转移，扶老携幼，投窜无所，发剔椽瓦，呼嗟道路。[2]

魏知古之言颇为耸人听闻，但是，正如前文已经提到的，金仙、玉真两观均位于辅兴坊，与宫城仅一墙之隔，这一地区历来是重要朝廷官员的住宅所在，[3]而玉真观又是武则天时期崇先府的改建，因此，“扶老携幼，投窜无所，发剔椽瓦，呼嗟道路”之言当不是无稽之谈。

朝官们有关“德”的议论大多以善政之意义和睿宗诏制筑观之不当为重点，比如，时任吏部员外郎的崔莅在《谏为金仙玉真二公主造观疏》中评议道：虽然睿宗造观的目的是“尊德敬道”，但是，两观工程需“斩木发土，移石开山”，因而“非直苦人，必是伤物”。崔莅随后引《尚书》称：“德惟善政，政在养人。”[4]也就是说，君王之德应该体现在对百姓的体恤上。

鸿胪少卿韦凑的谏书也是从君王之德的角度来申明自己反对筑观的意见的。在《谏造寺观疏》中，韦凑写道：

---

① 宁悌原《论时政疏五篇》，《全唐文》卷二七八。

② 魏知古《谏造金仙玉真观疏》，《全唐文》卷二三七。

③ 参见熊存瑞（Victor Cunrui Xiong）《隋唐长安：中国中世纪城市史研究》（*Sui-Tang Chang'an: A Study in the Urban History of Medieval China*），University of Michigan Press，2000 年，第 57 页。

④ 崔莅《谏为金仙玉真二公主造观疏〉，《全唐文》卷二七八。

> 修德者，跻万姓于仁寿，不徇私于一己。任忠直，退谄谀，省赋役也。自陛下御极，修之久矣。何灾不禳？何祥不至？而欲忽生灵之命，崇栋宇于空祠，适足妨名，何益圣德？此臣窃为陛下不取也，况道德之崇兴者乎？

韦凑以汉代帝王为例，声称真正懂得黄老之道的汉文帝和汉景帝从未大兴土木，建造道观。他们“寡欲清心，爱人省费”，从而“时康俗阜，海内晏然”，这才是真正的得道。[①] 谏议者称，与这些“爱人省费”的汉代皇帝相反，睿宗的诏令“破百万贯钱”，亏空国库，使得“卫社稷”的士兵们“多无衣食，皆带饥寒”，导致“军旅骤败”。[②] 此外，“聚大众”“起大役”也必定会导致民众放弃农桑之本。因此，两观的建造还犯了“妨农”这一大忌。[③]

不过，最令人注目的是，所有谏议者都引用儒家经典《春秋》《礼记》《尚书》《诗经》等来强调在春夏之际兴土动众会导致五行的不顺。中书舍人裴漼甚至将睿宗景云元年的诏令与当时所发生的旱灾直接联系起来：

> 臣谨案，《礼记》春、夏令曰：无聚大众，无起大役，不可兴土功，恐妨农事。若号令乖度，役使不时，则人加疾疫之危，国有水旱之灾，此五行之必应也。今自春及夏，时雨愆期，下人忧心，莫知所出。陛下虽降哀矜之旨，两都仍有寺观之作，时旱之应，实此之由。[④]

---

① 韦凑《谏造寺观疏》，《全唐文》卷二〇〇。

② 辛替否《谏造金仙玉真两观疏》，《全唐文》卷二七二。

③ 见魏知古文，《全唐文》卷二三七；崔莅文，《全唐文》卷二七八；裴漼《谏春旱造寺观》，《全唐文》卷二七九。

④ 《全唐文》卷二七九。

这种将“寺观之作”与“时旱之应”联系起来的目的很可能是为了暗示：阴阳的不平衡将导致自然灾难。崔莅在《谏为金仙玉真二公主造观疏》一文中长篇大论地解释了人事与自然现象的紧密关联，并提出，商代与汉代的自然灾难均是由六种“人祸”带来的，其中之一是“宫室营”，之二是“女谒盛”。[①] 在谏议者中，魏知古是抨击最为激烈的一位。他在疏中写道，如果睿宗一意孤行的话，作为朝廷的史官，他将秉笔直书：“国有简册，君举必记，动则左史书之，言则右史书之。是以非礼勿言，非礼勿动。夫如是，则君之所举，可不慎欤！微臣备位谏诤，兼秉史笔，书而不法，后嗣何观？”他敦促睿宗“俯顺人欲，仰稽天意，降德音，下明策，速罢功役，收之桑榆”。[②] 当睿宗没有立即听从他的意见时，魏知古再次上书，表达自己对睿宗无动于衷态度的不满。他写道，如果这两项工程不停止，唐代江山亦难以确保：

> 金仙、玉真等观造作，咸非急务，臣先奏请停，竟仍未止。今岁前水后旱，五谷不熟，若至来春，必甚饥馑。陛下为人父母，欲何方以赈恤？疗饥拯溺，须及其时。又突厥为患，其来自久，本无礼仪，焉有诚信。今虽遣使，来请结婚，豺狼之心，首鼠何定。弱则卑顺，强则骄逆。属草衰月满，弓劲马肥，乘中国饥虚，在和亲际会，傥或窥犯亭障，国家何以防之？臣所论者，事甚急切，伏愿特垂详察。[③]

德的政治

在建造金仙、玉真二观的争论中，各个势力集团都打着“德”的旗

---

① 《全唐文》卷二七八。

② 《全唐文》卷二三七。

③ 魏知古《又谏营道观疏》，《全唐文》卷二三七。

号来声张自己的“正义”，或者说，掩盖自己的真正目的。因此，这一大德之争体现了睿宗一朝政治、宗教和社会性别的错综复杂的关系。

唐代（尤其是前唐和盛唐时期）是中国宗教史中的鼎盛期，在皇室的支持下，佛教和道教都在这一阶段得到了空前发展。在当时对宗教的虔心信奉普遍被视为女子德行的内容之一。至睿宗朝，赞扬女性在道教或佛教信仰上的虔诚渐趋繁多。比如，景龙年间的《唐故许州扶沟县主簿荥阳郑道妻李夫人墓志文》描写道，殁于景龙元年（707）的李氏夫人自小就对道教之“真”有所“洞识”，“年甫初笄，忽叹曰：古人云：纂组文采，害女工也。吾岂习其非哉。遂不衣锦绣”。李氏的这种天性为她以后成为贤妻良母打下基础，而她对“归于真”的向往也导致她决定死后与丈夫分葬。在她的遗嘱中，李氏还将儒教的“孝”与道教的“真”结合起来以说服儿子们尊重她的心愿：

> 合葬非古，始自周公，淳真之道微矣。汝曹无丧吾真。夫孝在因心，仁□忘本。本之者真也。古人不封不树，丧期无数，斯盖得其真矣。小子勉之哉！[1]

现存的唐代墓志铭中还有不少将妇德昭彰归功于佛教教义的。比如武则天时期的《瀛州文安县令王府君周故夫人薛氏墓志铭并序》称，薛氏是一位诚信佛教的贵族妇女，她的信仰是她的“至孝”行为的精神源泉。[2]这种将宗教上的虔诚视为女德表现的特定社会氛围给金仙公主和玉真公主一个为自己争取利益的好机会。她们选择道教（而非佛教）本身也反映了她们对“妇德”概念新内涵的利用。据《新唐书·百官志》，开元年间唐代登籍的女尼有 50576 名，而女冠仅有 988 名，占出

---

① 《汇编》景龙 003。

② 《汇编》万岁通天 014。

家女性的2%。[①]但在皇室公主中，女冠与女尼的比例却是17比0。这可能是因为公主认识到佛教寺院的生活远比道观生活要严格、清苦。从史料来看，唐代女冠确实要比女尼有更多的与外界（特别是与男性）接触的自由。[②]

值得一提的是，公主们对佛教寺院的回避恰恰与皇室鼓励已故皇帝的嫔妃削发为尼的策略形成鲜明对比。武则天曾多年埋没在宫内的尼姑庵——感业寺，直到她吸引了高宗的注意后才得以还俗。大部分宫廷女性在宫廷寺庙中默默度过一生，现存唐代墓志中不少为这些亡宫尼撰写的墓志。[③] 这说明，皇室和公主们很清楚地意识到，佛教寺院不是她们想要体现自己的"德"的地方。正因为如此，即使武则天"令释教在道法之上、僧尼处道士女冠之前"[④]之后，她自己还是两次将太平公主送到道观，而不是尼姑庵（670年，武后为母祝寿而度太平公主为女冠；677年，吐蕃求婚，太平公主再次入观以避之）。

除此之外，其他两个因素也可能影响了公主奉道不奉佛的决定。第一个因素是，公主们已经习惯了奢侈的宫廷生活，而尼姑庵的生活条件与她们历来的养尊处优习惯相距实在太远。第二个原因是，尼姑、和尚在死后多葬在寺庙的墓地，但道士、女冠则可以有选择的馀地。因此，对入道的公主们来说，回葬到皇室的陵地可能是一个很大的诱惑。以金仙公主为例，她在开元二十年（732）去世后，朝廷诏令"陪葬"桥陵

---

① 《新唐书》卷四八。

② 一个突出的例子是女冠诗人鱼玄机（840—868）。她在咸宜观居住的两年间（866—868）与几位著名诗人和官员交往非常密切。参见柯素芝《自恨罗衣掩诗句"——李冶、卢媚娘、鱼玄机诗作中女性的声音》，收入邓小南、高世瑜、荣新江编《唐宋女性与社会》，上海辞书出版社，2003年，第519—566页。

③ 一篇颇具典型意义的宫尼墓志写道："亡尼者，不知何许人也。少以良家应选，言行彰于六宫；晚以禅律归心，春秋七十有二，以永昌元年二月二日，奄从风烛，呜呼哀哉！即以其月十四日葬咸阳原。"（《唐代墓志汇编续集》永昌002）

④ 《旧唐书》卷六。

（睿宗陵墓）。[1]

金仙公主和玉真公主的决定得到了睿宗的大力支持，对他来说，她们的入道为他提供了极好的政治资本。睿宗曾长期受到武则天的压制；中宗在位期间，他也时时提心吊胆。即位后，睿宗当然希望能够通过矫正武则天崇佛抑道的政策来表现自己奉天命、行新政的形象。而为金仙、玉真筑观可以同时达到两个目的：第一，这是一个公开表现李氏皇族的“大德”以及宣扬自己重登帝位的好机会。第二，睿宗可以通过这个工程来公开表达自己提高道教地位的愿望。睿宗对道教的支持显然让所有道教大师和信徒深感欣然，显然，他们对金仙、玉真公主们的大德的赞扬也是他们对道教重新抬头的一种庆祝。

那么，朝官们为什么要极力反对这一似乎是皆大欢喜的举动呢？这些谏官在武则天朝代多不得志，李唐的恢复使他们如愿以偿。他们对“德”的关注的背后的真正动机是什么呢？很显然，国库的亏空、百姓的困扰、五行的不顺、突厥的侵犯以及虔诚的表达形式并不是这些朝官真正的聚焦点。8 世纪初的唐朝是中国历史上少有的和平、兴盛和宗教开放的时代。从有关 8 世纪的宗教寺庙的记录来看，仅京城长安一地就有 91 所佛寺、16 所道观，2 个景教教堂，1 所清真寺，以及 4 个拜火教礼堂。这类宗教场所多得到宫廷慷慨捐助，[2]没有文献史料提到朝官对它们的不满或异议。显然，金仙、玉真二观之争的中心并不是“德”的真正意义和体现，而是公主独立自主的愿望以及对权势的企盼与朝官对女戚干政的焦虑的冲突。

建筑金仙、玉真道观显然为这些朝官提供了一个最好的挑战机会。

---

① 《唐代墓志汇编续集》开元 145。据《唐会要》记载，除了金仙外，得以陪葬的有太子李业、李撝、李范、梁国公主、郎国公主以及驸马李思训。（《唐会要》卷二一）玉真公主的墓地无从考之。

② 有关唐代宗教场所，参见熊存瑞《隋唐长安：中国中世纪城市史研究》，第 237—276 页。

在睿宗即位之前,唐皇室女性已多年在宫廷政治中占着举足轻重的地位。睿宗的母亲武则天先与高宗同治天下,但不久就将自己两个儿子废位,自己称帝。事实上,武则天主宰朝廷政治的时间超过了唐代三百年历史上的任何一位君王。之后,武后的女儿太平公主、孙女长宁公主和安乐公主都以骄横惯纵、在朝中多树党羽而出名。另外一个对唐朝廷政治有极大影响的皇室女性是韦后。史书称,为了能像武则天那样独掌大唐江山,韦后还亲手毒死了她的丈夫——中宗。她之所以未能如愿以偿,是因为太平公主和未来的玄宗在710年将她与安乐公主处于死地。

睿宗即位时,朝官对皇室女性的政治影响已非常敏感。但他们很清楚,他们已经不可能遏制太平公主和长宁公主的势力了,但是,金仙公主和玉真公主尚年幼,而睿宗又极力想要证明自己的"天命",这是朝官施展自己的影响的最好时机。朝官对宫廷女性干政的担忧在此后同州刺史姚崇与玄宗的一次对话中表达无遗。[①]姚崇向玄宗建议"绝道佛营造",但他所列举的三个"费巨百万"的寺观正是武则天所建的福先寺以及睿宗所建的金仙观和玉真观。他强调,一个君王最应该避免的错误之一是"外戚贵主更相用事,班序荒杂"。[②]

这种对外戚贵主更相用事的恐惧在辛替否的《谏造金仙玉真两观疏》中反映得更为明显。辛替否提醒睿宗要接受中宗的教训,不要被"凶妇人"控制。这可能是辛替否敦促睿宗停止修建"不急之观"的主要原因:

> 中宗孝和皇帝,陛下之兄。居先人之业,忽先人之化。不取贤良之言,徒恣子女之意。……五六年间,至于祸变。享国不永受,终于凶妇人。寺舍不能保其身,僧尼不能护妻子,取讥万代,见笑

① 姚崇曾任睿宗朝的中书郎,因建议将太平公主住宅移出宫外而被贬黜。

② 见《新唐书》卷一二四《姚崇传》;姚崇《十事要说》,《全唐文》卷二〇六。

四夷。…… 陛下圣人也，远无不知；陛下明君也，细无不见。既知且见，知仓有几年之储？库有几年之帛？知百姓之间可存活乎？三边之上可转输乎？当今发一卒以捍边陲，追一兵以卫社稷，多无衣食，皆带饥寒，赏赐之间，迥然所出。军旅骤败，莫不由斯。而陛下破百万贯钱，造不急之观，以贾六合之怨，以违万人之心。①

筑观之争以睿宗的退让而告终，景云二年，睿宗诏令金仙、玉真二公主自己支付筑观费用。更重要的是，睿宗不再自我吹嘘皇室和公主们的大德。他甚至称筑观的原本目的在于表达自己对先父母的孝心，而不是“德”的制作，朝官完全误解了他的心意：

为金仙、玉真出家造观，报先慈也。外议不识朕意，书奏频烦。将为公主所置，共造两观宜停，其观便充金仙玉真公主邑司。令窦怀贞检校所有财物，瓦木一事已上，附公主邑司收掌。朕别更创造，终不烦劳百姓。此度修营，公私无损。若有干误，当寘严刑。②

德的消失

虽然金仙公主和玉真公主并没有在与朝官们的势力争斗中取胜，她们出家入道、独当一面的决定对此后不愿受家庭生活束缚的公主们显然是一个极大激励。开元年间，玄宗下诏曰，成年公主，无论婚否，都赐实赋千户，而选择不婚的公主们便成了这一笔财富的独立拥有者。此诏之后，又有几位皇室公主选择“归道德以全贞”的途径。此外，至

① 《全唐文》卷二七二。
② 《唐会要》卷五〇。

少有四位公主获得额外的维持道观的资财，她们是：顺宗女浔阳公主、平恩公主、邵阳公主，以及宪宗女永安公主。浔阳、平恩、邵阳各“岁赐封物七百匹”；大和中，永安公主“丐为道士，诏赐邑印，如浔阳公主故事”。[①] 显然，太平公主、长宁公主如日中天的“盛世”之后一百多年间，公主中有志者多以入道受法为最佳出路。

可惜好景不长，中唐之后，皇朝统治每况愈下，公主们对独立自主的追求最先成了牺牲品。乾符四年（877），僖宗召回住在宫外道观中的安康公主，将她置于南内——皇室内戚们的居住区。据《新唐书》，时已六十的安康公主被召回的原因是“主在外颇扰人”。[②] 虽然史书未有关于安康公主的“扰人”事迹的记载，但朝廷的决定并不出人意料。早在安康公主回宫之前，皇室公主们已经不再以入道受法为出路之一。845 年会昌灭法后，道教从此真正占了上风，但恰恰在此时，公主们对道观生涯完全失去了兴趣。很可能的是，从 9 世纪中期起，入道已不能给她们带来权利、财富和自由。

事实上，在唐代历史的最后 80 年间，皇室公主们在宫廷的“德的制作”中一直扮演着沉默无语的角色。她们甚至在唐代的朝廷政治和历史记载中销声匿迹：在《新唐书》关于 164 个唐代公主的记录中，安康公主（包括安康公主）之前的 30 位公主（18%）的记录记载了她们母亲的姓氏，125 位公主（76%）的记录记载了她们的婚姻，69 位公主（42%）的记录记载她们的死亡。与之相比，对安乐公主之后 46 位公主的记载多一笔带过，只有 2 位公主（4%）的记录记载了她们的母亲的姓氏，6 位公主（13%）的记录记载了她们的婚姻。这 6 位公主中的第 1 位是宣宗之女万寿公主。《新唐书》记载道，万寿下嫁前，宣宗叮嘱她要做一位顺妇，不要干预政事：

---

① 《新唐书》卷八三。

② 同上。

> 万寿公主，下嫁郑颢。主，帝所爱，前此下诏："先王制礼，贵贱共之。万寿公主奉舅姑，宜从士人法。"旧制：车舆以镣金扣饰。帝曰："我以俭率天下，宜自近始，易以铜。"主每进见，帝必谆勉笃诲，曰："无鄙夫家，无干时事。"①

宣宗还解释道，他的忠告是建立在太平公主、安乐公主的教训的基础上的："太平、安乐之祸，不可不戒！"为了进一步遏制公主的自主意愿，宣宗还下诏令曰："夫妇，教化之端。其公主、县主有子而寡，不得复嫁。"②

由此可见，在万寿公主成年之际，皇室公主们已经不再是皇室的"德的制作"的主唱者之一，相反地，她们成了宣扬皇室大德的牺牲品。另外一个例子是万寿公主的妹妹——广德公主。广德公主以她的丈夫许琮被黄巢杀害后决意守寡而著称。③昭宗之女——平原公主的身世更标志了皇室公主们追求独立和权益历程的终结以及有唐一代的悲凉结局。当昭宗被李茂贞挟持为人质后，昭宗不得已而将平原公主许嫁于李茂贞之子。积善皇后心有不忍，昭宗对曰："不尔，我无安处。"此后，朱全忠击败李茂贞，"取主还京师"，而平原公主又降为朱全忠之妾。④

结　语

本文考察了唐代公主金仙、玉真入道受法的过程以及在建筑二公主道观上的争议。文中提出，在唐代早期，宗教已成为影响女德概念的

① 《新唐书》卷八三。
② 同上。
③ 同上。
④ 同上。

因素之一,这为公主们追求自主、权力、财富和精神生活提供了一个极好的机会。与此同时,朝官也正试图遏制皇室女性对宫廷政治的干预,年幼的金仙公主和玉真公主因而成了他们的攻击目标。围绕金仙、玉真二观的大德之争标志着皇室公主们在争取她们的利益和影响的过程中的第一个挫折。此后的一百多年中,唐公主中代有立志入道受法者,而无一得以在朝政中有所作为,而到了 9 世纪中期,公主们已被完全排挤出唐朝的政治舞台。

唐代的生育

因产而亡是自古至前现代各社会中育龄女性死亡之首要原因，这已经是一个不争的事实。在古典希腊时期，孕产死亡是斯巴达社会的一个极大关注点，斯巴达政府规定，阵亡的将士和因产而亡的妇女的姓名应该被铭刻在石碑上，以示敬慕。此外，在古典希腊时期的 Attica 墓葬纪念碑上有不少描绘分娩的情景。①晚至 18 世纪，欧洲女性因难产而死的比例还非常高。② 与这些悲凉的记载相比，唐代育龄妇女的情况似乎要好得多。在 7 世纪时期，中国的医药学经历了巨大的发展，有关经

---

① 参见 Nancy Demand《古典希腊的出生、死亡与为母之道》(*Birth, Death, and Motherhood in Classic Greece*)，University of Johns Hopkins Press，1994 年，第 121—134 页。

② 参见 Jacques Gélis 著、Rosemary Morris 英译《生育史》(*History of Childbirth*)，Northeastern University Press，1991 年。根据 Jacques Gélis 的统计，从巴黎主公医院(Hotel-Dieu) 1776 年至 1786 年间的档案来看，除了难产之外，死于产褥热的产妇的比例高达 6.4%。此外，一份 1770 年的资料记载，在一家伦敦医院，32 名产妇中有 31 名死于产褥热（第 247 页)。另外，据 Judith Walzer Leavitt 的研究，在 19 世纪末 20 世纪初，美国的每 154 例分娩中就有一个因产死亡的事故，照此推算，如果一个妇女一生中平均生养五个孩子的话，那么百分之三的妇女会在她们的育龄期内死于分娩。参见 Judith Walzer Leavitt《美国的女性与健康——历史读物》(*Women and Health in America: Historical Readings*)，University of Wisconsin Press，1999 年，第 25 页。

期、行房、受孕、避孕、流产、人工流产、孕期保养以及产后护理等方面的妇产科知识已初步成形。[①] 此外，与历史其他朝代相比，唐代文献中很少提到因产而亡的事故。[②] 在现存唐代妇女墓志中，记载墓志主在分娩不久后去世的少于十方。此外，唐朝廷和唐代公共话语也对母亲角色褒奖有加。众所周知，在唐高宗时期，朝廷颁令将为母服丧的期限从一年增至三年。[③] 为了炫耀他们的政治地位和权势，不少文人新贵撰文赞美他们的母亲教导有方并且是他们科举和仕途成功的真正动力。[④]

唐代母亲们的养尊处优是事实还是神话？现存的唐代墓志为我们提供了有关唐代生育的极有价值的资料。在这些资料的基础上所作的统计表明，唐代母亲生育率低于欧洲中世纪时期的女性；这些墓志还反映出一个很不平衡的性别比；此外，唐代贵族女性的平均寿命短于男性，而育龄妇女的死亡率远远超过同年龄组的男性。更令人惊讶的是，随着唐朝廷的逐渐衰落，男女平均寿命的落差也随之增大，孕产死亡的比例也越来越高。可见，唐代后期急剧的社会动荡对女性的消极影响远远超过它对男性的影响。

值得一提的是，本文的数据和分析都是基于现存唐代墓志，它们并不能完全反映出唐代社会的整体。大部分的墓志来自于洛阳邙山的贵族墓地，墓志主属于平民阶层的仅在6%左右。本文的目的仅仅在于：通过对有关唐代贵族女性的数据的采样和分析，我们能够在更深层次

---

① 唐代书目中至少有十四种书是与妇产科有关的，其中最著名的是孙思邈（581—682 年）的《备急千金要方》。这本重要著作为宋代时期妇产科成为独立学科奠定了基础。有关孙思邈以及 10 至 17 世纪中国妇产科史的研究，参见费侠莉（Charlotte Furth）《繁盛之阴：中国医学史中的性（960—1665）》（*A Flourishing Yin: Gender in China's Medical History, 960-1665*），University of California Press，1999 年。

② 比如，宋代文献中有不少有关因产而亡的记载。参见伊沛霞（Patricia Buckley Ebrey）《内闱》（*The Inner Quarters: Marriage and the Lives of Chinese Women in the Sung Period*），University of California Press，1993 年，第 173 页。

③ 《新唐书》卷七六《后妃上·则天顺圣皇后武氏传》。

④ 唐代女性墓志中常常有关于墓志主亲执诗书教育儿子以及鼓励他们参与科举的记载。比如，白居易《唐赠尚书工部侍郎婺郡张公神道碑》，《白居易集笺校》第四册，第 2687 页。

上了解唐代历史、还原唐代贵族女性的生活面貌，并且为未来生育史的比较研究提供一个有效的参考值。

生育率和性别比

唐代女性何时开始她们的生育期？大量唐代女性墓志记载了墓志主的结婚年龄，这给我们一个相对可靠的参考值。《新唐书·太宗本纪》记载道：贞观初年，太宗“诏民男二十、女十五以上无夫家者，州县以礼聘娶；贫不能自行者，乡里富人及亲戚资送之”。①到了盛唐时期，玄宗“诏男十五、女十三以上得嫁娶”。②玄宗之后，唐朝廷并没有颁布过新的婚龄规定，想来“男十五、女十三”一直是唐人的法定的结婚年龄。不过，从墓志来看，唐代男女的实际婚龄比朝廷的诏令规定要高些——贵族女性的平均结婚年龄略过 17 岁（见图 1），而贵族男性的初婚年龄大约在 26 岁。③

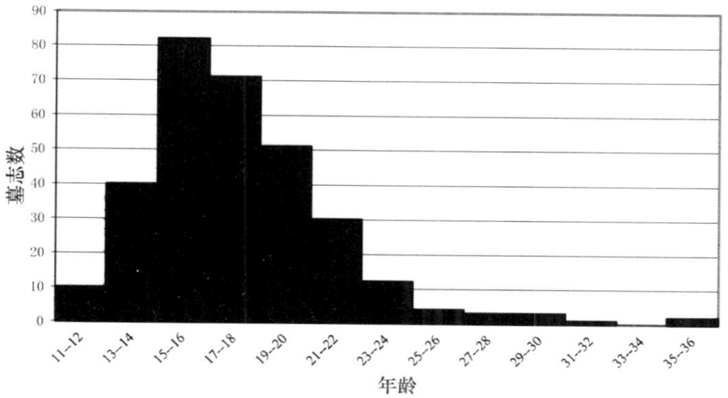

图 1 唐代女性平均出嫁年龄

---

① 《新唐书》卷二。

② 《新唐书》卷五一《食货一》。《唐会要》卷八三《嫁娶》也有相同记载：“二十二年二月敕。男年十五。女年十三以上。听婚嫁。”

③ 这个数字基于十六篇记载男性结婚年龄的墓志。

图 1 显示,大部分女性在 15—20 岁之间结婚,而 20 岁之后结婚的比例大大减小,15—16 岁出嫁的占 26.5%,17—18 岁出嫁的占 23%,19—20 岁出嫁的占 16%。[①] 如果我们假设从成婚到生养第一胎的间隔是二至三年的话,[②]那么唐代女性的平均生育周期始于 19 至 20 岁。

按理来说,唐代贵族女性应该是多子多女的母亲:她们结婚早;唐代时期,妇产科已经初具规模;[③]而且贵族家庭一般都雇佣乳母以使产妇在分娩后能尽早再怀孕。[④]更何况,唐皇室大力鼓励百姓早婚多生。然而,从现存的墓志统计来看,唐代的贵族妇女的生育率似乎低于唐以后各代以及前现代的其他社会。

虽然我们并没有唐代出生率的完整资料,但是现存唐代墓志数量已足以使我们对这个课题作一番有效的探讨(见表 1)。在我所收集的六千余份墓志中,2916 篇男性墓志铭提到墓志主有子女,占男性墓志总数的 65%;849 篇女性墓志铭提到墓志主有子女,占女性墓志总数的 54%。虽然墓志中同时提及子女数字及性别的要少一些。但 1579 份男性墓志铭提到墓志主有儿子,占男性墓志数的 35%,618 份提到女儿,占男性墓志数的 14%。517 份女性墓志铭提到墓志主生有儿子,占

---

① 中古至清朝时期的平均婚姻年龄可能都差不多。比如,据伊沛霞的统计,在宋代,25% 的女性在 16—17 岁结婚,29% 在 18—19 岁结婚,而在 20—21 岁时结婚的下降到 18%。见伊沛霞《内闺》,第 75 页。

② 据 Ted A. Telford 的研究,在明清时期,夫妇从婚礼至第一胎的间隔平均为 6.5 年。见 Ted A. Telford《男性初婚年龄的协变量——中国宗族的历史人口状况》(Covariaties of Men's Age at First Marriage: the Historical Demography of Chinese Lineages), *Population Studies* 46:1 (1992 年),第 19—35 页。唐代墓志中有 18 篇提供了墓志主的初婚至第一胎的确切信息,其平均间隔为 2.9 年。见拙著《唐代妇女的生命历程》,第 298 页。

③ 在孙思邈的《备急千金药方》中,"求子"被列为妇人方中的首要题目。见《备急千金药方》卷二,上海古籍出版社,1991 年,第 36—43 页。

④ 费侠莉指出,雇佣乳母的现象在中国贵族家庭中非常普遍,因为,"中国丈夫和婆婆发现乳母为尽快恢复性关系及尽早使媳妇怀孕提供了可能性"。见费侠莉《清代中国有关怀孕、分娩和婴儿期观念》(Concepts of Pregnancy, Childbirth, and Infancy in Ch'ing Dynasty China), *Journal of Asian Studies* 46.1 (1987 年),第 23 页。此外,孙思邈的《备急千金药方》也专辟章节讨论乳母的角色。见《备急千金药方》卷九"少小婴孺·择乳母法",上海古籍出版社,1991 年,第 134 页。

女性墓志总数的 33%,315 份提到女儿,占女性墓志总数的 20%。提及子女及其性别的比例显然随着时代的发展而越来越高。比如,到了唐代晚期,87% 的男性墓志铭以及 71% 的女性墓志铭提到子女;80% 的男性墓志铭以及 62% 的女性墓志铭提到儿子,58% 的男性墓志铭以及 47% 的女性墓志铭提到女儿。

表 1　唐墓志铭记载子女的比例*

A	B	C1	C2	D1	D2	D3	E1	E2	E3
性别	墓志数	提及子女墓志数	在 B 列中的比例	提及儿子墓志数	在 B 中的比例	在 C1 中的比例	提及女儿墓志数	在 B 中的比例	在 C1 中的比例
早唐									
男性墓志	1,899	953	50%	243	13%	25%	16	1%	2%
女性墓志	571	202	35%	51	9%	25%	10	2%	5%
盛唐									
男性墓志	1,003	707	70%	327	33%	46%	42	4%	6%
女性墓志	309	184	60%	96	31%	52%	43	8%	23%
中唐									
男性墓志	897	713	79%	555	62%	78%	252	28%	35%
女性墓志	345	249	72%	177	51%	71%	121	35%	49%
晚唐									
男性墓志	511	443	87%	410	80%	93%	297	58%	67%
女性墓志	301	214	71%	188	62%	88%	140	47%	65%
全唐									
男性墓志	4,310	2,816	65%	1,535	36%	55%	607	14%	22%
女性墓志	1,526	849	56%	512	34%	60%	314	21%	37%

* 在男性墓志铭中,468 份没有提及墓志主的死亡年代。在这 468 份墓志铭中,

101份提及子女。在女性墓志铭中，34份墓志没有提及墓志主的死亡年代，其中2份提及子女。

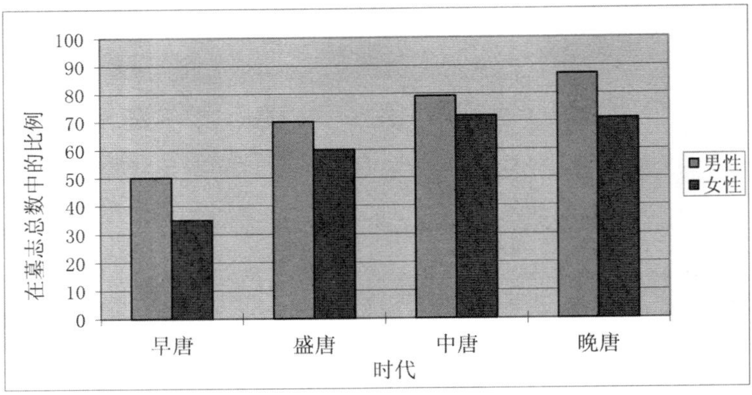

图2　唐墓志铭记载子女的比例

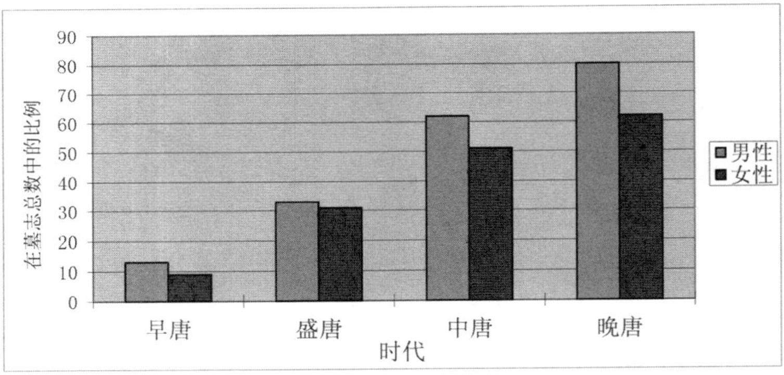

图3　唐墓志铭记载儿子的比例

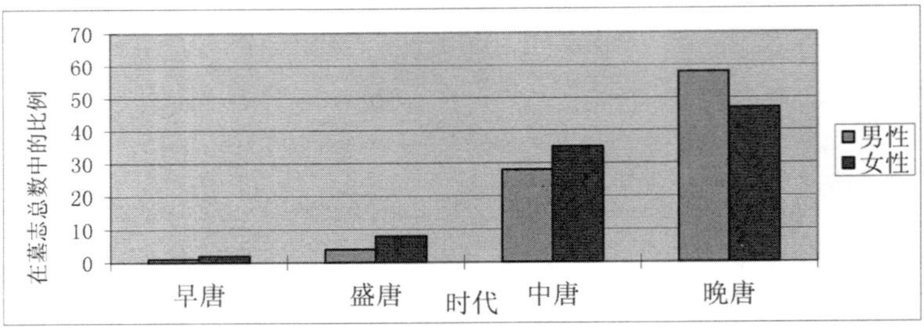

图4 唐墓志铭记载女儿的比例

如果完全按照墓志铭原始数据来计算的话，一个唐代妇女一生分娩3.34次，而唐代男性一生平均生有3.84个孩子。但是这些数字显然是不准确的，因为许多墓志铭只记儿子而不记女儿。如果我们假设唐代的出生性别比在105至106之间的话，[①]那么每个家庭至少有1.5个女儿未在记录之内。如果我们将记载儿子与记载女儿的墓志分开后再计算其平均值的话，那么，唐代妇女平均生育2.45个儿子，2.03个女儿，也就是说，妇女的平均生育率在4.48次；但是如果我们按105—106的出生性别比以所记儿子的平均数为参照的话，那么妇女的平均生育率当在4.77左右（见表2）。在唐代，庶出子女往往以主妇为母，[②]因此，唐代贵族家庭女性实际生育率可能要低于4.77。不过，为了方便起见，本文的讨论不包括对这个因素的考虑。

本文探讨的主要目的之一是，为什么唐代女性的生育率低于其他前现代社会并远低于欧洲前现代社会？[③] 值得一提的是，有关欧洲前现代社会生育的研究为数不多，与唐朝同一历史时段的欧洲7至10世纪社会这方面的资料就更少了。更何况，影响女性生育率的因素一定有其社会和历史的特定性，这使得生育率的比较研究非常困难。[④] 不

---

① 见 Pravin W. Visaria《登记相对完整的国家及地区的出生性别比》（Sex Ratio at Birth in Territories with a Relatively Complete Registration），*Eugenics Quarterly* 14.2（1967年），第132—142页。

② 有关唐代正妻的家庭角色以及她作为庶出子女母亲的记载，参见拙作《唐代妇女的生命历程》，第164—165页。

③ 根据伊沛霞的研究，在宋代，45岁以上未寡女性的平均生育率是6.1个子女。见伊沛霞《内闱》，第172页。清代妇女的平均生育率是5个子女。见刘翠蓉（Ts'ui-jung Liu）《浙江肖山两个家族的人口调查（1650—1850）》（The Demography of Two Chinese Clans in Hsiao-shan, Chekiang, 1650-1850），收于 Susan B. Hanley 和武雅士（Arthur P. Wolf）编《东亚史中的家庭与人口》（*Family and Population in East Asian History*），Stanford University Press，1985年，第28—31页。

④ 比如，G. Robina Quale 的研究表明，奴隶制和瘟疫等原因造成了中世纪兴盛时期之前的人口骤减。见 G. Robina Quale《历史背景中的家庭——世界人口史》（*Families in Context: A World History of Population*），Greenwood Press，1992年，第71—84页。当然，这些因素对其他地区人口变化没有关键性的影响。

过，至今为止的学术成果显示，前现代欧洲女性的生育率很高。在古典希腊时期，贵族妇女往往使用避孕方法甚至打胎来减少生育率，但她们一生平均怀孕6次，平均有4.23个孩子存活。① 有关欧洲中世纪生育史的个例研究表明，中世纪的农村家庭一般有6—8个孩子出生，②中世纪后期的法国贵族妇女平均生养11个子女。③

表2 唐代生育率估测

性别	墓志中平均子女数	平均子女数估测1*	平均子女数估测2*	平均儿子数	平均女儿数
早唐					
男性	3.06	4.64	5.63	2.89	1.75
女性	2.6	4.44	5.24	2.69	1.75
盛唐					
男性	3.28	5.44	6.00	3.08	2.36
女性	3.23	4.63	5.03	2.58	2.05
中唐					
男性	4.07	5.6	5.98	3.07	2.53
女性	3	3.96	4.21	2.16	1.8
晚唐					
男性	4.45	5.28	5.65	2.9	2.38
女性	3.89	4.76	5.06	2.6	2.16
全唐					
男性	3.84	5.43	5.84	3	2.43
女性	3.34	4.48	4.77	2.45	2.03

* "平均子女数估测1"为平均儿子数与平均女儿数的总和。"平均子女估测数

① Nancy Demand《古典希腊的出生、死亡与为母之道》，第21页。

② Josiah C. Russell《近年来中世纪人口学研究的进展》(Recent Advances in Mediaeval Demography)，*Speculum* 40.1(1965年)，第84—101页。

③ Jean-Louis Flandrin《早期家庭：亲属制度、家庭与性》(*Families in Former Times: Kinship, Household and Sexuality*)，Cambridge University Press，1979年。

2”为平均儿子数加同等数字94.5%。此外,早唐时期的平均女儿数不包括两份与同时期平均数据相差甚大的墓志,一篇是《唐故东光县主神道碑铭》(《全唐文》卷三一九),另一篇是《纪国先妃陆氏碑》(《全唐文》卷九九二)。前者记载了墓志主生有10男10女,后者记载了墓志主生有6男8女。统计学家一般将这类与同时期平均值相差很大的线外数(outlier)排除在统计数据外。

表3 唐代墓志铭所未记录的女儿

性别	墓志中平均子女数	平均子女数估测*	未记录的女儿数
早唐			
男性	3.06	5.67	2.57
女性	2.6	5.28	2.64
盛唐			
男性	3.28	6.04	2.72
女性	3.23	5.06	1.8
中唐			
男性	4.07	6.02	1.91
女性	3	4.24	1.21
晚唐			
男性	4.45	5.69	1.2
女性	3.89	5.1	1.17
全唐			
男性	3.84	5.88	2
女性	3.34	4.81	1.43

*平均子女数估测来自于平均儿子数加上同等数的94.5%。

唐代墓志所见之贵族女性低生育率的原因何在?一个可能是婴儿死亡率没有准确地反映在墓志中,也就是说唐代女性怀孕率甚至生育率要高于墓志的记载。虽然一些墓志提到婴儿早亡的现象,[①]但很有可能的是,不少墓志作者选择对这种不幸避而不记。妻妾制的存在也可

① 如,《唐故太常少卿清河崔公故夫人荥阳郑氏合祔墓志铭并序》记载道,郑氏“有子五人。…… 长男及第三男皆未名而终”。《续集》元和044。

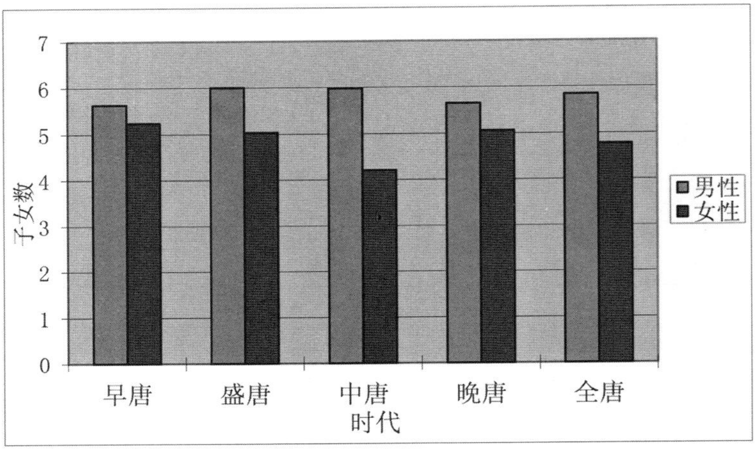

图 5　唐代生育率估测示意图[*]

* 所有数据基于“平均子女数估测 2”。

能是导致低生育率的原因之一。[①] 娶妾在唐代贵族家庭中很常见，唐代墓志中有好几篇是丈夫为妾或子女为庶母撰写的。[②]从以上所列唐代男女性生育率数据来看，贵族男性的子女数显然比女性多，反映出娶妾的普遍性。

从唐代“完全生育能力婚姻”[③]者的墓志来看，男性墓志所记载的平均子女数与女性墓志所记载的平均子女数显然不相等。具备完全生

---

① 比如，1992 年诺贝尔经济学奖获得者 Gary S. Becker 认为，低生育率与娶妾风俗有着密切的联系。见 Gary S. Becker《论家庭》(*A Treatise on the Family*)，Harvard University Press，1993 年，第 44—48 页。John W. Dardess 在其有关江西泰和的研究中推测，明代时期的男性平均有 4.58 个子女，女性有 3.93 个子女。他也认为这个低生育率是娶妾习俗的结果。见 Dardess《明代社会一瞥：十四至十七世纪的江西泰和县》(*A Ming Society: Tai-ho County, Kiangsi, Fourteenth to Seventeenth Centuries*)，University of California Press，1997 年，第 91 页。Dardess 没有计入“下落不明”的女儿。

② 一篇非常著名为妾撰写的墓志是唐代著名文人元稹为安仙嫔撰写的《葬安氏志》。安氏是元稹的独子的生母。见《全唐文》卷六五四。此外，在《唐故东海徐氏墓志铭并序》中，撰者崔绍孙对庶母徐氏赞誉有加。崔绍孙是崔氏家族嫡长子。《续集》咸通 080。

③ 人口学中的“完全生育婚姻”（marriage of completed fertility）是指妻子 45 周岁时夫妇双方都还健在的婚姻。

育能力者的唐代男性平均有3.05个儿子及2.26个女儿,而具备完全生育能力者的女性则生育2.59个儿子和2.36个女儿。如果按105.5的出生性别比来计算的话,那么,具备完全生育能力者的男性的子女数当在5.94,具备完全生育能力者的女性的子女数当在5.04,其差别近乎一个子女。(见表4)如果我们将所有45岁以上的墓志主的子女数进行分析的话,男女性间的子女数差别更大,这说明,除了娶妾之外,男性再婚的比例高于女性(见表5)。

表4 唐代具完全生育能力者的生育率*

性别	墓志中的子女数	子女数估测1	子女数估测2	平均儿子数	平均女儿数
男性	3.69	5.31	5.94	3.05	2.26
女性	4.09	4.95	5.04	2.59	2.36

* 在男性具完全生育能力者的墓志中,173篇墓志记载了子女,其中166篇记录了儿子,53篇记录了女儿。在女性具完全生育能力者的墓志中,33篇提及子女,其中32篇记录了儿子,22篇记录了女儿。

表5 唐代45岁以上男女性生育率*

性别	墓志中的子女数	子女数估测1	子女数估测2	平均儿子数	平均女儿数
男性	3.93	5.54	5.96	3.06	2.48
女性	3.45	4.6	4.95	2.54	2.06

*在所有45岁以上的男性的墓志中,1316篇提到子女,其中1247篇记录了儿子,498篇记录了女儿。351篇45岁以上的女性的墓志提到了子女,其中,记录儿子的有336篇,记录女儿的有179篇。

孕产妇死亡的影响

唐代墓志的数据统计证明,唐代贵族女性生育率低的一个关键原因是因产而亡。孕产妇死亡在墓志中少有记载。在近四千五百份男性墓志（包括合葬墓志）中，只有一篇提及产妇在新生儿未及三月时去世。[①] 此外，有七篇女性墓志提到墓志主在分娩之后不久去世，其中只有三篇直接提到死因是生育。开成五年（840）的《顿丘李公彭城刘氏夫人墓志铭并序》提到，刘氏18岁时嫁入李家，22岁生一子，29岁生一女，六天之后，“因负蓐劳，终于江阳县延喜里私第”。[②]宋代陈自明（1190？—1270）在《妇人大全良方》称：“夫产后蓐劳者，此由生产日浅，血气虚弱，饮食未平……时有盗汗寒热如疟，背膊烦闷，四肢不举，沉重着床，此则蓐劳之候也。”[③]大中年间的《故南安郡夫人赠才人仇氏墓志铭并序》记载了墓志主在产后十天死于“蓐祸”；[④]而在咸通年间的《亡妻太原王夫人墓志铭》中，王夫人在生子后几小时内过世。[⑤]

其他4篇墓志中，三位产妇在分娩后不久去世，一位在一个月后去世。《前京兆府蓝田县丞窦公夫人弘农杨氏墓志铭并序》记载道，杨氏“及生子，寝疾弥留，大历十二年三月，终于洛阳殖业里之旅舍，春秋卅有一”。[⑥] 开元年间的《大唐河南府君阳县录事乐安蒋敏故妻清河张氏墓志并序》提到，张氏在生下女儿后不久即“寝疾”而卒，时年32岁。其墓志感叹道：“始欢弄瓦永荣，倏奄鼓盆之祸。”[⑦]在天宝七年（748）成文的《大唐前汉中郡都督府西□李少府公故夫人扶风窦氏墓志铭并序》中，窦氏生子后七日“遽奄百龄”。[⑧]在大中八年成文的《唐故荥阳郑夫人墓志铭并序》中，[⑨]郑夫人“生子三人，女二人。长曰小夏，次曰震儿，不幸后夫人之丧十有九日夭失；次曰继儿，女曰上客。大中七年

---

① 《唐故徐州滕县主簿王君夫人吴郡张氏墓志铭并叙》，《汇编》开元402 。

② 《汇编》开成042。

③ 陈自明《妇人大全良方・产后蓐劳方论》，人民卫生出版社，1985年。

④ 《汇编》大中055。

⑤ 《续集》咸通011。

⑥ 《汇编》大历053。

⑦ 《汇编》开元539。

⑧ 《汇编》天宝133。

⑨ 《汇编》大中083。

十月二十五日育上客之妹，未名，浃月遘病”。以上这四篇墓志都没有直接提到“蓐劳”或“蓐祸”，相反地，墓志作者含糊其辞地称其死因是“寝疾”或“遘病”。

墓志中提到的女性“寝疾而终”是否有些是死于分娩呢？我们能否通过墓志所记载的男女寿命的数据来确认这个现象呢？我们从图6“唐代男性死亡年龄分布”和图7“唐代妇女死亡年龄分布”的比较中不难得出这样的结论——唐代的产孕死亡的比例远高于墓志的文字记载。唐代男性的死亡年龄分布是逐渐递增的，其死亡高峰是在60岁至70岁之间。与之相反，唐代妇女的死亡年龄有两个高峰。第一个死亡年龄高峰与妇女生育年龄高峰正好相吻合，在22岁与27岁之间，而第二个高峰则与男性的死亡年龄高峰接近，在60岁与70岁之间。

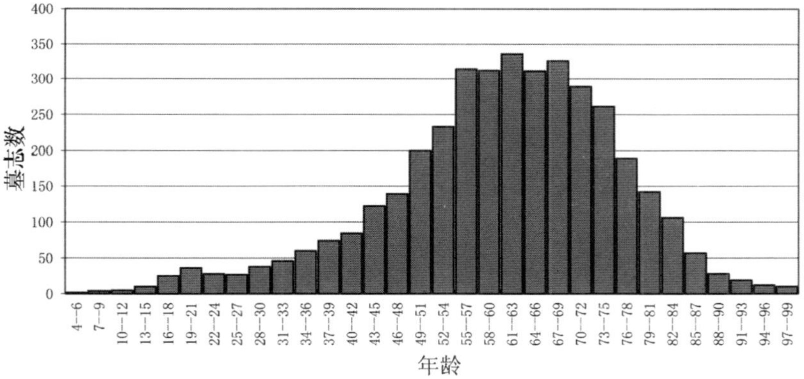

图6　唐代男性死亡年龄分布*

＊在3850篇记录男性死亡年龄的墓志中，有5篇记录了死者的年龄在100—108岁之间。

现在我们再来考察一些更具体的数字。在3850篇记录男性墓志主死亡年龄的唐墓志铭中，墓主死于16岁至45岁者有540篇墓志铭，占总数的14%。但是在1304篇记录女性墓志主死亡年龄的唐墓志铭中，墓主死于16岁至45岁者有469，占总数的36%。也就是说，在唐代，育龄妇女的死亡率要比相同年龄的男性的死亡率高一倍多。此外，

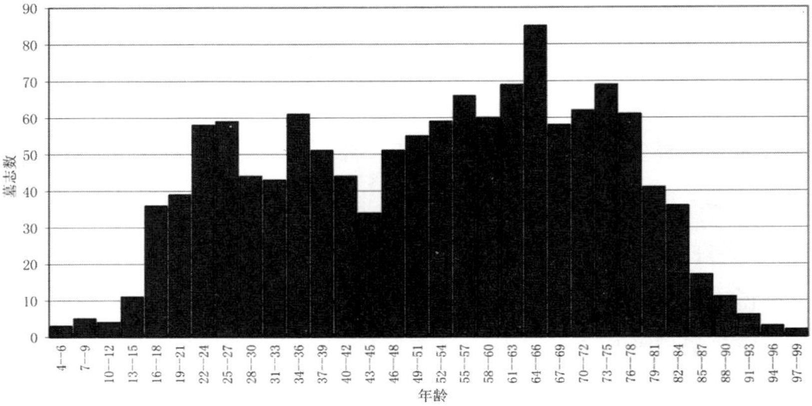

图7　唐代妇女死亡年龄分布*

* 在1304篇记录妇女死亡年龄的墓志中,有一篇记录了死者的年龄为108岁。

唐代男性的平均寿命是60.6岁,而女性的平均寿命却是52.1岁,其差别在8.5岁之多。然而,如果一位妇女活过育龄高峰时期(36岁),她的寿命往往与男性的平均死亡年龄相等甚至更长。

如果我们将唐代男女性的平均死亡年龄按年代来统计的话(参见表6"唐代男女性平均寿命差别的变化";图8"唐代男女性平均寿命变化的对照"),我们会发现,唐初以来妇产科的发展对减缓因产而亡并没有起到很大的作用。相反地,从唐初至唐末,男女性之间的平均死亡年龄的差别越来越大。在墓志数较多的651—660年间,唐代男女性的死亡年龄的差别是0.43,也就是说,女性的平均寿命比男性短半年。但是在721—730年,其差别遽增至10.81,也就是说,男性的平均寿命比女性要长近11年。在安禄山叛变的年代里及其以后的二十年,男性的平均寿命比女性长12年。这一差别在唐末达到高峰,在891—900年的十年间,男性的平均寿命比女性的平均寿命长16.3岁。

表 6 唐代男女性平均寿命差别的变化*

年代	男性		女性		差别
	墓志数	死亡年龄	墓志数	死亡年龄	
611—620	34	56.47	5	44.8	11.67
621—630	41	61.05	6	54.83	6.22
631—640	95	59.76	20	59.9	-0.14
641—650	162	60.24	29	57.59	2.65
651—660	272	63.1	86	62.67	0.43
661—670	252	62.56	85	57.89	4.67
671—680	203	60.64	63	62.02	-1.38
681—690	177	58.82	51	57.82	1
691—700	206	60.77	42	59.88	0.89
701—710	161	61.68	64	56.02	5.66
711—720	133	62.1	39	53.72	8.38
721—730	196	62.22	39	51.41	10.81
731—740	177	60.06	68	50.35	9.71
741—750	185	60.09	53	50.19	9.9
751—760	136	60.68	52	53.13	7.55
761—770	76	58.03	19	46.05	11.98
771—780	83	60.3	25	48.56	11.74
781—790	71	59.07	29	54.41	4.66
791—800	126	60.3	45	51.47	8.83
801—810	159	60.35	66	48.24	12.11
811—820	154	60.61	60	46.52	14.09
821—830	122	60.58	41	46.54	14.04
831—840	111	59.04	61	45.15	13.89
841—850	114	60.77	70	48.91	11.86
851—860	97	59.46	65	44.05	15.41
861—870	89	56	60	43.15	12.85
871—880	75	56.83	41	42.46	14.37
881—890	21	58.9	7	62.43	-3.53
891—900	19	58.47	6	42.17	16.3

* 在记录男性墓志主死亡年龄的墓志铭中,20 篇墓志铭提及墓志主死于 611 年之前,4 篇提及墓志主死于 900 年之后。在记录女性墓志主死亡年龄的墓志铭

中,2 篇墓志铭提及墓志主死于 900 年之后。

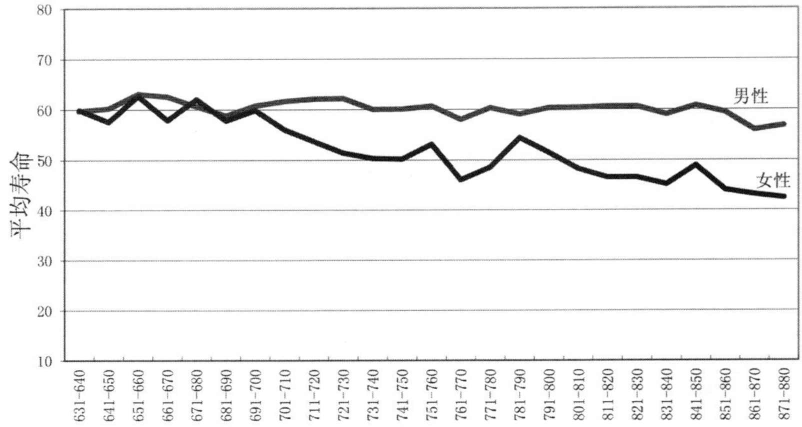

图 8　唐代男女性平均寿命变化的对照

很显然,唐代育龄女性的死亡比率随着唐代的渐趋衰落而逐步增大,这是男女平均寿命差别递增的主要原因。如果我们将在育龄阶段去世的唐代妇女按年代来排列的话(参见图 9—12,早唐、盛唐、中唐、晚唐时期妇女死亡年龄),那么,唐代男女性平均寿命差别递增之谜就解开了。

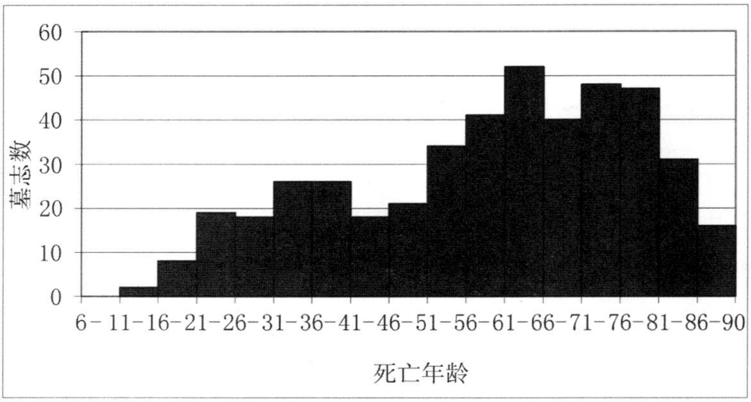

图 9　早唐时期(618—713)妇女死亡年龄

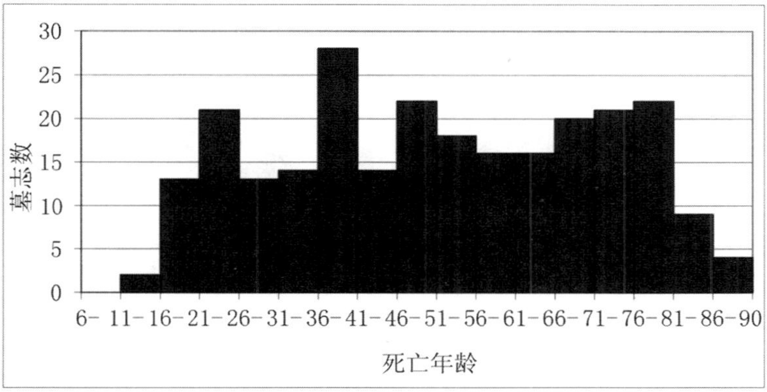

图 10　盛唐时期(714—766)妇女死亡年龄

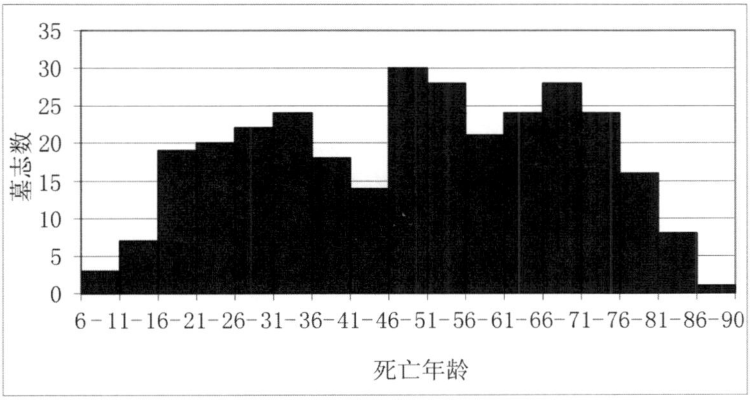

图 11　中唐时期(767—835)妇女死亡年龄

我们还可以进一步将这些数据换算成百分比。在唐代早期,有25%的妇女死于育龄阶段(16—45 岁),而盛唐时期 40% 妇女死于育龄阶段,中唐的比例是 38%,晚唐的比例增至 46%(见表 7 “唐代育龄妇女死亡率的变化”)。

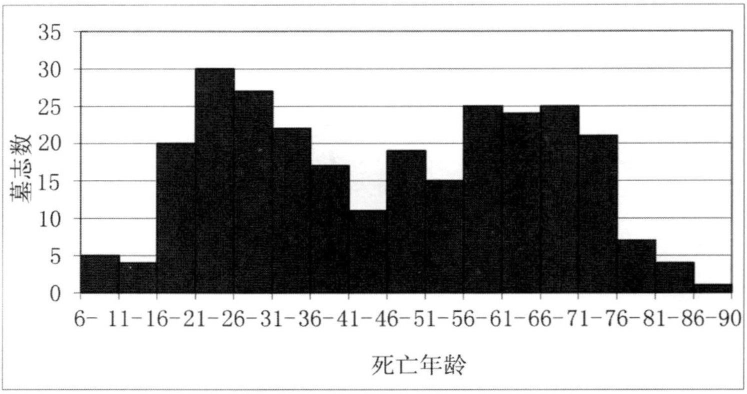

图 12 唐晚期(836—906 年)妇女死亡年龄

表 7 唐代育龄妇女死亡率的变化

时期	墓志数	死于育龄的墓志数	比率
早唐	457	116	25.38%
盛唐	253	102	40.32%
中唐	307	117	38.11%
晚唐	278	127	45.68%

"因产而亡"并不是唐代社会的特殊现象,中国古代史中历代妇女死于分娩一定为数不少。据台湾学者李贞德对六朝墓志铭的研究,六朝妇女死亡年龄的高峰在 20—30 岁间,反映了妇女"因产而亡"的现象在六朝一定很普遍。① 又如,伊沛霞指出,在宋朝,贵族妇女因产而亡的并不少见,文人官员对此现象并不避讳。② 不过,唐代墓志铭所反映出的因产而亡的现象不仅证明了这一世界前现代史中的普遍现象,而且还为我们研究因产而亡与社会状况的关系提供了宝贵的材料。如

① 李贞德《六朝时期女性的一生》(The Life of Women in the Six Dynasties),*Journal of Women and Gender Studies* 4 (1993 年),第 47—80 页,表 I、V。

② 伊沛霞《内闱》,第 73 页。

果说唐代初期的医学发展是政治和社会稳定、经济和人口增长的积极反应的话,在唐代中后期,这种医学成就与唐代妇女的日常生活愈趋脱节。唐朝育龄妇女死亡率的变化表明,社会动乱对妇女生活的影响要比对男性大。战争、人口流动以及经济的波动使得育龄妇女成为最容易受到冲击的牺牲品。

虽然唐文人作品及墓志铭中很少提及因产而亡的事例,唐人对怀孕及分娩的危险的恐惧却无处不在。最能反映这种恐惧心理的当是敦煌愿文中的患难月文。在已整理的敦煌文稿中,有六篇题为"难月文"的愿文,[①]显然是有孕妇的家庭在她怀胎近十月之际到佛寺向佛像祈求平安时所念的文字。比如斯坦因 1441"难月文"写道:

> 若夫至觉幽深,真如绵邈;神功叵测。外献七珍,未证菩提,遂舍转轮之位;内修万行,方证无上之尊。然今施主焚香意者,奉为某人患难之所施也。患者乃遂因往劫,福凑今身;感得妇人之身,难离拓胎之患。今者旬将已满,朔似环周;虑恐有伤毁之酸,实惧值妖灾之苦。故即虔心恳切,望三宝以护持;割舍珍财,仰慈门而启颡。
>
> 伏闻三宝是济危拔苦之能人;大士弘悲,无愿不从而惠化。以斯念诵功德,总用庄严患者即体:惟愿日临月满,果生奇异之神;母子平安,定无忧嗟之厄。观音灌顶,得受不死之神方;药上抆摩,垂惠辰长之味。母无痛恼,得昼夜之恒安;产子仙童,似披莲花而化现。又持胜福,次用庄严施主合门居眷等:惟愿身如松岳,命等山河;福广惠深;弥增佛日。然后四生离苦,三有获安;同发菩提,成正觉道。摩诃云云。[②]

---

① 它们是斯坦因 1441, 4081, 5561, 5593, 5957, 以及北京图书馆 7069。其中斯坦因 5561, 5593, 及 5957 文字几乎相同。

② 见黄征、吴伟《敦煌愿文集》,岳麓书社,1995 年,第 56 页。

这种孕妇临产前家人惶惶不安的情景在五代诗人林楚翘的《禅门十二时曲》中被描写的更为真切:“悲孕妇,日将至,停烛焚香告天地。性命惟忧倾刻间,浑家大小专看侍。”[①]然而拜菩萨并没有减缓因产而亡的危胁。在敦煌愿文中,有这样一篇专为因产亡而撰写的愿文:

> 惟灵貌逾南国,资越东邻;全范天生,规□自举。班氏之风光于九族,孟母之德福于六姻。将谓□天比寿,至圣齐年;何期天降斯祸灵为灾,因产归于巨夜。嗟呼!骊珠未见兮并骊龙没,子母未分兮果柯摧。原夫生灭理常,始终寻迹;圣且未免,人其若何?是以元兴大患之嗟,仲尼有逝川之嗟。去留运往,其大矣哉。[②]

唐代经常被认为是中国历史上妇女地位最高、最自由的一个时代,中国历史上唯一的一位女性统治者——武则天是这个时代的产物,不少唐王室公主也以权势和财富至重著称,杨贵妃的美貌和女妓的才情在一定程度上影响了唐王朝统治集团和唐代文学。然而从墓志中所获得的统计数据却揭示了唐代女性生活更为深层复杂的境况。很显然,唐代贵族妇女因产而亡的频繁以及生育率的偏低都是史书上没有反映出来的。虽然唐代公共话语赞誉母亲在家庭和社会中的积极角色,虽然唐代的医学有长足的进步,政治和社会的动乱显然是女性生育率和寿命的最直接的逆向势力。史学家指出,安史之乱是唐代由盛而衰的转折点,它对唐代的政治、经济、军事组织、思想潮流以及地方权势都有巨大影响。本文的分析证明,如果我们将女性放在唐代历史研究的整体中来看的话,我们能对这个朝代的三百年的历史演变有一个更为全面的了解。

---

① 《全唐词 · 林楚翘》。

② 斯坦因 2832《因产亡事》,《敦煌愿文集》,第 86 页。

中古时期女性墓志综述

随着历史学家越来越意识到正史的局限性，墓志铭也逐渐被视为研究中国帝制时期妇女史的有价值的史料。墓志铭为我们提供非常丰富的原始数据，既有非常具体的人口学数字，又有理想化的社会性别角色和生命历程的描写。自 20 世纪 70 年代起，学者们就已开始使用墓志来研究断代史中的女性、婚姻和家庭，而这个趋势越来越明显。因此，考察墓志的起源和发展、墓志的性质和局限应该是个有必要的功课。本文的目的在于对这一课题做一个初步的尝试。其资料和数据来源是一千一百多方从汉朝到隋朝的墓志①以及六千多方

① 这一时期的墓志的重要集录有赵万里《汉魏南北朝墓志集释》（科学出版社，1956年）、赵超《汉魏南北朝墓志汇编》（天津古籍出版社，1992 年）、吴树平、吴宁欧《隋唐五代墓志汇编索引》（天津古籍出版社，1992 年）、于平《中国历代墓志选编》（天津古籍出版社，2001 年）、罗新、叶炜《新出魏晋南北朝墓志疏证》（中华书局，2005 年）。《汉魏南北朝墓志集释》是第一本汉至隋墓志的集录，提供了 609 张墓志拓片及其前人对这些墓志的释录。所有这些墓志都出土于 1950 年之前。《汉魏南北朝墓志汇编》收集从东汉至北周的 563 份墓志，大部分墓志是 1949 年至 1986 间的出土的，其中包括 33 篇高昌墓志。《新出魏晋南北朝墓志疏证》收录 231 份墓志，并附有详细考证。这些墓志或出土于 1986 至 2003 年间，或是出土于 1986 年前但没有收入《汉魏南北朝墓志汇编》的，其中包括 116 份隋代墓志。此外，《中国历代墓志选编》和《隋唐五代墓志汇编》也是隋代墓志研究的极佳资料。

唐代墓志。[①]本文的目的在于，探讨历史学家们能够从这些墓志中提取到人口统计信息以及墓志的性质的变迁过程。大体说来，墓志性质和功能的转化始于6世纪晚期，完成于9世纪。这个转化的结果是，墓志变得更为个人化、更为礼仪化——墓志渐趋成为表达对死者的感情的工具，同时，它又成为丧礼的一部分，成为生人显示自己的品德和社会地位的工具。我希望，对墓志性质和功能的变迁的探讨会使我们更准确地、更仔细地分析这些研究中国妇女史的宝贵史料。

墓志的起源与发展

墓志如何定义？墓志最早是什么时候出现的？史学家们对这两个问题的回答是并不一致的。不过，一般来说，学者们都同意：1）墓志是刻在石板或砖上的；2）墓志随棺椁入土；3）它记录有关死者的信息。然而，值得注意的是，墓志的内容和目的显然有“志墓”和“志人”的明显区别。[②] 志墓的墓志铭在秦代就已出现，[③]现存最早标记女性墓的墓志铭可能是东汉时期刑徒墓群中的极少数几份，这些墓葬的年代是公元62至172年间。[④] 最早的志人的墓志铭当是延平元年（106）的《贾武仲妻马姜墓志》。这方墓志于1929年在洛阳出土，它不仅提供了有关马姜的生平，而且还对她的德行大加赞颂。此志全文如下：

---

① 本文关于唐代墓志讨论的主要资料来源是周绍良、赵超编的《唐代墓志汇编》（上海古籍出版社，1992年）和《唐代墓志汇编续集》（上海古籍出版社，2002年），两书共收录墓志5119篇；以及收集在《全唐文》中的九百余篇墓志。

② 有关墓志的定义，参见赖非《齐鲁墓志研究》，齐鲁书社，2004年，第194—199页；赵超《古代墓志通论》，紫禁城出版社，2003年，第32—52页。

③ 《古代墓志通论》，第35页。

④ 据杜玉生统计，这批刑徒墓志砖共有522件，大部分墓志砖记录死者姓名和徒刑，在修复的422件墓志砖中，98.2%是男性刑徒，也就是说有女性刑徒墓志存在的可能性。见杜玉生《东汉刑徒墓志砖的发现与研究》，《书法杂志》2005年第3期，第2—6页。

> 惟永平七年七月廿一日,汉左将军特进胶东侯第五子贾武仲卒,时年廿九。夫人马姜,伏波将军新息忠成侯之女,明德皇后之姊也。生四女。年廿三,而贾君卒,夫人深守高节,劬劳历载,育成幼媛,光□祖先,遂升二女为显□节园贵人。其次适亭侯朱氏,其次适阳皋侯刘氏。朱紫缤纷,宠禄盈门,皆□夫人。夫人以母仪之德,为宗族之覆。□春秋七十三,延平元年七月□□□□□,皇上悯悼,两宫□□,赐秘器以礼。□□九月十日葬于芒门旧茔。(下残)子孙惧不能章明,故刻石纪留……

《马姜墓志》虽然简短,但它包含了所有墓志体裁中的基本内容:墓志主的生平、业绩和品德、家庭成员、丧葬安排、撰志者或求志者。在此后的四百年间,墓志铭这一体裁不断地演化、扩展,加入了墓志主的祖先和家世、墓志主未成年时期的经历、成年后的成就等内容以及颂扬亡者的"铭"部分。

《马姜墓志》揭示,马姜嫁入贾家时非常年轻,她丈夫贾武仲去世时,她才 23 岁,夫妇俩已育有四个子女。马姜守寡达五十年之久,终年 73 岁。墓志所提供的另外一个信息是,马姜小贾武仲六岁。虽然《马姜墓志》中的数据并不能代表汉代的人口统计数,但它至少证明,墓志所能提供的信息很可能是别的史料中所不存在的,因此,它们对妇女史的研究是极有价值的。

然而,墓志铭在马姜的时代并不流行,至今为止,我们所知的汉代墓志仅有十二方。在汉代,更为流行的记录死者身份和生平的是墓碑。不过,至今留存下来的汉碑几乎都是为有地位和声望的官员建造的,其内容也多注重于死者生前的功绩,因此,对妇女史研究来说,它们的史料价值并不高。[1]在战乱纷仍的魏晋时期(220—420),曹操(155—220)和晋武帝司马炎(265—290年在位)均提倡节俭,反对厚葬,以图减轻战争带来的经济损失,墓志铭由此而流行起来。富盈之家、权贵之族纷纷以与死者棺椁一起入葬的墓志来代替墓碑,这样既可以有一个庄重的丧礼,又不至于招惹麻烦。

墓志铭在北朝时期(386—581)流行起来,从考古资料来看,当时也有平民百姓为家人作志随葬的。墓志的流行以北魏最盛,这是由于拓跋统治者希望以此确立自己的独特的身份标识——中国传统文化和拓跋传统文化的融合。[2]拓跋皇室家族多有与汉族通婚者,他们取用汉姓,采用汉字,赞同儒家思想但也非常推崇佛教。为亡者撰志似乎是这种融合政策的最佳手段——墓志是祖先崇拜传统的一部分,而又因为佛教的冥界观念的传入而更加流行。[3]

墓志铭在唐代达到高峰。虽然在南朝时墓志已被视为一种文学体裁,当时也有不少文人撰写墓志,但是他们的文集往往只收以赋句形式的"铭",而删去具有大量人物生平事迹内容的"序",因为这一部分不被认为是文学写作。[4] 到了唐代,著名文人为家人、亲戚、同僚、朋友和邻居撰写墓志是很常见的事。能请到他们写墓志也被亡者家属视为一种荣耀,以至当亡者配偶去世时,家属往往选择保留原志,另写一份新的合葬志。文人们在编辑自己的文集时不仅将墓志铭完整地保留下来(而不是删去"序"部分),而且还专设墓志、碑铭类。由此可见,唐代才是真正

---

① 西文中有关汉代石碑的研究可参见伊沛霞(Patricia Ebrey)《后汉的石碑铭》(Later Han Stone Inscriptions),*Harvard Journal of Asiatic Studies* 49(1980年),第325—533页。

② 有关拓跋的胡汉杂糅政策的效应,参见朴汉济《新胡汉体制论》,《魏晋隋唐史研究》1998年第4期,第19—42页。

③ 有关北朝时期佛教对丧葬习俗的影响,参见殷宪《北朝史研究:中国魏晋南北朝史国际学术研讨会论文集》(商务印书馆,2004年)中所有"考古"部分的文章。

④ 有关魏晋南北朝时期的墓志的讨论,可见陆扬《从墓志的史料分析走向墓志的史学分析——以〈新出魏晋南北朝墓志疏证〉为中心》,《中华文史论丛》2006年总第84辑,第95—127页。

将墓志铭视为一种文学体裁的时期。另外一个新现象是墓志主的身份比唐之前更为繁杂——虽然大部分唐代墓志是为大族家庭人员撰写的，但我们也可以找到不少平民百姓的墓志。此外，唐代文人也有为自己的妾、婢、奴仆甚至宠物写志的。在我收集的六千多份唐代墓志中，有一方墓志是为父亲的爱马撰写的，这匹马与撰者的父亲一起死于战场。①

就墓志的性别比而言，因为墓志的总数太少，我们很难对汉代和三国时期做出一个准确的估计。②但是，从魏晋起至唐代，其比例都比较持恒，女性墓志在总墓志数中约占四分之一，其平均值是 25.81%。表 1 是中古时期各代女性墓志的比例。

表 1 汉至唐墓志性别比的不完整统计③

朝　代	墓志总数	男性墓志数	女性墓志数	女性墓志比例
汉朝（前 202—220）	12	10	2	16.67%
三国（220—265）	3	3	0	0%
晋、十六国（265—439）	64	45	19	29.69%
南朝（420—589）	22	19	3	13.64%
北魏（386—534）	356	274	82	23.03%
东魏、北齐（534—577）	170	125	45	26.47%
西魏、北周（535—577）	51	39	12	23.53%
隋（581—618）	370	266	104	28.11%
高昌（460—640）	42	29	13	30.95%
唐（618—907）	6044	4483	1560	25.81%

① 《大唐左监门卫副率哥舒季通葬马铭》，《唐代墓志汇编》武德 006。

② 在 12 篇汉代墓志中，只有两篇女性墓志。一篇是《马姜墓志》，另一篇是《西河圜阳郭季妃椁铭》（《汉魏南北朝墓志汇编》，第 2 页）。

③ 这些统计的依据是《汉魏南北朝墓志集释》《汉魏南北朝墓志汇编》《隋唐五代墓志汇编》《中国历代墓志选编》《新出魏晋南北朝墓志疏证》《唐代墓志汇编》《唐代墓志汇编续集》以及《全唐文》中所收集的墓志。

人口统计内容

在现存汉代和三国时期的墓志中，只有《马姜墓志》记载了墓志主的死亡年龄，其他 14 份墓志都极为简短。但是从晋朝开始，墓志铭逐渐加入了墓志主的结婚年龄、死亡年龄，子女数以及配偶和子女的年龄。[①]比如，在晋朝和十六国时期的 19 份女性墓志中，有 12 份墓志记载了墓志主的死亡年龄（见表 2）。此外，还有两方男性墓志记载了他们的妻子的死亡年龄。这一时期的女性平均寿命是 48 岁，男性平均寿命接近 53 岁。4 份女性墓志记载了墓志主的结婚年龄，它们分别是 17、18、20 和 21 岁。[②]

表 2　晋、十六国时期墓志所见之人口统计信息

	死亡年龄		结婚年龄		育子数		育女数	
性别	女	男	女	男	女	男	女	男
墓志数	12	17	4	0	4	8	2	6
平均值	48	52.65	19	无	2	2.25	2.5	2.17

虽然这一时期的男性墓志很少记载墓志主的结婚年龄，但不少墓志提供了妻子和子女的年龄，因此，我们可以大致推测当时的男性结婚年龄和生育年龄。如元康五年（295）的《晋故中书侍郎颍川颍阴荀君之墓志》[③]列出了以下有关墓志主荀岳和家人的信息：

夫人刘，年卌五，东莱刘仲雄之女。息女柔，字徽音，年廿，适

---

① 有关 220—518 年间墓志所见人口学统计的前沿研究是李贞德的《六朝时期女性的一生》（The Life of Women in the Six Dynasties），*Journal of Women and Gender Studies* 4（1993 年），第 47—80 页。李贞德依据近 270 篇六朝墓志来考察女性的寿命、结婚年龄、夫妇的年龄差别以及寡妇的生活。

② 《汉魏南北朝墓志集释》6；《汉魏南北朝墓志汇编》，第 12 页；《新出魏晋南北朝墓志疏证》11；《汉魏南北朝墓志集释》10。

③ 《汉魏南北朝墓志汇编》，第 6 页。

乐陵石庶祖。次息男隐，字鸣鹤，年十九。娶琅耶王士玮女。次女和，字韶音，年十七，适颍川许昌陈敬祖三日妇。次女恭，字惠音，年十四，适弘农杨士产拜时。晚生二女皆不育。

从这方墓志中，我们可以判断出，荀岳与妻子刘夫人相差五岁，他们的第一个孩子出生时他是30岁，刘夫人是25岁。他们共生育了五个女儿，一个儿子。荀岳过世时，儿子荀隐年十九，但已经婚娶琅耶王士玮女。更有意思的是，荀岳的小女儿荀恭以“拜时”礼“适弘农杨士产”，很可能是因为荀岳病重，而家人在他去世前，匆匆为荀恭举行婚礼。这种婚礼安排在唐朝被称为“起复”。

虽然南朝中的宋、齐、梁、陈是中原旧贵所建，这一时期出土的墓志并不多（见表3），而且大多出土于南朝故都南京。在仅有的三篇已发表的女性墓志中，两篇是为梁王室的妃子撰写的，而第三篇的墓志南齐永明六年（488）的《齐故冠军将军东阳太守萧府君侧室夫人王氏墓志》，[①]这是萧崇之的侧室王宝玉撰写的。这篇墓志非常珍贵，因为为妾作志在唐代之前是很少见的。除了这三篇墓志外，梁代永阳昭王萧敷（460—497）的墓志提及，其妃子王氏在普通元年（520）去世，终年59岁。显然，王氏比萧敷小一岁。[②]

表3　南朝时期墓志所见之人口统计信息

	死亡年龄		结婚年龄		育子数		育女数	
性别	女	男	女	男	女	男	女	男
墓志数	4	7	0	0	1	1	0	0
平均值	47	42.43	无	无	1	4	无	无

① 见费玲伢《南朝女性墓志》，《东南文化》2005年第2期，第49—55页。此志出土于1988年，未收录于《汉魏南北朝墓志汇编》和《新出魏晋南北朝墓志疏证》，费文第49页有全文释录。

② 见《故侍中司空永阳昭王墓志铭》，《汉魏南北朝墓志汇编》，第27页。

北魏的墓志为我们提供了唐代之前最有价值的人口统计信息（见表4）。这一时期的墓志主的身份更为多元，包括王室成员、高层官员、宫廷乳母、太监、平民和比丘尼等。更为重要的是，不少墓志提供了有关亡者家族和姻亲的详细信息。北魏墓志还为我们提供了鲜卑、汉以及其他北方民族互通婚姻的极为宝贵的资料。[1] 比如，《大魏文成皇帝夫人于墓志铭》[2]是为北魏文成帝拓跋濬之妃于仙姬撰写的，它记录了鲜卑与宇阗间的通婚。这篇墓志称赞道，虽然于仙姬来自"殊化异风"之地，但因为她"早练女训，四光自整"，因而出色地扮演了一个北魏后妃的角色：

> 世曾祖文成皇帝故夫人者，西城宇阗国主女也。虽殊化异风，饮和若一。夫人讳仙姬，童年幼□，早练女训，四光自整，雅协后妃。圣祖礼纳，寓之玫宇。龄登九十，耋疹未蠲，医不救命，去二月廿七日薨于洛阳金墉之宫。重闱追恋，无言寄声，旨以太牢之祭，仪同三公之轨。四月四日葬于西陵，谥曰恭。攸颂辞曰：混混三饶，浑浑大夜，姝彼灵人，奚不化乘。□晖入穸，照彼玄宫，匪我留晷，铭刊永终。大魏孝昌二年岁次丙午四月己巳朔四日壬申行葬。

从这一时期的墓志来看，北魏女性的平均结婚年龄是19.33岁（见表4），不过，不少学者认为鲜卑妇女，尤其是王室女性，都较早成婚。[3] 北魏时期，战争与政治危机不断，因此，男性平均寿命在44岁左右是毫不奇怪的。此外，从北魏女性墓志中我们还发现，女性的平均寿命之短

---

① 有关北魏的通婚，参见谢宝富《北朝婚丧礼俗研究》，首都师范大学出版社，1998年。此外罗新与叶炜也在《新出魏晋南北朝墓志疏证》中对有关通婚的墓志作详细的历史背景解释。

② 《汉魏南北朝墓志汇编》，第180页。

③ 事例可见谢宝富《北朝婚丧礼俗研究》，第2页。

(48 岁)可能与因生育而亡有关。[1]《魏故充华嫔卢氏墓志铭》[2]记载,墓志主卢令媛"年甫九龄,召充椒掖。天不憗遗,构疾弥留。正光三年龙集壬寅,夏四月壬戌朔,十六日丁丑,卒于京室,时年十二"。"构疾"一词在唐代早亡女性墓志时有出现,其中不少是因产亡。不知此志是否同例?在《魏故胡昭仪之墓志铭》中,墓志主胡明相在孝昌三年(527)去世,时年十九。墓志称其"以俟大虹之祥,有愿仓龙之感。岂图八眉之门不树,两童之庆未融",未知是否暗指胡昭仪已有身孕?[3] 此外,男性墓志中也有女性因产亡的记载。如《魏故镇军将军豫州刺史元使君墓志》称,墓志主元子永"生而母没,养自王宫"。[4]

表 4　北魏时期墓志所见之人口统计信息

	死亡年龄		结婚年龄		育子数		育女数	
性别	女	男	女	男	女	男	女	男
墓志数	55	192	12	0	5	19	4	12
平均值	47.72	44.2	19.33	无	3.2	3.2	2.75	3.33

东魏和北齐的女性也很早成婚,在八篇记载成婚年龄的女性墓志中,一篇记载了墓志主在 11 岁成婚,[5]另一篇记载了墓志主元阿耶"年十二,乃适范阳祖氏"。[6]此外,《魏骠骑大将军开府仪同三司长广郡开国公高公妻茹茹公主闾氏墓志铭》记载,墓志主"讳叱地连,茹茹主之孙,谙罗臣可汗之女也。……茹主钦挹风猷,思结姻好,乃归女请和,作

---

① 李贞德撰文指出,因产亡可能是女性在 26 岁前死亡的主要原因。见李贞德《六朝妇女的生活》,第 67—68 页。

② 《汉魏南北朝墓志汇编》,第 127—128 页。

③ 同上书,第 210 页。

④ 同上书,第 252 页。

⑤ 《齐故济南愍悼王妃李尼墓志》,《新出魏晋南北朝墓志疏证》78。

⑥ 《□军将军静境太都督散骑常侍方城子祖子硕妻元氏墓铭》,《汉魏南北朝墓志汇编》,第 339 页。

嫔公子。……以武定八年(550)四月七日薨于晋阳,时年十三"。[1] 不过,东魏和北齐的墓志所反映出的女性平均寿命是52岁,是中古时期女性平均寿命最长的朝代中的一组(见表5)。

表5　东魏和北齐时期墓志所见之人口统计信息

	死亡年龄		结婚年龄		育子数		育女数	
性别	女	男	女	男	女	男	女	男
墓志数	42	87	8	0	6	12	3	5
平均值	52.88	51.7	16.5	无	1.83	4.75	2.33	4.8

在12篇西晋和北周女性墓志中,3篇属于西晋,它们都没有记录成婚年龄。在9篇北周女性墓志中,4篇记载了墓志主分别在11、14、14、17岁成婚,[2]因而,其平均结婚年龄是14岁(见表6)。其中《南阳张君妻郝夫人志》是一篇较有代表性的墓志:

> 夫人郝氏者,盖以云州云中郡人也。父渊,以前齐秉要,世济称美,仍授骠骑大将军奉车都尉。夫人则公之长女也。夫人禀性幽闲,实有令淑之风;奉事亲亲,常怀指心之痛。恒以四德为基,六行为本。兼妙崇内相,洞识真如。年十有一,适南阳人骠骑大将军大都督张敬恩第二息满泽为妻。虽复年幼初笄,早闲妇礼,孝性天然,温清无倦,志合泉流,方同律吕。何悟盛年婴此疹,而梅实未摽,桂枝先落,一从逝水,悲笑难论。夫人年十有六,以大周建德六年三月三日卒于邺城。……[3]

---

① 《汉魏南北朝墓志汇编》,第382—383页。

② 《汉魏南北朝墓志汇编》,第487页;《汉魏南北朝墓志汇编》,第484页;《新出魏晋南北朝墓志疏证》96;《汉魏南北朝墓志汇编》,第491页。

③ 《汉魏南北朝墓志汇编》,第487页。

可见郝氏夫人 11 岁出嫁,16 岁因病亡。不过,令人费解的是序文中"梅实未摽,桂枝先落"句,未知这是暗示她尚未圆婚或死于孕期?而从隋代墓志《大隋伯阳县开国男崔君墓志铭》来看,这一时期因产亡的现象并不少见。墓志主崔大善在 587 年去世,终年 17 岁。他的母亲在他出生后十天内去世("即倾坤荫")。①

表 6　西魏和北周时期墓志所见之人口统计信息

	死亡年龄		结婚年龄		育子数		育女数	
性别	女	男	女	男	女	男	女	男
墓志数	9	27	4	0	3	9	1	6
平均值	43.33	46.07	14	无	5.67	5.11	3	3

隋代墓志所见之人口统计信息出现了一个比较奇特的现象——男女性平均寿命都远远超过前代。隋代只维持了 37 年,因此,我们很难将这一现象归功于隋代的大一统所带来的政治安定。不过,男女寿命的同步增长的现象却又是与唐代前期的数据一致的(见表 7)。

高昌时期的墓志在格式和文体上一致地简而短,只有关于年龄和死亡年龄的最基本的信息。十三篇女性墓志中只有三篇提到她们的死亡年龄(分别是 65、67、74 岁),但没有一篇提到她们的成婚年龄或子女。高昌时期的女性平均寿命是 69 岁,男性的平均寿命是 63 岁(见表 8)。

表 7　隋代墓志所见之人口统计信息②

	死亡年龄		结婚年龄		育子数		育女数	
性别	女	男	女	男	女	男	女	男
墓志数	43	131	7	0	7	9	6	1
平均值	63.23	62.2	16.57	无	4	5.11	4.15	3

---

① 《新出魏晋南北朝墓志疏证》155。

② 这份统计基于《汉魏南北朝墓志集释》《新出魏晋南北朝墓志疏证》和《中国历代墓志选编》的资料。

表 8　高昌时期墓志所见之人口统计信息

	死亡年龄		结婚年龄		育子数		育女数	
性别	女	男	女	男	女	男	女	男
墓志数	3	20	0	0	0	0	0	0
平均值	68.67	62.65	NA	NA	NA	NA	NA	NA

现已发表的唐代墓志已远超过六千,这使我们能够对唐代的人口学统计数据做一个比较细微和精确的统计。虽然唐代女性的平均寿命是 52.1 岁,但是,安史之乱前的女性平均寿命要比安史之乱期间和之后的女性平均寿命高许多。而相比之下,唐代三百年间男性的平均寿命几乎没有什么大变动(见表 9)。在我所收集的唐代女性墓志中,共有 299 份墓志提及她们的成婚年龄(其中包括了 7 位在 11 岁成婚的女性),其平均成婚年龄是 17.6 岁。男性墓志中仅有 16 份记载了墓志主的成婚年龄,其平均值是 21.1。此外,唐代三百年间,提及子女的墓志的比例渐趋增长,而女性平均生育率是 2.45 个男婴、2.03 个女婴。

表 9　唐代男女性寿命比较

年代	男性		女性		寿命差异
	墓志数	平均死亡年龄	墓志数	平均死亡年龄	
621—630	41	61.05	6	54.83	6.22
631—640	95	59.76	20	59.9	-0.14
641—650	162	60.24	29	57.59	2.65
651—660	272	63.1	86	62.67	0.43
661—670	252	62.56	85	57.89	4.67
671—680	203	60.64	63	62.02	-1.38
681—690	177	58.82	51	57.82	1
691—700	206	60.77	42	59.88	0.89
701—710	161	61.68	64	56.02	5.66

续 表

年代	男性		女性		寿命差异
	墓志数	平均死亡年龄	墓志数	平均死亡年龄	
711—720	133	62.1	39	53.72	8.38
721—730	196	62.22	39	51.41	10.81
731—740	177	60.06	68	50.35	9.71
741—750	185	60.09	53	50.19	9.9
751—760	136	60.68	52	53.13	7.55
761—770	76	58.03	19	46.05	11.98
771—780	83	60.3	25	48.56	11.74
781—790	71	59.07	29	54.41	4.66
791—800	126	60.3	45	51.47	8.83
801—810	159	60.35	66	48.24	12.11
811—820	154	60.61	60	46.52	14.09
821—830	122	60.58	41	46.54	14.04
831—840	111	59.04	61	45.15	13.89
841—850	114	60.77	70	48.91	11.86
851—860	97	59.46	65	44.05	15.41
861—870	89	56	60	43.15	12.85
871—880	75	56.83	41	42.46	14.37
881—890	21	58.9	7	62.43	-3.53
891—900	19	58.47	6	42.17	16.3

墓志写作性质的变迁与理想女性形象的变迁

自汉至唐,墓志写作的性质随着时代的变迁而逐渐更新。早期墓志的注重点在于对亡者的颂扬。这些墓志(如上文提及的《马姜墓志》)往往强调,为死者作志的目的是为了传播他/她的德行和美,这一特色一直持续到6世纪。比如《魏故使持节洛州刺史弘农简公杨懿第四子之女墓志铭》提及,墓志主杨无丑殁于北魏熙平三年(518),终年21岁,她“因恭克让,资孝以成,行该四德,志达三明。如渊之邃,如兰之馨,式刊玄玉,永振休名”。[①]从这篇墓志中,我们既看不出作者与杨无丑的关系,也感受不到他对死者的感情。在隋朝之前的女性墓志中,虽然所有的墓志都会赞扬墓志主的妇德母仪,只有少数几份墓志提及丈夫的失偶之痛或子女们的泣血茹荼、柴毁骨立的孝道。[②]正如有些学者们指出的,在南朝和北魏时期,王室成员和重要官员的墓志基本上是由朝廷指定的文人撰写的,[③]这可能是这一时期的墓志缺乏私人感受以及女性墓志中的格式化的德行记述的主要原因。

从6世纪末起,墓志逐渐成为表达婚姻和睦、亲友温情和家族团结的媒介;更为重要的是,它成为行孝的一个方式以及显示子女孝道和社会地位的工具。[④]比如,开皇六年(586)《隋故开府仪同三司定州刺史安平孝公夫人赵氏墓志铭》[⑤]是赵氏之子李德林请求尚书仓部侍郎古道子撰写的。作者强调,此志的目的是为了表达李德林对墓志主赵兰姿的慈育之恩的感怀:

① 《魏故使持节洛州刺史弘农简公杨懿第四子之女墓志铭》,《新出魏晋南北朝墓志疏证》37。

② 《晋使持节侍中都督幽州诸军事领护乌丸校尉幽州刺史骠骑大将军博陵公晋阳王公故夫人平原华氏之铭》,《汉魏南北朝墓志汇编》,第12页。此志多处体现王浚对故妻华芳的恩爱之情。华芳乃王浚第三妻,殁于永嘉元年(307),终年37岁。

③ 参见陆扬《从墓志的史料分析走向墓志的史学分析》文,第119—121页;《新出魏晋南北朝墓志疏证》,第47页。

④ 一个非常明显的变化是,早期的墓志多将子女列在“铭”之后,似乎是一种附录。但是,从6世纪起,子女名字以及成年儿子的官位被包括在序文中,列在丧葬安排和“铭”之前。关于中世纪时期丧礼与扩展社会关系的关联,参见南恺时(Keith Nathaniel Knapp)《无私的孝子:中国中古的孝子与社会秩序》(*Selfless Offspring: Filial Children and Social Order in Medieval China*), University of Hawaii Press, 2005年,第150—158页。

⑤ 《新出魏晋南北朝墓志疏证》133。

德林父兄早弃,夙婴荼蓼,姊妹及弟,茕然靡讬,寔赖慈育,得及人伦。光景如流,瞻望日远,几筵永绝,温清无期。徒深衔索之哀,空有终身之慕,尚书仓部侍郎新平古道子,学业优长,才思通博,愿传万一,敬讬为铭,穷心所冀,庶几无朽。

又如,仁寿三年(603)的《大隋故处士弘农华阴杨君高夫人墓志》①记载,高夫人的丧葬和墓志铭都是由她的"孝子"安排,此志的目的是为了弘扬高氏的"徽猷"。

唐人对墓志的功能的转化是怎么看的?一份开元十三年(725)的墓志似乎反映了唐代社会关于撰志意义的态度。作者强调,墓志的目的在于表达生人的思念、褒扬亡者的德行,因此,前人的"题爵里"或"赠词绚"都"情所不取":

昔者墓板无文,唯题爵里,肇魏缪袭,始赠词绚,情所不取。令但直书实行,以申罔极之思,庶清风盛德,传乎万古。②

纵观汉至唐墓志文字,我们似乎可以感觉到,早期的墓志写作是为了亡者,而在隋唐时期,墓志的写作是为生人服务的。唐代的女性墓志大多是由丈夫或儿子安排的:或托付名人、亲友,或自己撰写(见表10)。此外,在唐代,一个非常明显的趋向是记录作者身份。所有这些变化似乎都旨在显示家人为死者提供体面的丧葬的意愿和财力,显示儿子的孝道、他(们)的仕途成功以及他与著名文人的接近(见表11、表12)。比如,在为元稹的母亲所作的墓志中,白居易强调,元稹的苦苦请求是他的孝道的反映:"稹泣血孺慕,哀动他人,托为撰述,书于墓石,斯古孝

① 《新出魏晋南北朝墓志疏证》179。

② 《唐代墓志汇编》开元221。此志失盖,因此我们无从得知墓志题以及志主之姓。志主名晋,字行昭。

子显父母之志也。"[①]

有些唐代墓志还强调,为母作志是一个孝子必须做到的。比如,元和二年(807)的《唐故陇西郡太夫人李氏墓志铭并序》是李氏夫人的"第三孤子"撰写的。这篇墓志不仅对李氏的品行有非常详细的描写,而且还强调:"夫人一命陇西县君,再命陇西郡太夫人,从子道也。"作者还特意申明:"知母者子,他人未练。"[②]又如,会昌元年(841)的《唐故太原府参军赠尚书工部员外郎苗府君夫人河内县太君玄堂志铭并序》是苗愔为他的母亲张氏撰写。张氏早年守寡,丈夫去世时,留下三个儿子,五个女儿,"长始孺而少未孩也"。张氏"牵携勤艰,经营穷寒,育之教之,殆十五年,皆儿于就成。女得好仇,男得贤交,有禄为养,有立为荣"。张氏去世后,张氏族人向苗愔提出:"其兄且弟三人,皆繇教训,得以文章窃科名,而欲因他人言语以光扬淑德,孝岂然耶?"[③]

表 10 记录主丧者身份的唐代女性墓志[④]

年代	女性墓志总数	记录儿子主丧的墓志数及比例	记录丈夫主丧的墓志数及比例
618—719	604	185(30.6%)	40(6.6%)
720—819	538	215(39.9%)	51(9.5%)
820—906	380	153(40.2%)	88(23.2%)

① 《唐河南元府君夫人荥阳郑氏墓志铭》,朱金城《白居易集笺校》第5册,上海古籍出版社,1988年,第2715—2718页。

② 《唐代墓志汇编续集》元和008。从墓志序文中,我们得知,李氏乃是续娶,作者非其亲生子。

③ 《唐代墓志汇编》会昌003。

④ 这项统计不包括无死亡之年或丧葬之年的墓志。

表 11　记录作者姓名的唐代墓志①

年代	墓志总数	记录作者姓名的墓志数及比例	作者为进士、乡贡进士的墓志数及比例
618—719	2358	184（7.8%）	9（4.89%）
720—819	1550	790（50.96%）	90（11.39%）
820—906	963	750（77.86%）	138（18.40%）

表 12　记录作者身份的唐代女性墓志②

年代	墓志总数	儿子撰志数及比例	丈夫撰志数及比例
618—719	604	3（0.5%）	6（1%）
720—819	537	17（3.2%）	21（3.9%）
820—906	380	11（2.9%）	45（11.8%）

墓志铭功能的转化在男女性墓志中都有反映，不过，这个转化似乎为女性墓志提供了非常有效的赞美墓志主之为女、为妇、为母多种家庭角色的事迹以及她们对家庭和家族的贡献的平台。早期女性墓志多着墨于墓志主的美貌、聪颖、女德，而对她们的家庭角色的描述则极为笼统。对幼年至笄年的描述往往是"贞顺自性，聪令天骨，德容非学，言功独晓"，③或"生而端嶷，幼则贞华"；④其为人之妻多"履四德之淳范，播七行之高风"；⑤对母亲的赞誉之词往往是"断织之训"⑥

① 这项统计不包括《全唐文》中的墓志，因为所有《全唐文》的墓志都标明作者。

② 这项统计不包括无死亡之年或丧葬之年的墓志。

③ 《大魏扬列大将军太傅大司马安乐王第三子给事君夫人韩氏之墓志》，《汉魏南北朝墓志汇编》，第 71 页。

④ 《魏故使持节大将军阳平幽王之妃李氏墓志》，《汉魏南北朝墓志汇编》，第 100—101 页。失盖。

⑤ 《梁桂阳国太妃墓志铭》，《汉魏南北朝墓志汇编》，第 26—27 页。梁天监十三年（514）。

⑥ 《故永阳敬太妃墓志铭》，《汉魏南北朝墓志汇编》，第 29—31 页。梁普通元年（520）。

和“护养无缺”。[1]但是，从隋代起，尤其是9世纪之后，对墓志女性生命历程的描述愈趋生动，作者的参与感愈趋直接明了。[2]比如，开成五年(805)的《有唐张氏之女墓志铭并序》[3]是由墓志主张婵之兄张涂撰写的，它提供了非常详细的有关张婵幼年时期的经历：

> 元和中，吾先君从事郗公府于潞，生婵，婵名也，印奴小字耳。常谓其侍者：吾门不寿女，故世世怜女而甚于珠玉。乃选其乳姐洎高年女奴两三人，令常常抱弄于几前，唯所欲。及稍能理红妆、衣绮罗，则凡是珍奇，莫不堆在眼。长庆中，吾先君由真司封郎，出为湖州牧，方报天子恩，俾一郡五县人苏息。属天降荼毒于我家。时婵年8岁，亦哀啼无昼夜，俾路旁闻者俱助涕，其孝敬柔敏，根于至性。但自笄迄今，首尾凡十载，未尝一日能强履而暂离床衽间，然亦能慎亲老颜色，奉中外周旋，故家事钜细，与商量而后行，无不克中。又心宗黄老，能以淡泊怡遣，遂自号灵隐。

这篇墓志对张婵家人在她去世后的悲恸情景的详尽描写也是前期墓志中所不见的：

> 慈上哭之恸而惜其成人未有归也，昆仲哭之恸而想其聪明能厚于恩爱也。家人无少老咸哭之恸，盖感其宽仁，每降其庇恤也。夫男儿女子悉贵其贵，贵其龄获永。奈何一世而不得坐华堂，结和

---

[1] 《魏故镇军将军兖州刺史羊使君夫人崔氏墓志铭》，《新出魏晋南北朝墓志疏证》48。北魏孝昌元年(525)。

[2] 罗新与叶炜指出这一现象在北魏孝昌年间即已出现。在《魏故泾州三水令张府君殷夫人之墓志铭》中，子女的参与非常明显。墓志主殷伯姜33岁丧夫，63岁终。此志赞扬了殷氏“内教母言，外同严父”的角色，并提到长子仲雍之名，“这反映了墓志体裁的新倾向”。见《新出魏晋南北朝墓志疏证》，第109页。

[3] 《有唐张氏之女墓志铭》，《汇编》开成041。

呜，对歌舞管弦以娱其耳目心志，乃至玄夜而讬其幽魂，天乎命乎！

此外，此志所反映之同气之情在前期墓志中几乎不存在，但在唐代墓志中却很常见。

可能是因为唐代中后期的女性比她们的丈夫早亡的比例越来越高，这一时期的女性墓志不少是由其丈夫执笔的，因此，婚姻和谐成为这组墓志的主题之一。作者往往会表达对妻子在自己仕途艰难之际相濡以沫、指点迷津的感激，这给唐代社会的理想女性观增添了新的层面。此外，不少墓志铭反映丈夫对失偶之痛的感受，有些墓志作者誓言从此不再婚娶，[①]有的感叹"不得与良人偕死"。[②]

随着撰写墓志越来越成为家庭事务，唐代男性为妾作志的也很常见。[③]在1230份唐代已婚女性墓志中，有近20份是为妾撰写的墓志。这些墓志申明，虽然墓志主出身低微，她们都具备了为妇之德。这些为妾撰写的墓志所反映的是对死者为家族做出的贡献的感激之情，以及对她们的过世的深切悲痛。[④]《渤海严氏墓志》就是一个很好的例证，这篇墓志成文于大和七年（833），是前光王傅赐绯鱼袋上柱国田聿为他的妾严氏撰写的，它讲述了严氏以家妓身份进入田家以及生儿育女的经历：

其氏先君军于魏而名不称，常厚酒为意，此女生妓肆。余时家于魏，女君少以乐艺进余门。受性明博，惬适正礼，可重可愧，乃当处吾之室。先也育男二人，长曰名广；次曰名廙。已生女一人，成长而亡，即前年之祸。

① 《唐故荥阳郑夫人墓志铭并序》，《唐代墓志汇编》大中083。

② 《唐故颍川陈夫人墓志铭并序》，《唐代墓志汇编》大中122。

③ 有关唐代为妾作志，参见陈尚君《唐代的亡妻亡妾墓志》，《中华文史论丛》2006年总第82辑，第43—82页。

④ 陈弱水也对这一课题有所讨论。参见陈文《唐代的一夫多妻合葬与夫妻关系：从景云二年〈杨府君夫人韦氏墓志铭〉谈起》，《中华文史论丛》2006年总第81辑，第199页。

田聿还在志中表达自己的哀情以及死后同葬的誓言：

> 墓在于东，亲其茔，以封以树。岁月何已，已者远可厚，亦志之至。遂悼成其铭，卒葬既具，私分用叙。日月自驰，我怀不违。生无阻情，彼此和颜。补余之道，二十三祀。亡女在侧，幼子哀至。夏日赫照，新坟野次。我有血诚，君当知之。葬我葬所，永远望极。[1]

另外一份为妾撰写的墓志甚至还将墓志主李氏的“色”与“德”相提并论，称李氏“既美于色，又贤于德。飞鸣锵锵，言笑晏晏。所以恃宠于枕席，承恩于帷房”。[2]这类纪念妓妾的墓志反映出，唐代的妾的墓志扩展了唐代的社会性别关系的范畴和准则。

娶妾的习俗在六朝贵族中非常盛行，但是这一时期为妾所作的墓志很少记述她们在主人家的特殊地位和角色。相反地，墓志笼统地赞美墓志主的美貌与品行，所用之词句与为贵族或皇室女性所作的墓志几乎完全相同。齐代的王宝玉墓志就是一个典型的例子。这篇墓志称王宝玉为(侧室)“夫人”，列举她的家世渊源，赞美她“温朗明淑”的性格、“神华”和“玉丽”的容貌，称颂她“克隆美训”的婚姻角色。[3]另一个例证是北齐时代的《特进骠骑大将军开府仪同三师□□□刺史领太尉丞库狄氏尉郡君墓志铭》，[4]这篇成文于太宁二年(562)的墓志是为北齐重将库狄回洛之妾尉娘娘撰写的。从墓志铭题名以及内容来看，尉娘娘似乎是库狄回洛的正妻，然而，虽然尉娘娘与库狄回洛合葬，这个合葬墓中还有一位名为斛律昭男的女性，而且库狄回洛和斛律昭男的

---

① 《唐代墓志汇编》大和071。

② 《大唐华原县丞王公故美人李氏墓志铭》，《唐代墓志汇编续集》天宝061。

③ 费玲伢《南朝女性墓志》，第49页。

④ 《汉魏南北朝墓志汇编》，第407—408页。

墓志也都完整地保留了下来。[1] 与尉娘娘的墓志所不同的是，为斛律昭男所撰的墓志铭在题名中称她为“夫人”，而尉娘娘的墓志题名却并没有这个称呼，因此，尉娘娘的地位应该是在斛律昭男之下。

亡妾墓志的这个变化过程提醒我们，如果仅从墓志的文字上来推断某个时期的女性地位或社会性别是非常冒失的，早期亡妾墓志中对墓志主的赞美之词似乎与对正妻或皇妃的赞美之词如出一辙，但这不太可能是当时社会现实的反映。同样地，如果对墓志铭的功能的前后变化有所了解，我们也可能对中国古代史中的理想母性的变化产生误解。学者们曾注意到，从9世纪起，女性墓志对亡者的容貌的赞美逐渐减少，而对她们作为母亲的角色大加渲染。她们往往亲执诗书，教诲儿子，鼓励他们通过科举进入仕途。她们不仅持家有方，而且还往往担当起照顾大家族内的亲属的义务，她们对自己的娘家也是时时挂念，尽心尽力。虽然这个变化有可能反映了唐代社会性别观的转型，但是我们也要意识到，如果墓志铭的作者是亡者之子，或是受托于亡者之子，那么对母亲的美貌的淡化和对她们的家庭角色的推崇是可想而知的。此外，如果墓志铭的内容涉及亡者对大家族成员的关心和照顾，那么作者很有可能是亡者的非直系亲属。比如，咸通六年(865)的《唐故太子司议郎分司东都范阳卢府公夫人清河崔氏祔葬墓志铭并序》是亡者之子委托他的表兄乡贡进士李邃撰写，其序文大量地描述了崔氏对公婆(李邃外祖)的孝敬以及丈夫的“李氏妹”(李邃之母)一家的关心。这篇墓志称赞崔氏“六亲钦瞩，举族师资”。[2]由此可见，在我们用墓志铭作为研究中国古代女性生活和社会性别观时，我们必须对墓志功能的变迁，尤其是墓志作为孝道表现和反映社会地位的倾向渐趋增强有所警觉，而不能草率、简单地将

---

① 《齐故定州刺史太尉公库狄顺阳王墓铭》，《汉魏南北朝墓志汇编》，第414—416页；《齐故库狄氏武始郡君斛律夫人墓志铭》，《汉魏南北朝墓志汇编》，第414页。

② 《唐代墓志汇编》咸通057。

它们看成亡者所生活的社会环境的真实反映。

结 语

中古时期的墓志不仅让我们感受到中国历史上第一个公元千纪的历史背景,而且还为我们提供了极有价值的人口学统计、社会性别观、婚姻习俗、亲属制度、宗教信仰、人口流动以及民族和地区方面的宝贵资料。更为重要的是,由于大量的女性墓志(以及一部分男性墓志)记载了女性的经历,它们无疑是研究中国中古社会的妇女的最重要的史料。正因为如此,对这一时期的墓志的性质以及它们作为史料的局限性和片面性的认识至关重要。

使用墓志中的人口学统计数据的主要危险在于,墓志铭所反映的是一组特殊的群体,晋代、南朝和隋代的墓志铭尤其是如此。虽然北魏和唐代的墓志凸现了一个更为多层次的群体,为皇室、望族和统治阶层成员及其家属所作的墓志仍然占了百分之九十。因此,这一时期墓志中所描述的女性反映的是贵族女性的形象和生活经历,它们不代表中古社会的普遍性女性经验。

第二个危险在于,墓志铭中的数据并不是确切无误的。比如,在唐代女性墓志中,记载墓志主在19岁出嫁的墓志有36份,而记载墓志主20岁出嫁的只有14份,这一落差很可能反映了撰志者掩饰墓志主晚嫁的事实,因为女性晚嫁往往是家境困窘的反映。同样地,墓志铭中所反映的死亡年龄也不一定是可靠的,有些墓志可能故意粉饰亡者的长寿。比如,在这些女性墓志中,记录死亡年龄在59岁的只有14份,而记录死亡年龄在60岁的剧增到33份。此外,墓志铭关于子女的记录也并非完全可靠。有些墓志包括了早亡的子女,有些墓志则只记录在世的子女。有些墓志只记录儿子,有些墓志会记录女儿,但其数字未必准确。在唐代墓志中,“五男三女”比其他子女数出现得多,这说明,它可能只是一个形容后嗣繁荣的用语,而不是一个人口统计的数据。还有些墓志只记录墓志主亲生子女,但是,记录非亲生子女的墓志在唐代也很常见。自始以来,对如何将子女列入墓志似乎有多种考虑,并往往因人而异。比如,为北魏将领韦彧所作的墓志铭记载,韦彧生七子,长子和次子已授官,其他五子尚年幼。[①] 而韦彧之妻柳敬怜的墓志则称,墓志主有七子三女,而且三个女儿都已成人嫁给体面人家。[②] 正如罗新和叶炜所指出的,韦彧死于525年,柳氏死于549年,韦彧去世时,三个女儿还未出嫁,尚无提及姻亲荣耀的机会。[③]

当然,更为重要的是,我们要意识到,墓志内容的变化是墓志性质和功能的变化造成的,它们又与撰志者(或求志者)的身份有紧密联系。虽然对母性的高度赞扬也出现在唐代的其他文学体裁中,但墓志所体现的大量的有智慧、有能力的母亲形象既是唐代母性话语的反映,更是墓志铭性质变化的反映。当南朝的文人被聘用于为大批贵族女性作志时,笼统地描述她们的美貌和品德当然是一个合情合理的方式。但是,当墓志成为丧葬仪式的一部分并且成为生人品行的象征时,作为人子,他自然希望在墓志中赞扬他的母亲的教诲和持家的才能。因而,我们不能因此而断定母性在唐之前并不重要,也不能断定在唐代性别观中,美貌并不是理想女性的条件之一。不然的话,我们对中古时期的妇女乃至中古社会不可能有一个真正的认识。

---

① 《故使持节散骑常侍太常卿尚书都督雍州诸军事抚军将军豫雍二州刺史文烈公韦使君墓志铭》,《新出魏晋南北朝墓志疏证》54。

② 《故使持节抚军将军豫雍二州刺史阴盘县开国文烈公韦彧妻澄城郡君柳墓志》,《新出魏晋南北朝墓志疏证》89。

③ 《新出魏晋南北朝墓志疏证》,第235页。

唐代女性墓志综览

墓志是中国古代祖先崇拜及丧葬制度的重要组成部分,其渊源久远而至唐代之际愈臻成熟,从而为现代史学家提供了极为丰富的研究唐代妇女生活的史料。[①] 在目前已出版的六千多份唐代墓志中,女性墓志即占一千五百余份,夫妇合志者约为二百份,而男性墓志大多提及女性家庭成员,尤其是妻子。[②] 因为墓志中的女性往往被格式化、典型化,这些墓志组成一种白瑞旭(Kenneth E. Brashier)所称的“纪念文化”(memorial culture)——它们既是个人人生历程的记录,更是一种唐

---

① 本文中的墓志材料以“墓志铭”为主,但也包括了“石表”“墓表”和“塔铭”等。有关唐代以前的墓志墓碑研究,参见伊沛霞《后汉石碑》(Later Han Stone Inscriptions),*Harvard Journal of Asiatic Studies* 49(1980 年),第 325—353 页;白瑞旭(K. E. Brashier)《早期中国石碑中的文本与仪式》(Text and Ritual in Early Chinese Stelae),收于柯马丁(Martin Kern)编《早期中国的文本与仪式》(*Text and Ritual in Early China*),University of Washington Press, 2005 年,第 249—284 页。关于墓志的总体研究,可参见赵超《古代墓志通论》,紫禁城出版社,2003 年。

② 在这六千多份墓志中,925 篇出于《全唐文》。这些墓志大多为知名文人所撰,墓志主亦多为上层贵族及重要人物。另一个主要来源是周绍良、赵超所编的《唐代墓志汇编》(上海古籍出版社,1992 年。以下简称《汇编》)及《唐代墓志汇编续集》(上海古籍出版社,2002 年。以下简称《续集》)。两书共收入墓志 5119 篇,基本上以考古发现为主。与《全唐文》相比,《汇编》和《续集》似乎更具有代表性:其写作风格更为多样;墓志主身份也更为繁杂,包括仆人、女妓、僧尼、官吏、贵妇,乃至皇帝及皇室成员。不少墓志未(转下页)

代有关道德、伦理、社会秩序以及社会性别角色的话语的表征。[①]可以说，它们是唐代社会中男女行为规则的指南以及他们的社会地位的伸张。

从唐代墓志中我们可以发现，虽然儒家传统中的“四德”仍然是女性言行的准则，但“四德”的内涵已有所扩张，其关注点也有所变化。唐代墓志在描写女儿时不仅仅赞扬她的孝顺，还经常描写她与兄弟姐妹的情谊，以及她读书作文的才气。墓志对妻子的赞扬多着重强调她们在丈夫官宦仕途中的支持与患难与共，以及她们的治家能力。唐代墓志对母亲描写则逐渐倾向于她们亲执诗书、诲子不倦，使他们得以金榜题名的经过。此外，佛教显然对唐代社会的女性角色及性别关系的规范有相当大的影响。

唐代墓志所体现的妇女生活经历也是有唐三百年社会和政治变迁的折射。比如，唐代墓志所记载的多例表亲婚及其择偶取向反映了唐代早期盛行的士族政治的影响一直持续到唐末。此外，墓志作者中标以进士头衔的比例以及赞扬母亲的文史之才的比例的逐渐增多反映了科考入仕者在唐代权力集团中的势力上升。唐代墓志还使我们对唐代中期的安史之乱以及唐代后期的藩镇割据对唐代社会的负面影响有一个更为切实的了解。而且，以墓志为基础的统计数据显示出，社会变乱及经济波动对贵族女性的负面影响似乎超过其对男性的影响。

墓志虽然从属于传记，但它与《旧唐书》《新唐书》中传承列女传统的女性传记有极大的不同。正史中的列女传往往着重描写一位女性生

（接上页）标明作者，而且大多数作者并不知名，有三篇墓志的作者是女性（《曹因墓志》，《汇编》贞观 181；《唐郭君墓志铭并序》，《汇编》开元 336；《大唐故左威卫仓曹参军庐江郡何府君墓志铭并序》，《汇编》天宝 013），还有一份女性墓志为其子女合撰（《唐故扬州大都督府法曹参军京兆韦府君故夫人荥阳郑氏墓记》，《续集》大和 049）。此外，在《汇编》《续集》中，至少有二十篇墓志虽没有明确标明作者身份，但从内容来看作者可能是女性。又，近年发现的《李全礼墓志》乃由其妻郑柔慈所撰（见《偃师杏园唐墓》，科学出版社，2001 年，第 288 页）。

① 见白瑞旭，第 27 页。

命历程中重要一节,而墓志则提供了更为全面的女性形象,描写她们为女、为妻、为母时的品德和事迹。此外,女性墓志的作者往往是其家属(唐代中后期尤其如此),因此,这些墓志包涵了极为深切的感情因素,而当代读者也往往会不由自主被这些女性们的向往与绝望、欢欣与焦虑、她们对自己的丈夫、孩子、公婆、娘家人的关注和倾心倾意所深深打动。

在讨论墓志所反映的女性生活经历及其相关的唐代社会风俗、制度之前,我们有必要先来考察一下唐代墓志的形式与结构、墓志所记载的女性的社会地位以及墓志所勾勒的理想化生命历程。

墓志资料

墓志的形式与结构

唐代墓志一般由七个部分组成:家族背景、幼年经历、主要事件、主要功德、主要家庭成员、丧葬安排以及铭(颂词)。以大中年间(847—858)的《有唐卢氏故崔夫人墓铭并序》[①]为例,此志志主为宰相崔群(772—832)之女,由其夫卢缄执笔。墓志的第一部分详细描述了崔氏的家世——清河崔的显赫、崔氏先三代官职,以及崔氏外王父(李霸)、崔氏母陇西李氏,并提及“李夫人生女子子者五人,夫人即其季也”。与其他唐代墓志相比,此志描写崔氏幼年时代的文字比较简略,称赞她“厚于情敬,早有识裁”。相对而言,卢缄对其夫人之成婚及婚后生活的描写则极为细腻、动情。我们得知,因为崔群“眷深外属”,故“许以姻好”。崔氏分别为父母服丧三年,所以成婚时已 23 岁,远远超过唐代贵族女性的平均成婚年龄(17 岁)。嫁入卢家后,崔氏因“累丧诸姊”而悲痛不已,而卢缄本人则因仕途坎坷而“羁游于外”。适逢 9 世纪中

① 《汇编》大中 128。

叶疠疫猖獗,崔氏终因"遘疠疫"而于大中十一年(857)过世,时年45岁。在功德部分,卢缄赞扬了崔氏对儒教和佛教经典的谙熟、在声律和笔札上的尽善尽美、以及她在闺闱礼范方面的美名。墓志又记载道:崔氏生有三男一女,但两个儿子已经幼年早逝。在丧葬安排部分,墓志陈述道:崔氏葬礼虽为隆重,但其坟墓仅是"权窆"而已,卢家准备"更俟吉岁,归祔先茔"。崔氏墓志的铭与大部分唐代墓志的铭相同,是由四字诗句(或四字、六字交替的诗句)组成的。铭文赞扬了崔氏的出身、品德,表达了家人的哀悼以及对死者"安兹宅兆"的祈望。①

墓志中的人口统计数

在1560份女性墓志中,近80%的墓志提及志主的婚姻(见表1)。大部分志主出身于贵族家庭,非贵族出身墓志主约占总数的6%。②在146份未婚女性墓志中,74位墓志是女尼,12位志主为道姑。此外,还有9篇墓志是为10岁以下的幼女所作,这些墓志为我们提供了观察唐代社会对女儿的角色和态度的宝贵材料。在这1560份墓志的基础上所统计出的女性平均寿命是52.1岁,平均成婚年龄是17.6岁,已婚女性的平均子女率为4.8。

表1　唐代妇女的婚姻状况

婚姻状况	墓志数	占总数(1560)比例
已婚*	1230	78.84%
未婚**	146	9.35%
婚姻状况不明	47	3.01%
宫廷妇女	128	8.21%
女妓	9	0.58%

* 包括妻、妾、外妇以及家妓转为外妇者。

** 包括女尼、道姑以及在10岁前过世的幼女。唐代女性墓志中没有一份记载

① 《汇编》大中128。

② 此文中的"贵族"定义范围比较广泛,即三代中至少有一人担当过九品以上的官职。

了离婚的事例。

这些统计数据显然不可能准确地代表唐代的人口数据。首先,现存墓志多出土于河南洛阳,因此,对唐代人口数据的更为全面的探讨还需要其他史料(如户籍记录)的参照。以女尼墓志为例,女性墓志中女尼墓志的比例是4.94%,而据《新唐书》记载,开元年间登籍的女尼数是50576,开元二十年的人口总数是45431265。[①] 假设女性人口为总人口之半数,那么,女尼在女性人口中的比例仅为0.22%。第二,墓志所记载的一些数字本身即颇为可疑。比如,有36份女性墓志记载了墓志主成婚年龄为19岁,而记载女性墓志主20岁成婚者仅有14份。这一反差暗示,一部分墓志企图通过改变数据来掩饰墓志主的"晚婚"现实。相同地,墓志作者也往往会故意改变死者年龄以显示墓志主的福分。比如,在女性墓志中,记载墓志主死亡年龄为59岁者有14份,但记载死亡年龄为一甲者剧增到33份。

唐代墓志与唐代妇女的生活

理想化的女性生命历程

唐代墓志所记载的生命事迹虽多言过其实,但它们反映了唐代社会所勾勒出的理想化的生命历程。墓志中的典型男性出生于世代名门,幼时即已"贞纯立性,孝友居身",[②]从而"诗书积性,刀笔从荣",[③]大部分贵族男性通过亲属关系而"解褐"(初授官),但以科考入仕最为理想。他们一生中被频繁调动,累迁郡邑。但他们"秉心惟征,莅事尤

① 《新唐书》卷四八《百官志三》。

② 《唐故朝议郎行蓬州宕渠县令王府君墓志铭并序》,《汇编》开元266。

③ 《唐故朝议郎行楚州安宜县令太原王君夫人刘氏等合葬志铭并序》,《汇编》开元268。

敏,能理烦而去惑,不吐刚而茹柔。故得所至有化,所临垂声",[1]同僚、部下及百姓无不称赞之。一位典型的唐代贵族男性会在24岁时选择一位大族女性为妻,数年后亦会再另置妾或外妇,妻妾等会为他生养六七个子女。

唐代贵族女性的"完美"一生是在家庭中度过的。她出生于茂族,"三岁知让,五岁知戒,七岁能女事,善笔札,读书通古";[2]甫及笄年,她已芳名远播,其父为她在出生于大族的科考仕途成功者中选择一位佳婿。为妇时,她"祗奉蒸尝,睦友娣姒,由中履顺,德礼无违"。[3] 为母时,她"训女四德,示男六经"。[4] 夫丧之后,她"鞠育孤孺,屏弃人事,归依法门";[5]而"晚岁以禅诵自适"。[6] 她自己生养了4个子女,并对妾、外妇所生子女"爱抚若己出",[7]"恣性慈仁,雅无嫉妒",[8]故子则仕途腾达,女则早适贞良,她自己也因子贵而荣封郡君。

《唐河南元府君夫人荥阳郑氏墓志铭》——白居易为元稹之母所撰写的墓志可以说是唐代女性墓志的一个代表作。[9] 此志在列举郑氏三代祖先及外族后,强调了"天下有五甲姓,荥阳郑氏居其一"这一唐代社会所公认的对五大姓的崇仰以及大姓间自为婚姻的现实。在形容郑氏的女儿角色时,白居易写道:她"事父母以孝闻。友兄姊,睦弟妹,以悌闻。发自生知,不由师训……" 郑氏为妇时,"每及时祭,则终夜不寝,煎和涤濯,必躬亲之。虽隆暑冱寒之时,而服勤亲馈,面无怠色,其

---

① 《唐故朝散大夫苏州别驾知东都将作监事赵公墓志铭并叙》,《汇编》大历081。

② 《唐郎州员外司户薛君妻崔氏墓志》,《续集》元和075。

③ 《有唐卢氏故崔夫人墓铭并序》,《汇编》大中128。

④ 《唐朝议郎行凤州司仓参军上柱国司马君夫人新安孙氏墓志铭并序》,《汇编》元和153。

⑤ 《左骁翊卫翟君墓志铭》,《汇编》上元039。

⑥ 《故衢州司士参军李君夫人河南独孤氏墓志铭并序》,《汇编》大历052。

⑦ 《大唐洛阳县尉王师正故夫人河南房氏墓志铭并序》,《汇编》长庆011。

⑧ 《有唐太原王氏夫人墓志铭》,《汇编》会昌036。

⑨ 《白居易集笺校》第五册,第2715—2718页。

诚敬有如此者。元郑皆大族好合,而姻表滋多,凡中外吉凶之礼有疑议者,皆质于夫人。夫人从而酌之,靡不中礼”。接着,白居易极力渲染了郑氏的母亲角色:“夫人为母时,府君既没,积与稹方龆,家贫无师以授业。夫人亲执书,诲而不倦。四五年间,二子皆以通经入仕。稹既第,判入等,授秘书省校书郎;属今天子始践祚,策三科以拔天下贤俊,中第者凡十八人,稹冠其首焉。由校书郎拜左拾遗,不数月,谠言直声,动于朝廷,以是出为河南尉。长女既适陆氏,陆氏有舅姑,多姻族;于是以顺奉上,以惠逮下,二纪而殁,妇道不衰。内外六姻,仰为仪范。非夫人恂恂孜孜,善诱所至;则曷能使子达于邦,女宜其家哉?其教诲有如此者。”

有意思的是,白居易在墓志中强调了他撰写此志的目的——列女传统中的女性形象往往是单一的,惟有墓志才能全面反映女性的各种家庭角色。“漆室、缇萦之徒,烈女也;及为妇,则无闻。伯宗、梁鸿之妻,哲妇也;及为母,则无闻。文伯、孟氏之亲,贤母也;为女为妇时,亦无闻。”但是,郑氏却兼女美、妇德、母仪于一身,因此,白居易“欲百代之下,闻夫人之风,过夫人之墓者,使悍妻和,嚚母慈,不逊之女顺云尔”。

由此可见,这篇墓志的结构与列女文献,尤其是《旧唐书》《新唐书》中的列女记载完全不同。《旧唐书》共记载了 31 位列女,其中 15 位以贞妇著称,她们或是拒绝再嫁,或在贼徒的威胁下以自尽保身。此外,有 9 位列女以孝女著称,她们或为能够侍候病重的父母、安排他们的丧葬而放弃自己的婚姻机会,或为报父仇而不嫁。此外,还有 2 位是教子成功的母亲、1 位抚养了大族遗孤的乳姆、1 位为照顾自己的姐姐而放弃婚姻的女性以及 1 位在危境中保护了婆婆生命的儿媳。几乎所有这些列女们都因为她们在其生命历程中担当某一独特角色时的突出表现而受到赞扬。有些传记甚至强调,因为女性不可能同时完美地担当两种角色,或在两者间游移,所以,她必须取其一。[①]与这些传记相比,虽然唐墓志也有唐代社会所认可的女性典范倾向,但至少它们体现了女性生命历程的一个完整画面。

亲情与日常生活

唐代墓志,尤其是8世纪中叶之后为自己的亲人撰写的墓志,在描述死者身世的字里行间往往会有强烈的感情流露,其内容也经常包含一些出人意料的细节。因此,这些墓志为当代历史学家再现唐代妇女在其特定历史和社会时空的日常体验提供宝贵的材料。大中年间由河南府陆浑县令李胤之为女儿李第娘撰写的《唐陇西李氏女十七娘墓志铭并序》便是一个很好的例证。[②] 这份墓志不仅将父亲对女儿的钟爱体现得淋漓尽致,而且还使我们对唐代社会对幼女、少女的期待和赞许有深切的体会。

李第娘是李胤之的长女,出于妾邢氏,生于大和八年(834)冬。是年春,李胤之登第中举,故名之以“第娘”。墓志称,自第娘生至她24岁去世,第娘一直跟随着李胤之“南北宦游,绵历万里”,父女俩“未尝一日离间”。这份墓志读来就像父亲对女儿倾诉:

> 汝往广州,即三四岁,南中山水万状,果药千品,奇禽异兽,怪草名花,已能遍识,历历在口。又能洞察是非,尽知情伪,周深敏晤,无与比伦。尤好文籍,善笔札。兄弟读诗书,一关听闻,莫不记览。当代篇什,名人词藻,皆能手写,动盈箱帙,商较文赋,皆尽妍

① 比如,在《刘寂妻夏侯氏》中,夏侯碎金“求离其夫”“以终侍养”其父及后母。这类不得兼顾两种女性角色的故事在《旧唐书》和《新唐书》中不少。关于中国传统传记的角色与行为表现,参见 A. F. Wright, “Values, Roles, and Personalities”(A. F. Wright and Denis Twichett, eds. , *Confucian Personalities*,Stanford: Stanford University Press, 1962, 3—23页)。

② 《续集》大中061。

> 蚩。刀尺女工，裁缝绣画，不习而妙。吾自中途，即罹忧患，中外累多，常自窘困。汝尚幼稚，未曾介意，慰安吾心，尽忘窘厄之苦，实汝之由。

这种亲情洋溢的文字在其他墓志也常有发现。在记载早夭女儿的墓志中，有些墓志回顾了父母给这位女儿取名时的欢欣和关爱，有些墓志着墨于父母对她们百般宠爱。比如《李氏幼女墓志铭并序》[①]记载道，墓志主字绣衣，去世时仅 13 岁。其父“因宠秩而名之，钟爱之深可见也”。这份墓志是绣衣的姐夫撰写的，读来恻婉动人：

> 爱自襁褓，明慧过人。在龆龀时，善言词歌咏，监察府君每以慰目前。教以婉娩，聪智日就，能工巧听，顺又过人。妣荥阳郑夫人亦以此慰目前。阖门娇饶，六姻共然也。夫人孀居后，常多抱疾，每见此女，则为之进食，其不见也，哭无昼夜。

《有唐张氏之女墓志铭并序》为乡供进士张涂为其妹张婵所撰。墓志记载道，张家几代以来女儿不长寿，“世世怜女而甚于珠玉”。张婵父母“选其乳姐洎高年女奴两三人，令常常抱弄于几前，唯所欲。及稍能理红妆、衣绮罗，则凡是珍奇，莫不堆在眼”。[②]

由丈夫撰写的女性墓志也常常表露出夫妇间恩爱之情。比如，大中年间由卢知宗执笔的《唐故荥阳郑夫人墓志铭并序》记载道，卢知宗与他的夫人郑子章乃是姑表亲（郑子章之母乃卢之从祖姑）关系，郑子章 14 岁嫁与卢知宗，24 岁去世前生子 3 人，女 2 人。卢知宗称因丧妻而“涕横交颐情不禁”，并以墓志而誓言终身不再娶：

---

① 《续集》贞元 018。
② 《汇编》开成 041。

呜呼！世以婴孺之无恃也，必曰傅母保之，不若继之之慈也。而自中古已来，天下人之子酷于继者日有之，而未闻酷于乳母矣。知宗始过二毛，既切潘生之悼；永思同穴，敢忘诗人之言。夫人之将瞑也，知宗实酹于前，泣以自誓，夫人闻之矣。①

在女性墓志中，这种坦露感情的直述颇为多见，唐代中后期尤其如此，这可能是因为在这一阶段的墓志中，撰者为家属的比例剧增。比如，前文提及的《有唐卢氏故崔夫人墓铭并序》②即描写了一段颇为坎坷的婚姻，当时崔卢夫妇双方似乎都十分沮丧，卢缄最终离家出走，而崔氏则丧身于病魔。因此，这篇由卢缄执笔的墓志读来颇有作者自责自省的感觉。另一个例子是 8 世纪中期李旰为他的长姐撰写的墓志——《大唐博陵郡北平县主簿高亘故李夫人墓志铭并序》。从墓志中我们可以得知，李旰之姐李娟"移天高侯，仅乎十月；藉地赤子，尚未浃辰"，年仅 22 岁时去世。虽然墓志提及"不厕夫党"的原因是"从龟筮也"，但李旰的文字暗暗透露出对高家不满。③

唐代墓志还会记载一些其他类别的史料中少有的生活细节。比如，咸通年间由孙备铭执笔的一篇墓志记述了杨敬之的外孙女于氏的一生。孙备铭回忆道，他与于氏的婚姻在于氏出生前即已定下。原来，于氏之母与孙备铭之母为中表亲，于氏母怀孕时，她们"抚腹期为二亲家"。两家并以盟书、金带"誓之"。于氏母早年去世，杨敬之悲痛之余，因"移爱"于氏，并将她留在身边抚养教导。因此，于氏去世时年仅 30 岁，但留下古诗四百篇，赋五十首。这篇墓志还记载道，于氏是大中七年（853）嫁入孙家的，当时，于氏 18 岁，孙备铭 22 岁。十二年间，夫妇俩人生育了三男三女。于氏去世时，三个儿子分别是 4 岁、5 岁、12

① 《汇编》大中 083。
② 《汇编》大中 128。
③ 《汇编》天宝 096。

岁，一女10岁，两个女儿早夭。孙备铭仕途非常不顺，致使于氏“恚泣成疾”。忽一日，“强出侍太夫人之侧，叙谢始终之恩”，又执笔追念外祖杨敬之恩德，致信亲戚表达憾意。咸通六年（865）二月八日“终于上都永乐私第”。[①]

妇女与佛教

唐代女性墓志及其在唐代的盛行对当时的社会性别观的构成有着重大影响，这是因为唐代墓志展现了一种理想化的女性生命历程、罗列了一整套女性角色的行为规范并提供非常具体的榜样形象。从以上提到的几篇墓志来看，唐代女性墓志与列女传统传记所提倡的价值观体系是非常相同的。这两种传记体都赞扬女性的家庭角色、文字才能以及她们的高尚品德。但是，我们还发现，墓志中的一些非常突出的主题在唐代的列女传统传记中却并不多见，佛教即是一例。

唐代是佛教的鼎盛时代，因此，佛教对唐代社会和生活的渗透是可想而知的。不过，从唐代女性墓志来看，佛教对唐代社会性别观以及唐代女性生活的影响远远超出当代学者所讨论的程度。仅就墓志数而言，除了77篇女尼墓志外，近二百篇唐代女性墓志提及墓志主的佛教信仰。更重要的是，唐代墓志往往将佛教列为这些女性的德行的精神来源之一。总的来说，佛教似乎对唐代女性为女、为妇、为母的行止有着非常积极的指导作用。比如，开元年间的《有唐薛氏故夫人实信优婆夷未曾有功德塔铭并序》记载道，未曾有俗姓卢，魏州司马卢广庆之女。她“髫丱多智，潜识迈伦，事不违同，义然后取。九岁闻人诵般若，便暗习于心，句无遗言，如经师授”。因为这种对佛教宗旨的早悟，她从小就知礼明义。当她的哥哥处罚家僮过当时，她“怡色谏止，允叶其

---

① 《汇编》咸通040。此志失盖，故不得知其题。

中”。[1] 又如，天宝年间的《唐缙云郡司马贾崇璋夫人陆氏墓志铭并序》叙述道，墓志主陆英出身于儒门世家，其曾祖是隋朝昭王文学详正学士；祖父官至朝散大夫、黄州司马；父亲陆赵璧任马邑郡长史。但是因为陆英“习性既高，婴孩自异”，所以她自发地走上了信佛的途径。“知味而不茹荤血，胜衣而不爱罗绮”。甚至因为“深好佛经”而“辍卷《女诫》”。嫁入夫家，陆英仍“常修梵行”，夫家上下均赞叹她“果合宜家之道”，并均以她“取则”。果然，当她的丈夫贾崇璋赴任缙云郡司马时，贾崇璋母深忧道途至险而不愿随行，陆英因而决意留下伺候婆婆。声称：“从政为忠臣，事姑为孝妇，能割随夫之贵，躬行奉养之礼，缙云之役，誓将仍旧。”[2]另一位孝妇是万岁通天年间的《瀛州文安县令王府君周故夫人薛氏墓志铭并序》中的薛氏。薛氏的婆婆曾一度病入膏肓，“医药莫能疗”。薛氏“亲洁至诚，深祈景佑，七月七夜诵妙法莲花经”。她婆婆“应时康复”。“中外支胤，远近宗亲”都将这一奇迹归功于薛氏的“至孝”。[3]

除了孝顺之外，唐代墓志还经常将儒家传统中的其他一些女德归功于墓志主的佛教信仰。比如，咸通年间的《亡妻太原王夫人墓志铭》提到，王氏（字太真）“性孝敬，依归佛，喜洁净”，因而“恭祀事于先人，谦妇礼于伯仲”，“而约用待下，皆尽其诚”。王氏还十分“宽容柔顺”，她的丈夫每与女奴同房，她“以己之珍玩之物，俾自选以宠与之”。[4] 另外一个将传统的儒教妇德归功于佛教信仰的例子是贞元年间的《唐故殿□□御史张府君夫人河南源氏墓志》。[5]此志将源氏的品行归结于她长达二十年的佛教修行：“栖心于禅寂，荤修不杂，仅廿年，操尚高明，

---

① 《汇编》开元468。

② 《汇编》天宝200。

③ 《汇编》万岁通天014。

④ 《续集》咸通011。

⑤ 《汇编》贞元074。

慈仁深至，求诸简策，鲜可为邻。”

当然墓志中有关佛教女信徒的最常见的记载是她们在丈夫死后，如何在佛教信仰的支持下而守节抚孤，度过余生。比如，天宝年间的《唐故临淄郡丰齐县李夫人张氏墓志铭并序》记载道，张氏（法号常精进）在丈夫去世后“以色身归尽，人世不留，坚修禅诵，久誓荤血”。她的佛教信仰使她能够“提挈幼小，备尝艰难，守志忘贫，历卅载”，直至她 68 岁去世。[①] 另一个例子是景云年间的《大唐故毛处士夫人贾氏墓志铭并序》。这篇墓志详细描述了贾氏是如何依赖佛教来度过她的寡妇生涯和临终之际的：

> 夫人吊影孀庭，抚孤厘室，遂乃摈绝尘俗，虔归净土，最凡写大乘经五百余卷，造金铜及素像一千余躯，菜食长斋，礼忏忘倦。而箧蛇遄骇，藤鼠易危，诸佛来迎，忽睹白莲之应；高梯已至，更闻青建之谈。以景云二年闰六月九日终于洛阳立行里之私第，春秋七十有四。夫人临终设斋，延诸大德，三日行道，并放家僮四人。[②]

唐代墓志还将出色的母教归功于母亲的佛教信仰。比如，大中年间的《唐故颍州颍水县令李府君夫人荥阳郑氏合祔玄堂志》中郑氏育有四子，她是一位虔诚的佛教徒。她“尝慕释理，耽读典坟，每获精意，未尝不执卷以召诸幼而教导之，孜孜诲谕，唯曰不足，即可知其训方也”。[③] 唐代墓志还声称佛教信仰对孕妇有非常良好的影响。比如，天宝年间由裴儆为其母撰写的《大唐故尚书祠部员外郎裴公夫人荥阳郑氏墓志铭并序》声称，他母亲的虔诚是他们兄弟三人健康成长的主要原因，她的胎教效果远优于儒教传统的“矜庄坐立，讽诵诗书”：

---

① 《续集》天宝 084。
② 《续集》景云 005。
③ 《汇编》大中 091。

> 常希潜运之力，用孚胎教之功。每占熊有期，设弧及月，辄严室斋戒，手写真经，竭力匮财，无非佛事。故得身相毕具，灾害不生，鞠之育之，以至成长。虽古之矜庄坐立，讽诵诗书，方斯神功，万不如一。①

这篇墓志是唐代社会肯定佛教对女性的正面影响的有力证据。在唐代之前，胎教是完全以儒家传统为中心的。《大戴礼记》保傅第四十八记载道：

> 胎教之道，书之玉板，藏之金匮，置之宗庙，以为后世戒。青史氏之记曰："古者胎教，王后腹之，七月而就宴室，太史持铜而御户左，太宰持斗而御户右。比及三月者，王后所求声音非礼乐，则太师缊瑟而称不习，所求滋味者非正味，则太宰倚斗而言曰：不敢以待王太子。太子生而泣，太师吹铜曰：声中其律。太宰曰：滋味上某。"然后卜名。上无取于天，下无取于墬，中无取于名山通谷，无拂于乡俗，是故君子名难知而易讳也；此所以养恩之道。

在唐代，随着佛教的深入人心，它已被容纳到当时的胎教理论和实践中。但是，值得一提的是，虽然唐代墓志是反映佛教中国化的一个重要组成部分，很显然的是，佛教并没有为唐代妇女提供一套新的价值体系。因此，这些墓志所反映的是佛教与传统儒教的融合：在那些虔诚的佛教女信徒身上表现出来的高尚品德和行为与传统的列女所再现的儒教女德几乎是完全相同的。不过，可能也正因为这一特殊佛教汉化过程，得以使佛教在会昌灭法(845)之后继续生存，并在中国社会中继续起到非常重要的影响。

---

① 《续集》天宝108。

文学才华

唐代女性墓志反映,唐代在女性文学才华的话语上有一个逐渐变化的过程。虽然女子的博学和文采是汉代以来列女文字中的常见主题,但是,列女传统很少将这种才能视为妇女出色地担当其家庭角色的关键。比如,在《旧唐书》中的三十一篇列女传中,仅有两篇传记提到这些女性的文采。《宋庭瑜妻魏氏》称,魏氏"善属文","作《南征赋》以叙志,词甚典美"。魏氏还曾致书张说(667—730)为其夫谋高职。另一篇传记是《女道士李玄真》,它记载了李玄真进状为其祖父、父亲昭雪的事迹。[①]唐初的女性墓志描写墓志主文字能力的主旨与《旧唐书》中的这两则故事十分相同,即将"善属文"描写为她们的天赋和聪颖的表现,而且,这些描写往往是非常抽象的"历览群书""学宕九流"等赞词。[②]唯一的例外是《大唐慈州□□□元善妻公孙氏墓志》。公孙氏殁于唐高宗仪凤三年(678),时年52岁。此志记载道,公孙氏"博览经史",曾经非常热衷于《汉书》,手不释卷,当读到王莽(前45—?)篡政及扬雄(前53—18)的《剧秦美新》时,她愤然曰:王莽"黩乱天纪,危逼生灵,史官纪事,不可遗录,一见已甚,其可再乎",从此对《汉书》和扬雄文字不再过目。然而,这篇墓志在描写她的母仪母德时,则非常简短地赞扬了她的"断机"之喻,而完全没有提及她是否教导子女读书识字。[③]

然而,自盛唐起,对女性学识的肯定逐渐转移到对她们的母亲角色的渲染,即她们的才华是如何使得她们成为出色的母亲的。我们不能不注意到,这一变迁是与科举制度在唐朝的逐步完善及其优势相平行

---

① 值得注意的是,《旧唐书》列女传中的所有故事中,只有这两位女性的故事没有收入在《新唐书》中。

② 《大唐故孙夫人墓志并序》,《汇编》永徽059。

③ 《汇编》仪凤034。公孙氏夫之姓模糊不可辨识。

的。此外,因为唐朝的女性墓志往往是由儿子执笔,墓志中对母亲亲执诗书教导子女的描写的剧增要比其他文体凸显得多。比如,在上述的元稹母亲的墓志中,白居易即将元稹兄弟的登第归功于郑氏的"亲执书,诲而不倦"。在大中年间的《唐姚夫人权葬石表》中,作者进士刘蜕叙述道:在他"稚孺"之年,姚夫人让他"坐于膝,手持孝经,点句以教之"。[1]

当然,为母亲撰写墓志也为这些进士提供一个炫耀自己的成就和权势的好机会。会昌元年(841)的《唐故太原府参军赠尚书工部员外郎苗府君夫人河内县太君玄堂志铭并序》显然透露出这种张扬。这篇墓志是由当时身为朝散大夫、前使持节江州诸军事守江州刺史、上柱国的苗愔为其母亲张氏撰写的。张氏早年丧夫,三男五女"长始孺而少未孩"。当时苗家"无田以与殖。中无为支,外无为儒"。但张氏"牵携勤艰,经营穷寒,育之教之,殆十五年,皆几于就成"。因为她的三个儿子(苗愔、苗恽、苗恪)"皆繇教训,得以文章窃科名","而欲因他人言语以光扬淑德,孝岂然耶?"[2]

在唐代,这种藉墓志渲染科举成功的倾向确实愈趋明显。在《唐代墓志汇编》和《唐代墓志汇编续集》所收集的 4871 篇记载成文年代的墓志中,进士和乡贡进士的比例的扩大十分惊人。在成文于唐朝的第一个世纪的 2358 篇墓志中,有 184 篇提及作者身份,其中只有 9 篇的作者是进士或乡贡进士,而在成文于唐朝的最后一个世纪的 963 篇墓志中,有 750 篇提及作者身份,其中 138 篇为进士或乡贡进士所撰。[3]

勤俭治家

唐代墓志还为我们提供了大量有关妇女如何操持家业的原始资

---

① 《汇编》大中 130。

② 《汇编》会昌 003。

③ 这里没有将《全唐文》中的墓志计算在内,因为《全唐文》的作者多为著名文人,故其进士比例的变化并不一定具有代表性。

料。与传统的列女传记或说教性故事相比，唐代墓志中的女性的榜样作用往往在于她们治家方面的能力和足智多谋。贞元年间的《唐朝散大夫行著作郎袭安平县男□□崔公夫人陇西县君李氏墓志铭并序》中的李金（字如地）就是这么一位极其能干的大家族主妇。此志记载道，李金的丈夫属崔氏大宗，因而"夫人属为宗妇"。并称，李氏"先意承志，敬无违德，礿祠蒸尝，吉蠲为膳，斋明盛服，奉而荐之。居常则秉礼蹈道，弗自暇逸。故能事伯叔敬，友同等和，抚甥侄慈，接姻戚义，下逮支庶，弗略幼贱，致其忠爱，加之敬慎。故中外叹誉"。安史之乱之际，她的丈夫在麟游（今陕西麟游县）任县令而未能脱身，"夫人乃提挈孤弱，南奔依于二叔，自周达蔡，逾淮沂江，寓于洪州（今河南辉县）"。此后崔公终与家人团聚，但家族上下一百零八人，事无大小，仍由李金操持。"夫人上承下抚，言行无怨。时先公频有天伦之戚，既寓荒服，家素清贫，夫人有黄金数两，命货之，衣食孤幼，财不入己，皆如此类。"不久，崔君薨于江外，"夫人竭所有以奉丧，致哀戚而合礼。家既窘乏，依于季叔太傅，娣姒同居，甥侄皆在。夫人亲之以德，未尝忿竞"。以至于"老安少怀，和乐欣欣如也。"建中四年（783），李希烈叛乱，之后不久，又有瘟疫盛行，李夫人带家人留居东洛，独当一面，"皆保康宁"。"后避地济源，澧州侄亡，时四境兵锋，家困贫乏，自济如洛，百里而遥，夫人悉力营护，并二殇之丧，皆归葬于邙山旧茔，俭而得礼。"①

唐代中后期的女性墓志多有称墓志主为"干妇"者。大中年间的《唐故泗州司仓参军彭城刘府君夫人吴郡张氏墓志铭并序》即是一例。此志记载道，张氏在 18 岁时嫁给了她的姑表兄刘府君。刘府君幼失二亲，家境贫寒。"夫人一心辅助，唯俭唯勤，书再考而方遇通年，发箧囊而事无不备。"刘府君授官职后，"夫人又以家道未立，弥更苦心，减口食而添聚归粮，服浣濯而不辞暗弊"。这篇张氏之子刘航执笔的墓志

① 《汇编》贞元 062。

称赞其母道:“在家为孝女,从夫为干妇。至若事君子之道,又尽善焉;丰于礼而常行谦顺,俭于用而仁义不亏。寒往暑来,廿更易,而未尝顷刻之间小有其不得所也。”①

婚姻

唐代墓志为当代历史学家提供了极为宝贵的考察唐代社会性别制度及其变迁的机会。就婚姻形态而言,我们得知,唐代表亲婚十分普遍,而且,在表亲婚中,姑表婚的比例远高于姨表婚,这与唐代之后姨表婚的盛行完全不同。这一特殊的表亲婚取向可能是由当时的五姓七家“恃其族望,耻与诸姓为婚”造成的,这一自持族望的风气在唐代自始至终没有消失。早唐时期,唐朝廷曾一度禁止望族自为婚姻,使得望族“不敢复行婚礼,密装饰其女以送夫家”,成了大姓间的一大遗憾。②但这种制约很快就失效了,虽然唐王朝曾力图以科举制来抑制望族势力,这一自相婚娶以及傲慢态度一直持续到唐代末年。

唐代墓志还显示,因为这种普遍的“耻与诸姓为婚”的态度,不少望族男性在找到门当户对的新娘之前往往先娶妾生子。因此,不少贵族女性嫁入夫家时她的身份即可转变为正妻及庶子的法律意义上的母亲。也正因为如此,妾、婢、外妇所生子女也就拥有了相等的继承权。这一变化反映了以分辨嫡庶和大小宗为基本原则的宗法体系的退化。此外,不少墓志还反映出了贵族男子入赘妻家的风气,这在新郎父母双亡的表亲婚中尤其突出。

唐代的衰亡及其影响

从更广泛的意义上来说,唐代墓志进一步证实了其他史料所勾勒

---

① 《汇编》大中126。

② 《唐会要》卷三六“氏族”。

的有唐三百年的政治变迁。唐王朝的盛世繁荣在8世纪中期被安史之乱一扫而空，德宗的"中兴之治"（780—804）虽有重整旗鼓之势，却终未能阻止其统治实力的衰落。至昭宗时，唐王朝已完全被战乱、天灾、瘟疫所吞噬，以至墓志铭撰写亦几近消失。唐代墓志还显示，社会动荡对贵族妇女的负面影响可能超过其对男性的负面影响：唐代三百年中贵族男性的平均寿命几乎不变，但贵族女性的平均寿命却有明显的下降（见图1）。

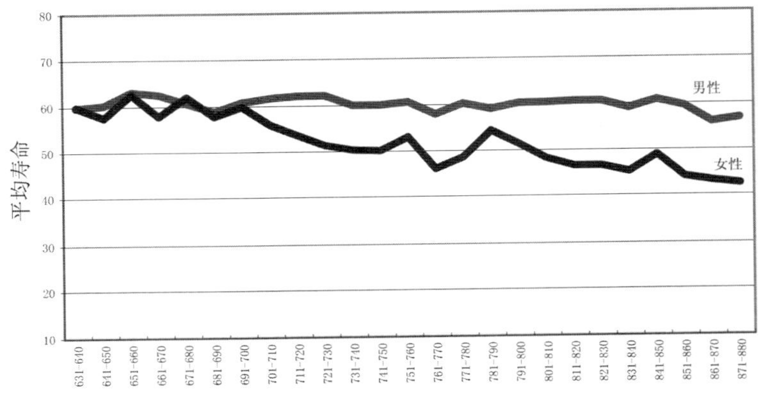

图1　唐代男女性寿命比较（630—880）

注：631年前及880年后的墓志因数量太少而不包括在统计中。

唐代墓志所提供的种种细节显示，贵族妇女往往死于瘟疫、因生活颠簸而染疾致死、因政治动荡造成家人伤亡而忧虑过度致死、因怀孕或生产而亡。咸通年间《唐鸿胪卿致仕赠工部尚书琅耶支公长女练师墓志铭并序》可以说是这一期间政治动乱对妇女生活的冲击的最好写照。这篇墓志是一位名为支谟的朝官为其姐支新撰写的。支新虽在孩时即度为女尼，并得法号志坚，但她却在中年之际被迫转度为道姑，因而以练师之称终。

支新于元和七年（812）出生于一个显赫的家庭。其墓志称："曾祖讳平，皇江州浔阳丞；祖讳成，皇太子少詹事赠殿中监；显考讳，皇鸿胪卿致仕赠工部尚书；先妣汝南谭氏，追封汝南县太君；继亲清河崔氏，封鲁国太夫人。”①支新幼年时得了一场重病，从而注定了她的一生命运。自9岁起，她“奉浮图之教，洁行晨夕，不居伽蓝”。她一生未婚，是唐代所常见的“住家尼”。但是会昌灭法再一次改变了她以及所有女尼的生活道路。虽然有关会昌灭法后被迫还俗的僧尼的生活的记载非常缺乏，但是我们可以想象女尼还俗的经历要比男僧的经历艰难得多，她们所面临的选择也比男僧少得多。此时，支新已届33岁，远远超过了嫁人的年龄，因此，她选择了一个最容易的出路：住家道姑。

支新的中晚年（845年转信道教到861年过世）可以说是晚唐政治动乱、每况愈下的折射。支家的第一个大灾难发生在大中七年（853），支新之“爱弟”鄂州司士支向过世，墓志称“鄂州房倾落”，很可能暗示其因官而亡。支新从此担负起照顾支向寡妇孤女的责任。咸通二年（861），其弟支讷“授藤州牧，传闻土宜，不异淮浙，嘉蔬香稻，粗可充肠，愿执卑弟奉养之勤，得申令姊慰心之道，假路东洛，扶持南州”。但到官一月之内，便因遭遇“蛮扰”而迁官富阳。长期的颠簸显然削弱了支新的体力，再加上支讷忙于“征发馈漕”，富阳又缺“甘辛丰脆”之食膳，不久，支新即染上了疫疠，于50岁时“奄然终天”。② 然而，与她的同时代的女性相比，支新属于长寿者。从861年至870年间的六十份女性墓志来看，当时的女性平均寿命是43岁（而在这一期间的八十九份男性墓志基础上计算出的男性平均寿命是56岁）。在这六十份墓志中，半数的墓志主死于6至36岁之间，其中十六位墓志主死于疾病，两位死于分娩，一位死于旅途。③

---

① 关于支谟生平及支氏家族，参见董延寿、赵振华《唐代支谟及其家族墓志研究》，《洛阳大学学报》2006年第1期，第1—10页。从支谟的墓志（《唐故大同军都防御营田供军等使朝请大夫检校右散骑常侍使持节都督云州诸军事云州刺史御史中丞柱国赐紫金鱼袋赠工部尚书琅耶支公墓志铭并序》）可以得知，支新之父名竦。

② 《汇编》咸通020。

③ 其余墓志未提及死因。

结 语

虽然唐代墓志大多是为贵族家庭成员所作，在此基础上得出的统计数据也并不能代表唐代整体社会的人口学抽样，但是，墓志所反映的情感内容以及繁多的生活细节使它们成为探索唐代女性的宝贵资料。此外，墓志中的女性形象和生命历程往往被理想化、典范化，因此，它们又是我们进一步理解唐代社会性别观的可靠来源，比如，这些墓志使我们意识到，佛教是唐代女性理想化中的一个重要因素。这些墓志还反映了唐代社会在对女性学识的描绘上的逐渐变化——从简单地赞扬女性的文学才华到强调母亲教子读书的能力。此外，如果说，列女传统往往着重描绘那些在特殊境遇中表现出色的女性，而唐代正史中公主传记又往往夸张其骄蛮自私，那么，墓志中所记载的贵族女性则以其在日常生活中的韧性、能力和智慧而见称。更重要的是，这些女性墓志还丰富了我们对唐代婚姻制度和习俗、亲属组织以及有唐三百年的诸多动因以及发展势态的了解。唐代中后期的墓志生动地再现了种种艰辛的羁旅、延误的婚葬、废弃的墓地，以及瘟疫、战乱和政局动荡而造成的妻离子散的家庭悲剧。而在这个唐王朝的衰亡过程中，妇女显然承受了比男性更为沉重的创伤。

善　缘

——唐代的佛教徒母亲和子女

引　言

唐元和七年(812)八月初一,佛教徒边氏夫人因久患腰脚之病不治而终于洛阳县毓财里之私第。边夫人的儿子们请得大圣善寺和尚文皎撰写边氏墓志,记叙其身世品行。虽然这篇《唐故边氏夫人墓记》[①]行文不长,但它却反映了佛教在唐代女性生活中的重要地位。从这篇墓志中我们得知,守寡多年的边氏是一位虔诚的佛教徒,[②]她共有三子,次子早年出家,法名智琇。这篇墓志又详细记载了边氏临终遗嘱:"时人以生死同于衾穴,厚葬固于尸骨。吾早遇善缘,了知世幻,权于府君墓侧,别置一坟,他时须为焚身,灰烬分于水陆,此是愿也。" 在唐代,焚身是

---

① 《汇编》元和054。

② 《唐故边氏夫人墓记》称,边氏"适南阳何氏府君凑,鸳鸯和鸣,琴瑟合韵,内以崇四德,外以穆六姻,殆卅余祀矣"。又称边氏终年69,如边氏在笄年左右嫁与何凑,则她可能在50岁左右即已丧夫。

佛教人士的殡葬方式，它与传统的儒家孝道和祖先崇拜是格格不入的，但是，从考古材料和墓志记载来看，夫妇合葬在唐代却是非常盛行的。合葬不仅反映了唐代对夫妇和睦的婚姻观的提倡，而且也为子女同时祭拜已故父母提供了方便。[①] 然而，边夫人显然认为与丈夫合葬会使自己来世再为肉欲和六情所缠，这是与她所信奉的佛教教义相违的。

在唐以前，火化被认为是一种非常没有尊严的丧葬方式，史书中也有将焚身作为羞辱或惩罚仇敌的一种手段的记载。[②] 唐朝廷继续将焚身视为罪行，对违者会处以流放甚至死刑。不过，《唐律疏议》提到，如果焚身是父母的意愿，则当不追究违者。[③] 这反映出，火化这一佛教丧葬习俗在唐代早期已经在一定程度上被接受了。

《唐律疏议》以及边氏墓志中所见之唐代对火化的态度反映了唐代宗教思想体系和氛围上的变化—— 虽然儒学是唐王朝统治的理论基础，佛教和道教在唐代也极为盛行。不少学者认为，唐王朝可称是三教并立，而且是佛教的黄金时代。不可否认的是，自佛教被引入中国后，佛教与儒教间的冲突、对话与交融使它们互相适应、互相改造，这种互动也使唐代社会的宗教形态与唐之前有很大的不同。[④]

---

① 有关唐代夫妇合葬研究，见拙著《唐代妇女的生命历程》，第 118—122 页；段塔丽《从夫妻合葬习俗看唐代丧葬礼俗的性别等级差异》，《陕西师范大学学报》2005 年第 5 期，第 95—101 页。

② 据《左传》卫哀公二十六年记载，卫出公曾掘其仇敌褚师定子之墓，“焚之于平庄之上”。《周礼 · 秋官 · 掌戮》定制：“掌戮掌斩杀贼谍而搏之。凡杀其亲者，焚之；杀王之亲者，辜之。”

③ 《唐律疏议》第 267 条。

④ 有关佛教对唐代宗教和唐代思想文化的影响，参见 Peter N. Gregory 和伊沛霞《宗教与历史背景总览》(The Religious and Historical Landscape)，收于氏著《唐宋时代的宗教与社会》(*Religion and Society in T'ang and Sung China*)，University of Hawaii Press, 1993 年，第 1—44 页；杜德桥(Glen Dudbridge)《唐代宗教体验与世俗社会——对戴孚〈广异记〉的解读》(*Religious Experience and Lay Society in T'ang China: A Reading of Tai Fu's 'Kuang-i Chi'*)，Cambridge University Press, 1995 年；夏富(Robert Sharf)《汉传佛教的形成：读〈宝藏论〉》(*Coming to Terms With Chinese Buddhism: A Reading of the Treasure Store Treatise*)，University of Hawaii Press, 2005 年。

佛教对唐代妇女的生活有何种程度上的影响？唐代社会是如何看待信仰佛教的女性的？这些女性是否认为自己也在遵从儒教准则？佛教是如何重构唐代母仪观的？我们发现《旧唐书》和《新唐书》中少有可以解答这些问题的史料，当然从这两部史书的预定性质来看，这也是毫不奇怪的。真正出乎我们意料的倒是没有多少唐代比丘尼传记或佛教女性的传记流传下来，这是与唐之前后时代非常不同的。① 当然，唐代的笔记小说中也有不少关于女尼的文字，②但它们并没有给学者提供足够的资料来考察佛教对唐代社会各阶层的渗透程度，用这些资料来考察佛教对唐代母仪观的影响就更显乏缺了。因而可以说，墓志是至今为止了解佛教对唐代妇女和她们的家庭的影响的最重要的史料。③

从现存的史料来看，墓志作为祖先崇拜和丧葬习俗的组成部分是从汉代开始的，它在魏晋南北朝期间非常兴盛，到唐代后又达到新高度。一篇典型的唐代墓志会包括以下几个内容：先辈、儿时经历、一生中的重大事件、最可称道的业绩和品德、配偶和子女、丧葬安排，墓志大多以赞叹死者的“铭”结束。作为一种纪念性的文字，墓志显然会比一般的传记更偶像化。但正因为如此，墓志不仅为我们提供了众多的个

---

① 现存最早的女尼传记集是5世纪初期释宝唱（384—414）编写的《比丘尼传》。宋代有几部包括女尼佛教圣徒传记，其中最著名的是普济（1179—1253）的《五灯会元》。

② 除了杜德桥有关戴孚《广异记》的研究之外，另一篇有关唐代传奇文学中的佛教女性的重要研究是 Valentina Georgieva 的《六朝和唐代神异故事中的女尼形象》（Representation of Buddhist Nuns in Chinese Edifying Miracle Tales during the Six Dynasties and the Tang），*Journal of Chinese Religion* 24（1996 年），第 47—76 页。Georgieva 认为，与宝唱的《比丘尼传》中的女尼相比，这些神异故事中的女尼文化程度更低，她们的寺院生活规则更为严格。

③ 最近，不少中国学者探讨了墓志所见之佛教女性。有关研究可参见吴敏霞《从唐墓志看唐代女性佛教信仰及其特点》，《佛学研究》2002 年第 1 期，第 256—267 页；苏士梅《从墓志看佛教对唐代妇女生活的影响》，《史学月刊》2003 年第 5 期，第 84—88 页；万军杰《从墓志看唐代女性佛道信仰的若干问题》，《魏晋南北朝隋唐史资料》2002 年第 19 辑，第 133—140 页；严耀中《墓志祭文中的唐代妇女佛教信仰》，收于邓小南编《唐宋女性与社会》，上海辞书出版社，2003 年，第 467—492 页。

人史和家庭史方面的材料，它们还是考察唐代有关道德、社会秩序和结构、亲属制度、性别关系，以及（对此文来说最重要的）母仪的主导话语的宝库。

在我所收集的近一千六百方女性墓志中，约有九百方提及墓志主的母亲身份，其中超过15%的墓志提到这些女性在丈夫去世后开始信佛，有四位女性还选择了出家入道。这些墓志几乎都提到佛教对这些女性在教导子女和操持家务上的积极影响。从这些墓志中我们还可以观察到，唐代妇女是传播佛教信仰的活跃的能动者，而佛教女性的子女往往会因为母亲的影响而信佛。当佛教徒母亲的临终嘱托（如火葬的愿望等）有违儒家传统时，子女们往往会选择遵从母亲的意愿，并以儒家的孝道为自己的选择开脱。

学者们已经指出，唐代的母亲在家庭中非常有地位、有影响力，唐代文献中多有将上层社会母亲描写为维护儒教传统的栋梁，她们对儿子们的培养和影响为唐王朝的兴盛做出了重要贡献。[①] 本文旨在通过对唐代母亲在佛教汉化和本土化的过程中的重要角色的探讨来进一步推进对这个主题的讨论。具体来说，本文将要探讨的是佛教在构建理想母仪中的贡献以及唐代妇女对自己的宗教标识的阐释。本文还将探讨唐代佛教徒女性的虔诚是否在很大程度上影响了她们子女的宗教信仰。值得指出的是，这些记载佛教徒女性的墓志似乎反映出佛教并没有提出一套与儒家传统相异的价值体系。即使最为虔诚的佛教徒母亲也少有将自己的行为视为非儒教的。相反地，她们将这两个传统看成是可以互补的。事实上，墓志作者也很少讨论到虔诚的佛教徒母亲与高尚的儒教母亲有什么区别。

① 如，丘慧芬（Josephine Chiu-Duke）《唐代母亲与唐王朝的安康》（Mothers and the Well-being of the State in Tang China），*Nan Nü* 8（2006年），第55—114页。丘文以《旧唐书》和《新唐书》为主要史料依据，它提出，唐代朝廷对母亲角色的描写与唐之前的传统母性形象非常相像——母亲的言行与王朝的盛衰有着直接的关系。

唐代的佛教徒母亲

正如严耀忠先生指出的,唐代墓志中的佛教徒母亲可以按她们的皈依程度而归为三大类。[①] 绝大多数佛教徒母亲属于"女信徒"——她们的佛教信仰表现在诵经拜佛,她们通常会在晚年或临终前祈得法号。一个比较典型的例子是宰相崔群(772—832)的女儿崔氏。在835年,时年23岁的崔氏嫁给了她的表哥卢缄,夫妇俩生有三子一女。虽然崔氏"祗奉蒸尝,睦友娣姒,由中履顺,德礼无违","习礼言诗,尤专论语",但这篇由卢缄撰写的墓志特别强调,崔氏"崇奉释教,深味佛经,诵读讲磨,咸得要妙。……夫人归诚慈氏,托志空门,将终加号曰上乘,庶幽明之有凭,其护佑也"。[②]

在这类女信徒中,有不少是边氏夫人那样的寡妇。对这些女性而言,佛教教义的灭欲与儒学教义中的守节可称是异曲同工。当然,正如劳悦强先生所指出的,我们应当注意到,中国上古时期的贞节观是与佛教传入中国后的贞节观非常不同的。[③] 另一个反映儒教女德和佛教虔敬相结合的墓志是天宝年间的《大唐故张夫人墓志铭》。[④] 张氏的丈夫去世时她年未过40,她于天宝十一年(752)"疾终于东京利仁里,载六十八",墓志称,张氏随夫"从禄于外,满岁而寡"。自此她"提挈幼小,备尝艰难,守志忘贫,历卅载。以色身归尽,人世不留,坚修禅诵,久誓荤血"。墓志作者赞扬她"母仪是则""佛性爰修"。

第二类佛教徒母亲是受持菩萨戒的优婆夷,她们往往会在临终之

---

① 最早提出这个佛教女性分类的是严耀中先生。见2003年严文。

② 《有唐卢氏故崔夫人墓铭并序》,《汇编》大中128。

③ 劳悦强(Yuet Keung Lo)《皈依贞节:早期帝制中国的一个佛教催化剂》(Conversion to Chastity: A Buddhist Catalyst in Early Imperial China),*Nan Nü*10.1(2008年),第22—56页。

④ 《续集》天宝084。

际选择焚身。她们的丧葬选择以及其他种种事迹行为反映出对传统的儒教女性角色的超越。开元二十六年(738)的《有唐薛氏故夫人实信优婆夷未曾有功德塔铭并序》就是一个典型的例子。[①] 未曾有"俗姓卢氏,范阳人",其父亲官至魏州司马。墓志称,卢氏从小"潜识迈伦","九岁闻人诵《般若》,便暗习于心,句无遗言,如经师授。或时见僮贱给役,母兄有抶罚过当,怡色谏止,允叶其中,自宗师大智,茂修禅法"。[②] 卢氏嫁入薛家后,生一子早亡,但她"以短长有源,置而不问"。卢氏在22岁病死,但在她"未疾之辰",已"密有遗嘱",其墓葬"要近吾师,旷然远望,以慰平昔"。很显然,未曾有的自我标识是佛教徒而不是母亲、妻子或者薛家的一员。在唐代,一些佛教徒母亲会要求死后焚身建塔,而现存的唐代灰身塔及其铭文记载这些女性的法名、死因及丧葬。灵泉寺岚峰山48号铭文《故清信女大申优婆夷灰身塔记》可能就是这种丧葬安排的记录:"清信女大申优婆夷灰身塔记,大唐贞观十八年五月廿七日终,至十九年二月八日,有三女为慈母敬造。"[③]

第三类佛教徒母亲选择了摈弃自己社会性别角色而选择出家入道。在《汇编》和《续集》中有四篇墓志记载了她们的事迹,[④]其中最有意思的是成文于778年的《河东节度使检校尚书左仆射同中书门下平章事金城郡王辛公妻陇西郡夫人赠肃国夫人李氏墓志铭并序》。这篇墓志告诉我们,李氏之父官至沙州长史,李氏嫁入辛家后,"言成礼节,行合图史,宗族以之惇叙,闺门以之肃穆",并因夫贵而受封陇西郡夫人。从志文来看,李氏至少生有一子。然而,她"中年体道,知生生之

---

① 《汇编》开元468。

② 大智当是大智义福(?—736),禅宗大师、神秀和尚(606?—706)高徒。

③ 《故清信女大申优婆夷灰身塔记》,《汇编》贞观106。

④ 它们是:《大唐德业寺故尼法矩墓志铭并序》(《续集》龙朔004)、《河东节度使检校尚书左仆射同中书门下平章事金城郡王辛公妻陇西郡夫人赠肃国夫人李氏墓志铭并序》(《汇编》大历069)、《昭成寺尼大德三乘墓志铭》(《汇编》元和010)、《唐故信州怀玉山应天禅院尼禅大德塔铭并叙》(《汇编》广明002)。

不可以久恃也，有离俗之志”。李氏的丈夫辛云京显然并不赞同她的意愿，“谕而止之，而志不可夺”。李氏终被诏度为崇敬寺尼，法号圆寂。志文赞扬她：“以一乘妙用，见诸法皆空，非夫人之至精，其孰能与于此？夫富与贵是人之所欲也，夫人视之犹尘垢粃糠焉，则知纯德克明不可及也。况始乎从人，中于立身，终以归真，行之盛也。”很显然，圆寂在佛寺和闺门之间选择了前者，而这种选择没有得到她的丈夫及辛氏家族的认可。与《汇编》《续集》以及《全唐文》中的近八十份唐代女尼墓志相比，她的志文题并没有以法名称呼她，志文的大部分内容是关于她为妻为母的品德。而且，虽然李氏于大历三年（768）殁于太原顺天寺，她并没有像大部分女尼那样被葬在顺天寺，而是“先权厝晋阳”，最后“启殡西归”，以大历十三年（778）“永窆于万年年杜陵之南原”。虽然墓志作者赞扬并认同李氏的佛教信仰，但她是四篇女尼墓志中唯一一个以传统礼仪下葬的。这个安排是不是因为李氏58岁过世时（大历三年闰六月十五日），她的丈夫辛京云尚健在？[①]

唐代的佛教与母道

汉传佛教是怎样阐释母道的？近来学者对这个课题颇为关注。他们提出，佛教中的母亲形象基本上是正面的，母道的完善也往往被认为是受了佛教的影响。比如，慧皎（497—554）《高僧传》中所描述的印

---

① 辛云京卒于大历三年八月庚午。《旧唐书》卷一一〇《辛云京传》记载：“辛云京者，河西之大族也。代掌戎旅，兄弟数人，并以将帅知名。云京有胆略，志气刚决，不畏强御，每在戎行，以擒生斩馘为务。累建勋劳，官至北京都知兵马使、代州刺史。邓景山统驭失所，为军士所杀，请云京为节度使，因授兼太原尹，以北门委之。云京质性沉毅，部下有犯令者，不贷丝毫，其赏功效亦如之，故三军整肃。回纥恃旧勋，每入汉界，必肆狼贪。至太原，云京以戎狄之道待之，虏畏云京，不敢惕息。数年间，太原大理，无烽警之虞。累加检校左仆射、同中书门下平章事。大历三年八月庚午薨，上追悼发哀，为之流涕，册赠太尉，辍朝三日，谥曰忠献。后宰臣子仪、元载等见上，言及云京，泫然久之。十一月葬，命中使吊祭。时宰相及诸道节度使祭者凡七十余幄。

度高僧鸠摩罗什(344—413)的母亲就是一个非常有毅力、有智慧的女性,她对鸠摩罗什的教导为这位大师的成功奠定了基础。[①] 此外,六朝墓志中也有不少描写佛教母亲的优秀品行的,[②]宋朝的史料中也有不少对女性佛教信仰大加赞词的文字。[③] 这种认为佛教对母道有积极影响的态度在唐代墓志中有非常明显的反映。当然,墓志对佛教徒母亲赞美之频繁又是与墓志这一特殊体裁有关的——墓志是祖先崇拜和儒教孝道的产物,作为儿子或受死者之子托付的撰志者在陈述佛教徒母亲在治家育儿上的出色时,可能很自然地会提到她的信仰对其母道的影响。从这个角度来说,这既是一种对佛教徒母亲的推崇,也是一种对儒家传统的继续。况且,虽然唐代女性会在不同的生命时段皈依佛教,但在晚年或守寡阶段开始虔诚信佛是最为常见的。[④] 而这种虔诚又可能是子女们对母亲最为直接的记忆,这也是墓志经常提及女性的佛教信仰的原因之一。

守寡母亲的佛教信仰可能是唐代墓志中最为常见的主题之一,一个典型的例子是殁于景云二年(711)的贾氏。《大唐故毛处士夫人贾氏墓志铭并序》记载道:贾氏出身于一个士族家庭,其父明经擢第,贾氏之夫毛处士过世后,她"抚孤厘室,遂乃摈绝尘俗,虔归净土,最凡写

---

① 参见陆扬(Yang Lu)《解读〈鸠摩罗什传〉:兼谈中国中古早期的佛教文化与史学〉("Narrative and Historicity in the Buddhist Biographies of Early Medieval China: The Case of Kumārajīva),*Asia Major* 17 (2004 年),第 1—44 页。

② 见陆扬《从墓志的史料分析走向墓志的史学分析——以〈新出魏晋南北朝墓志疏证〉为中心》,《中华文史论丛》2006 年总第 84 辑,第 108—109 页。

③ 参见伊沛霞《内闱:宋代妇女的婚姻和生活》(*The Inner Quarters: Marriage and the Lives of Chinese Women in the Sung Period*), University of California Press,1993 年,第 124—128 页。

④ 比如曼素恩(Susan Mann)曾指出,佛教对孤寂和内观的阐释为老年女性提供一种安全感。见氏著《缀珍录——十八世纪及其前后的中国妇女》(*Precious Records: Women in China's Long Eighteenth Century*), Stanford University Press, 1997 年,第 69 页。

大乘经五百余卷，造金铜及素像一千余驱，菜食长斋，礼忏忘倦”。[1] 从这段描写中我们可以看到，“摈绝尘俗，虔归净土”是贾氏守节的真正动力。另一个将妇德母道归功于佛教影响的墓志是白居易为裴克谅夫人李娥撰写的墓志——《海州刺史裴君夫人李氏墓志铭并序》。[2] 这篇墓志记载道，李氏出身世家，23 岁嫁入裴家，生一子一女。李氏“敬恭勤俭，柔顺慈惠，自女于室，妇于家，不以初终而怠其行”。她一生慈悲为怀，“抚下若子，敬夫如宾。衣食之余，傍给五服亲族之饥寒者。又有余，散沾先代仆使之老病者。又有余，分施佛寺僧徒之不足者”。白居易称，李氏的佛教信仰是李氏一生行止得体的终极原因：她“栖心空门，等观生死。故治家之日欣然自适，捐馆之夕怡然如归”。[3]

白居易是唐代中期非常有影响的科举文人，从这篇墓志中我们可以推测唐代社会对佛教于母道之影响持正面态度，而并没有将它与儒家的“敬恭勤俭、柔顺慈惠”的妇德对立起来。[4] 事实上许多唐代著名官员文人与佛教人士有密切交往，参与佛经诵读和讨论，朝拜佛教圣地。[5] 正如白居易自己所形容的，他一生“外以儒行修其身，中以释教治其心”。[6]

---

① 《续集》景云 005。此墓志录文有“处士府君先以神龙九年七月廿六日亡”句，“九”可能是“元”字之误录。

② 《全唐文》卷六八〇。

③ 同上。

④ 事实上，在唐代，女性在宗教上的虔诚基本上被认可是值得赞扬的。唐代道教女性墓志也往往褒扬她们的品德高尚。有关研究可参看拙文《大德之争》(Contested Virtue: The Daoist Investiture of Princesses Jinxian and Yuzhen and the Journey of Tang Imperial Daughters), *T'ang Studies* 22 (2007 年)，第 1—40 页。

⑤ 值得一提的是虽然唐代佛教寺庙和石窟不计其数，但并没有形成其他佛教社会中所常见的朝圣习俗。

⑥ 白居易《醉吟先生传》，见朱金城《白居易集笺校》，上海古籍出版社 1988 年，第六册，第 3815 页。有关白居易的佛教信仰，参见拙文《白居易作品中的女性、爱情和女性气质》(Women, Love, and Femininity in the Writings of Bo Juyi [772—846]), University of Illinois at Urbana-Champaign 1997 年博士论文，第 22—27 页。

我们还注意到，在唐代，宗教上的虔诚，尤其是奉行佛事被认为对孕妇有益。在成文于天宝十四年的《大唐故尚书祠部员外郎裴公夫人荥阳郑氏墓志铭并序》中，郑氏出生于一个显赫的上层贵族家庭，自幼以深谙礼教闻，为妇时，“淑慎其仪，温恭在志”。但是郑氏在孕期则惟佛教是则。作者裴儆是郑氏之子，他在墓志中对她的佛事胎教大加赞扬。他写道，郑氏“常希潜运之力，用孚胎教之功。每占熊有期，设弧及月，辄严室斋戒，手写真经，竭力匮财，无非佛事。故得身相毕具，灾害不生，鞠之育之，以至成长。虽古之矜庄坐立，讽诵诗书，方斯神功，万不如一”。[①]

“矜庄坐立，讽诵诗书”的胎教传统渊源长久，《大戴礼记·保傅》称，应该将这个方法“书之玉板，藏之金匮，置之宗庙，以为后世戒”。颜之推（531—591）在《颜氏家训》中解释道：“古者，圣王有胎教之法；怀子三月，出居别宫，目不邪视，耳不妄听，音声滋味，以礼节之。”[②]对郑氏的佛事胎教的褒奖证明，至唐朝中期，佛教已经深深浸入唐朝的母道话语。可能是因为晚唐时期的女性墓志内容更为详尽而且作者往往是儿子或近亲的关系，许多这一时期生动描绘佛教对母道的贡献的墓志出于会昌灭法之后。我们都知道唐武宗会昌五年（845）的灭佛敕令对佛教有着几近毁灭性的冲击，导致“天下所拆寺四千六百余所，还俗僧尼二十六万五百人，收充两税户；拆招提、兰若四万余所，收膏腴上田数千万顷，收奴婢为两税户十五万人”。[③] 然而，虽然武宗朝之后佛教有一蹶不振之势，但其在私人领域的影响，尤其是在家庭空间的影响持恒不衰。而且，从墓志来看，佛教仍然是理想母道的重要组成部分。一个典型的例子是成文于大中九年

---

① 《续集》天宝 108。

② 王利器《颜氏家训集解》，中华书局，1983 年，第 8 页。

③ 《旧唐书》卷一八《武宗本纪》。

(855)的《唐故颍州颍上县令李府君夫人荥阳郑氏合祔玄堂志》。[1]郑氏是李公度[2]之妻，殁于会昌灭法之后不久的大中八年(854)，终年64岁。这篇由郑氏之子李述撰写的墓志记载道，郑氏出生于一个典型的唐代上层家族，其父"早精儒业，以明经上第，释褐补苏州华亭尉，次任宣州宣城尉"，其弟"少耽经史，长而能文，举进士高第，历名使幕杨州大都府参军"；其堂叔"亦以进士擢第，殿中侍御史，累佐盛府"。郑氏约在20岁左右嫁入李家，"妇道贞淑，奉事先祖母，敬奉亭帷，虔供盥馈，凡四十年矣"。有意思的是，墓志以传统的儒教言辞赞扬郑氏的妇道，称其"发言知教，闻善必迁，琴瑟既调，未尝越礼。故闺门之内，令誉夙彰"。但在描写她的母道时，作者所强调的是佛教的重要性："尝慕释理，耽读典坟，每获精意，未尝不执卷以召诸幼而教导之，孜孜诲谕，唯曰不足，即可知其训方也。"这篇墓志反映，唐代社会认为佛教徒母亲的信仰对教育子女是有贡献的；此外，会昌灭法似乎并没有能阻碍佛教在私人领域的传播。

正如前文提及的，墓志中这种对佛教徒母亲的品德的描写往往与儒家传统中的母道相吻合。一个典型的例子是《唐故文林郎试左武卫兵曹参军彭城刘府君夫人太原王氏墓志铭并序》。[3] 这篇墓志描写道，王氏的佛教信仰使得她逐步完善其为女、为妇、为母之道。王氏早失父母，"鞠于义阳季父"，季父不久又过亡，"叔母与堂昆仲窘于事力"，王氏的婚姻因此被耽搁，直到她26岁时才得以嫁入刘家。丈夫刘思友出身并非显赫，因有"知己在朝"而得以授官左武卫兵曹参军。夫妇育二

---

① 《汇编》大中091。

② 李公度墓志《唐颍州颍上县令李府君墓志铭并序》见《汇编》大中073。

③ 《汇编》乾符030。

男一女。[1] 刘思友咸通十年(869)过世后,王氏"益栖心释氏,每用崇信,荤血不及于口,食粝诵佛经偈,重治产。而宝诲一子及妇与诸孙,愈肥其家,以炽其族"。这篇墓志赞扬她"和柔守□,禀于天然,清静立志,归于佛焉。克恭克俭,妇职是专,自劳自勗,母仪可传"。

值得一提的是"孜孜谕谕""母训""母仪"等词语常见于唐代墓志中对儒教母亲的赞扬,[2]比如,白居易在为元稹之母郑氏所撰写的墓志是这样赞美一个传统的母仪典范的:

> 夫人为母时,府君既没,积与稹方龆,家贫无师以授业。夫人亲执书,诲而不倦。四五年间,二子皆以通经入仕。……非夫人恂恂孜孜,善诱所至,则曷能使子达于邦,女宜其家哉?其教诲有如此者。…… 自夫人母其家,殆二十五年,专用训诫,除去鞭扑。常以正颜色训诸女妇,诸女妇其心战兢,如履于冰。常以正辞气诫诸子孙,诸子孙其心愧耻,若挞于市。由是纳下于少过,致家于大和,婢仆终岁不闻忿争,童孺成人不识檟楚。闺门之内,熙熙然如太古时人也。其慈训有如此者。[3]

---

① 有意思的是,刘思友墓志也记载了他的佛教信仰。《唐故盐铁河阴院巡官试左武卫兵曹参军彭城刘府君墓志并序》称:"府君之先立第于洛之都,积其稔矣,又别墅于缑岭下。其来也,其往也,五十里之近。或游或处,不常厥所,每土膏脉起,野卉绿滋,禳祥乎东皋之美景,驭田畯以劭乎西成。自得之外晏如也,足以称其高逸。无何,知己在朝,以府君详练榷算之事,署左武卫兵曹参军,为盐铁河阴院巡官。既司其扃,绩用宣着,公私叶心,上倚下附。居二年,一旦忽谓其属曰:人之世,浮屠氏以为梦幻。吾目虽可视,耳虽可听,齿之衰矣,常汲汲营营不知钟鸣漏尽。岂其然耶?吾之生子已冠,矧素得宦阶,今将与娶而令其仕,利其禄以取赡,故可以尽乎限哉。因弃檄而归,益与亲朋娱游,往往仍适于佛寺,款桑门,谭空理,以摅闲志。方冀极修延之百算,保目前之欢爱,呜呼!时不我与,遽夺其寿,以咸通十年六月廿七日遘疾,易箦于绥福里之第,享龄八十一。越明年二月十四日,窆于河南府洛阳县平阴乡北邙原祔先茔礼也。"(《汇编》咸通079)。

② 参见丘慧芬文。

③ 《唐河南元府君夫人荥阳郑氏墓志铭》,《白居易集笺校》第五册,第2715—2718页。

很显然，唐代墓志对佛教徒母亲的为母之道的描写是与元稹母亲郑氏墓中所体现的传统的儒家母道一致。这种一致性表明，佛教已经成为构建唐代社会性别观的重要组成部分。

佛教徒母亲的子女

唐代社会性别观的构建对唐代母子关系影响如何？从唐代墓志来看，佛教徒母亲的子女不仅尊重她们的信仰选择，而且他们往往会跟随母亲的“善缘”而皈依佛教。比如，在成文于景云元年（710）的《大唐故南海县主福昌县令长孙府君夫人李氏墓志铭并序》中，[1]李氏儿子眄容等，“箕裘共习”，并外游“寻受业之师”。“箕裘”一词出于《礼记·学记》，它形容孩子从小受父亲的职业的熏陶，成人之后也能有此一技之长。在这篇墓志，它指的是李氏对她子女在宗教信仰选择上的影响。这篇墓志提及，眄容之求道甚至导致他未能参加“送终之礼”。值得一提的是，这位李氏来历不凡，她是“高祖神尧皇帝之孙，韩王元嘉之女”。因韩王坐事而回到娘家。从此虔心佛事，并受法号弥勒。[2] 此前提及的边氏墓志也有相同记载，边氏“有子男三人”：“仲曰智琇，幼归释氏，学艺优深，尘水青莲，居然不杂。”[3]唐代墓志中有好几篇这类记载佛教徒母亲左右其子女信仰的故事，比如，开元二十一年（733）的《唐故河南府参军范阳张府君墓志铭并序》记载，墓志主张柬之孙张轸“年九岁，以母氏宿愿，固请为沙门，自削发缁流，持衣绀宇”。[4] 又如，贞观年间的《齐得州平原县令张明府杨夫人墓志铭》记载道，杨氏“敬信法门，心崇讲说”，因此，“女则出家景福，男则恒修上道，合门积善，

① 《汇编》景云002。
② 同上。
③ 《汇编》元和054。
④ 《汇编》开元382。

咸有直方”。[1]在天宝年间的《大唐朝议郎行洪府法曹参军荥阳郑府君故夫人河南万俟氏墓志铭并序》中，万俟在其丈夫去世后，“永断荤血，便习禅行，夜分而寝，将觉悟无生；昼分而食，必归依圣果”。万俟有二子一女，皆“随母师训诲，志法王戒律”。[2]

当然上述杨氏、万俟氏子女均随母而志法佛事的事迹在墓志中非常罕见，但是，一子或一女为遂母愿或在母亲的指令下而出家者却并不少。比如，开元二十七年的《唐故处士太原王府君墓志铭并序》记载，墓志主之妻张氏在他过世“精心释门，使一子出家，家如梵宇”。[3] 最典型的一个例子是成文于长寿二年的《唐故邢州任县主簿王君夫人宋氏之墓志铭并序》。[4] 这篇墓志记载道，宋氏在丈夫去世后皈依佛教，并让亲生子度为大周东寺僧。墓志称赞道：“掌内明珠，遂为摩尼之宝，庭中美玉，即是菩提之树。昔孟家之母，唯事断机，冯氏之妻，徒为翦发。岂若道兼存没，义贯幽明，长怀既往之情，广树将来之果。”可见，它将佛教徒母道提高到超越儒家母仪典范孟母的程度。

宋氏墓志是唐代社会能够接受佛教的终极目标——弃家的一个极好例证。削发为僧尼意味着放弃婚姻和家庭，他们不再能参与祭祀祖先礼仪、照顾父母、传宗接代。为了能够让佛教与根深蒂固的礼仪传统至少在表面上互不抵牾，佛教大师往往声称出家为僧为尼不仅能为自己积德，而且还能为祖先追福、为后代造福。[5] 因此，将宋氏与孟母相比似乎是在传达这样一种信息：宋氏不仅培养了一个有孝心的儿子，她

---

① 《汇编》贞观107。

② 《汇编》天宝066。

③ 《汇编》开元497。

④ 《汇编》长寿011。

⑤ 比如，太史文(Stephen F. Teiser)在其关于盂兰盆节研究中曾经指出，对付这个矛盾的“中国式方案”(the Chinese solution)是将目连这个角色放在一个俗世生活的中心。因而，这个历经磨难而拯救母亲的和尚最终成了一个祖先崇拜节日的中心人物。见太史文《中国中世纪的鬼节》(*The Ghost Festival in Medieval China*)，Princeton University Press，1988年。

还“遣度”所生子玄嗣为大周东寺僧,她为全家、全族甚至整个社会做出贡献。

在另一个成文于贞元四年(788)的墓志中,我们能感受到一位姚氏母亲的临终之憾——她的女儿尚未得到度牒。① 姚氏有三男三女,自丈夫去世后,她“孀居毁容,回心入道,舍之增彩,充以珍华,转法华经,欲终千部;寻诸佛意,颇悟微言。与先辈座主为门人,与后学讲流为道友,曾不退转,久而弥坚”。姚氏的二女儿也深受影响而“久披缁服”,很可能就是所谓的“住家尼”。这篇墓志记载,“夫人临终遗令,属念诚深,忧之季男,恤于仲女”,因为仲女无房院住持,季男未有职事依附,以至于她“言及痛心,不忍瞑目”。姚氏的忧虑并不是无缘无故的。在唐代,僧尼的度牒是由朝廷掌控的,到了中唐,度牒往往落到权贵家族或出资贿赂者的手中,这可能是姚氏仲女“久披缁服,竟无房院住持”的原因。②

丧葬之两难

唐代墓志对佛教徒母亲的褒奖有加反映了儒家孝道观与佛教灭欲观的相得益彰,不少佛教徒母亲的丧葬遗嘱却往往使子女们左右为难。在尊重母亲的焚身、分葬的临终之愿和恪守儒家孝道、丧礼传统之间,这些子女往往竭尽全力以求两全。从记载这类遗嘱的墓志来看,子女们在安排丧葬时基本上会遵从母亲的意愿。比如,此前提到的边氏墓志中说,边氏的子女认定她的遗嘱非常详尽、明确,因此,是一个“理

① 《唐故游击将军行蜀州金堤府左果毅都尉张府君夫人吴兴姚氏墓志铭并序》,《汇编》贞元018。

② 其他三篇提及住家尼的墓志是《续集》开元170、《续集》天宝028、《汇编》咸通020。有关中古时期住家尼的讨论,可参见郝春文《唐后期五代宋初敦煌僧尼的社会生活》,中国社会科学出版社,1998年,第88页;杨梅《唐代尼僧与世俗家庭的关系》,《首都师范大学学报》2004年第5期,第22—24页。

命”,应当“遵”之。[1] 这篇墓志显然是要强调,边氏的临终之愿并不属于儒家经典中所定义的“乱命”。其他一些唐代墓志还记载子女们是如何历经艰难险阻而完成母亲的遗愿的。比如,一篇大历年间的李氏墓志记载道,李氏殁于大历三年(769),终年 72 岁。“时爱子侍侧,乃付嘱而言曰:吾业以清净,心无恋着,岂以诗人同穴之言而忘老氏各归之本? 纵犹议于封树,即愿存于贞独”。李氏长子赵庭璋等以“礼终为孝”为由而按照李氏的意愿安排一个“不封不树,惟清惟净”的墓葬。[2] 这篇墓志强调,“礼终为孝”是为了表明,父母的愿望是不容违背的。“礼终”这个概念出于《礼记·祭义》:“父母爱之,嘉而弗忘;父母恶之,惧而无怨;父母有过,谏而不逆;父母既没,必求仁者之粟以祀之。此之谓礼终。”很显然,这些墓志引用了儒家的孝道标准来强调,自己有义务遵循他们母亲的临终之愿。

事实上,有些唐代墓志还强调,遵从母亲的遗愿是一种“至孝”的表现。[3] 唐代末期的《唐故信州怀玉山应天禅院尼禅大德塔铭并叙》[4] 记述了女尼善悟的儿子是如何千辛万苦地将她的骨灰从信州带回扬州下葬的。善悟俗姓王,嫁与高阳许实,“凡二十年”,生二子曰寇七、海客。虽然此志并未记载王氏出家的原因,但从她的婚龄(二十年)、道

① 《汇编》元和 054。

② 《礼记·玉藻》。

③ 有关孝道在中国历史上的演绎,可参见陈金梁(Alan Chan)、陈素芬(Sor Hoon Tan)编《中国思想和历史中的孝道》(*Filial Piety in Chinese Thought and History*),Routledge Curzon, 2004 年。近年来学者也越来越注意到道教和佛教中都有关于孝道的表述。见罗悦强(Yuet-Keung Lo)《女性孝敬:中国三世纪时期的一份佛教证言》(Filial Devotion for Women: A Buddhist Testimony from Third-Century China),收于陈金梁、陈素芬编《中国思想和历史中的孝道》,第 71—90 页;罗悦强《〈玉耶女经〉:重现佛教儿媳观》(Recovering a Buddhist Voice on Daughters-in-Law: The Yuyenü Jing),*History of Religions* 44(2005 年),第 318—350 页。有关道教中的孝道的研究,参见孔丽维(Livia Kohn)《永生的父母与普世的亲属:中世纪道教中家庭价值观》(Immortal Parents and Universal Kin: Family Values in Medieval Daoism),收于陈金梁、陈素芬编《中国思想和历史中的孝道》,第 91—109 页。

④ 《汇编》广明 002。

腊(两年)和死亡年龄(43 岁)来看,她很可能是在丈夫去世后削发为尼的。她最终住持于信州(现江西省)的应天禅院。这篇墓志描述道:善悟临终前,“遗令火焚,从拘尸城之制也”。之后,她的长子寇七,“号痛罔极,见星而行,请收灵骨以起塔焉。于时狂寇蚁聚,往回皆径其傍,一无惊畏”。十个月之后,寇七最终得以“营塔于扬州江阳县道化坊谢楚地内”。志铭称赞寇七“哀哀嗣子,跋涉来求,狂盗不惊,冥获天休。萧萧松塔,幂幂寒烟,灵骨兹崇,亿劫罔迁。休传宝偈,罢汲瓶全,爰□孝思,道风式传”。

另一个详细记录子女费尽心机为佛教徒母亲治丧的是天宝七年成文的《有唐故蔺夫人龛铭并序》。[①] 它揭示,如果佛教徒母亲没有留下有关丧葬安排的遗嘱,子女们往往会选择最能反映母亲意愿的方式来治丧。蔺夫人“孀居早岁”,从此“刻意缁门,虔心正惠”。她独自一人抚养儿子惟明和两个女儿,其中一个女儿出家为尼,法名光严。蔺夫人殁于天宝七年(748),终年 78 岁。过世那天,“高释互而来之,曰:相有奇矣。无合祔矣”。儿子惟明相信这一定是因为其母“入于梵行,脱于世缘,非一日也”。于是卜得吉日,将蔺氏之龛安葬在樊川之阜。

虽然大多数子女在安排佛教徒母亲的丧葬时遵守“礼终为孝”的准则,但也有子女选择传统的丧礼安排。比如此前提到的贾氏墓志记载道,贾氏“临终设斋,延诸大德,三日行道,并放家僮四人。手足柔软,红莲比色,汤沐备具,缟服近身;瞬倏之间,溘然长谢”。贾氏的丈夫早她七年过世,“当时权窆,未树坊域”。贾氏儿子毛希望将其父亲的棺椁迁移到河南平乐乡之原,“与夫人同葬”。但这篇墓志托词道,“坟兆虽同,仪形各异,非周文之合葬,祈释教之往生”。[②]当然,很有可能的是,一些子女认为火化违反了儒教礼仪而选择不遵循他们母亲的

---

① 《续集》天宝 042。
② 《续集》景云 005。

遗愿，或者对此秘而不宣，我们也无法知道这类违背遗愿的比例是多少。不过，一份会昌年间的墓志告诉我们，死者苏氏的后代并没有执行她的遗愿。[1]苏氏出生于大历元年（766），“及笄，奉命归于王氏”。自元和初（806）起守寡近四十年。苏氏殁于会昌四年（844），届时她的独子已经过世。这篇墓志记载，苏氏临终时，“遗命不令祔葬，敕家臣曰：吾奉清净教，欲断诸业障。吾殁之后，必烬吾身”。然而贾氏的侄子觉得“甥侄之情，何心忍视”。因此，他们决定“不从乱命”。最后，他们“奉夫人裳帷窆于（苏氏子）劝之兆域”，并撰铭赞扬她的妇道和仪德。这篇墓志对苏氏是否火化含糊其辞，很有可能的是，她确实被火化了，而其衣冠葬则是一个折中。

结　语

唐代墓志为我们提供了大量贵族女性在佛教中寻求精神和道德准则的资料。很显然，当时佛教妇道和儒教妇道被认为是互补互融的，这也进一步鼓励了唐代妇女的佛教信仰。随之而来的是不少传统的妇德被赞誉为佛教教化的结果。这一倾向可以从子女们以孝道为由而遵从母亲的佛教皈依和佛教丧葬的选择看出来。更重要的是，这些墓志反映出佛教徒母亲的信仰对子女具有影响——不少子女成为佛教徒，有的甚至剃度出家。相比之下，这种倾向在佛教徒父亲墓志中并不明显。在我收集的四千五百份男性墓志中，有一百八十六份是僧人墓志，其中几乎没有婚后出家者，有子女的就更少了。[2] 很可能的是，有些僧人原

---

① 《唐故常州武进县尉王府君夫人武功苏氏墓志铭并序》，《汇编》会昌033。

② 至今为止我只找到一篇关于男性婚后出家的墓志，《大龙兴寺崇福法师塔铭并序》（《续集》开元035）记载道，崇福法师“俗姓王，太原府人。…… 弱冠，身未离俗，以为父母遗体，期于报复，先宗不嗣，罪莫大焉。虽受之以妻子，固□忘于梵行。以人代如泡幻，以冠冕为盖缠，物成双遣，色空齐置。时有清信昔，未尝不归依焉。□景龙元年十二月二日，敕□择精恪许令出家，而法师预焉”。这篇墓志并没有提到他有无子女。

来是有家眷的，但墓志作者认为他们的俗世生活不必记录在墓志中。其他男性墓志中也有提及墓志主对佛教的兴趣，但它们往往反映在诵读佛经或与僧人的交往，提及佛教徒父亲对子女的宗教倾向的影响的极为罕见。[1]

基于以上分析，我们也许可以说，唐代佛教汉化过程是在两个空间同时进行的。在公共空间，天台、净土、华严和禅宗得到了空前的发展；在私人空间，它体现在佛教与儒教的妇道观和伦理观的兼容以及佛教徒母亲对子女的言传身教。学者们早已提出，对中国佛教史的研究应该采用“社会性别”这个研究范畴。很显然，如果我们忽略佛教徒母亲在私人空间的传播角色的话，那么，我们很难对佛教在会昌灭法之后的延续以及对唐代佛教的多面性有准确的理解。

① 一个例外是《大唐故廉府君徐夫人墓志铭并序》(《续集》开元018)。这篇墓志记载，徐夫人的丈夫“谛想真乘，凝心究竟，早命第三子山寺出家，法名愍一”。

唐代表亲婚研究

表亲婚是人类婚姻史中的一个常见现象。据统计,有史以来,约有百分之四十三的社会群体存在过表亲婚。[①]人类学家称,表亲婚共有四种形式,分属两大类。一类是交表婚,即兄妹或姐弟之子女互为婚姻。交表婚有两种形式:母系交表婚(matrilateral cross cousin marriage,也称 MBD,即 mother's brother's daughter marriage 的缩写),中文习称舅表婚;父系交表婚(patrilateral cross cousin marriage,也称 FZD,father's sister's daughter marriage 的缩写),中文习称姑表婚。另一类是平表婚,即兄弟或姐妹之子女互为婚姻。平表婚亦有两种形式:母系平表婚(matrilateral parallel cousin marriage, 也称 MZD, mother's sister's daughter marriage 的缩写),习称姨表婚;和父系平表婚(patrilateral parallel cousin marriage, 也称 FBD, father's brother's daughter marriage 的缩写),

---

① 参见 Burton Pasternak、Carol R. Ember、Melvin Ember 著《性、社会性别与亲属制度——一个跨文化的视角》(*Sex, Gender and Kinship: A Cross-Cultural Perspective*),Prentice-Hall Publishing, 1996 年,第 133 页。

习称堂表婚。[①]

表亲婚是婚姻研究和亲族研究领域中最为热门的课题之一。民族志学、人类学以及历史学有关表亲婚的研究可以大致总结为以下三个主流,第一,舅表婚是表亲婚中最为普遍的婚姻组合形式;第二,父系平表婚在阿拉伯社会中比较常见;[②]第三,虽然在中国历史上母系交表婚(姨表婚)颇受认可,但在世界史中,它却是一个非常罕见的现象。[③]不过,学者们对这三大主流的解释以及表亲婚的目的和功能并没有形成共识,有关表亲婚的学术讨论也基本上是围绕着列维-斯特劳斯(Claude Levi-Strauss)在1948年发表的《亲属的基本结构》(*The Elementary Structures of Kinship*)书中提出的"联姻理论"(alliance theory)展开的。[④]迄今为止,已有多种民族志学著作或旨在为这一理论提供各类规定性(prescriptive)联姻模式的实证,或列举反证而倡导在大多数社会中表亲婚的组合是倾向性选择(preference)的产物。也有一些民族

---

① 值得一提的是, MBD, FZD, FBD, MZD 都是以男性为中心的定名,但至目前为止,西方学者尚未在修改这些定名上达成共识。

② 有关阿拉伯民族及伊斯兰教社会中堂表婚的研究可参见 Lila Abu-Lughod《遮掩的情感——一个贝都因社会中的荣誉和诗歌》(*Veiled Sentiments: Honor and Poetry in a Bedouin Society*), University of California Press, 1986年; Gideon M. Kressel《规定性堂表婚——新娘父兄的视角》(Prescriptive Patrilateral Parallel Cousin Marriage: The Perspective of the Bride's Father and Brother), *Ethnology* 25. 3 (1986年),第163—180页; Ladslav Holy《亲属制度、荣誉和团结一致——中东社会中的表亲婚》(*Kinship, Honour, and Solidarity: Cousin Marriage in the Middle East*), (英国) University of Manchester Press, 1989年; Andrey Korotayev《平表婚(FBD)、伊斯兰教化与阿拉伯化》(Parallel-Cousin [FBD] Marriage, Islamization, and Arabization), *Ethnology* 39.4 (2000年),第395—407页; N. Serpil Altunteck《骨与肉、种子与土壤——因堂表婚而立的父系性》(Bone and Flesh, Seed and Soil: Patriliny by Father's Brother's Daughter Marriage), *Ethnology* 45.1 (2006年),第59—70页。

③ 在世界史中,除了中国以外,唯一一个实行过姨表婚的社会是撒哈拉沙漠地区的Tuareg民族。有关他们的表亲婚实践见于 Abram Isaakovich《传统婚姻形态史——阿拉伯社会中的那瓦平表婚》(Iz istorii patriarchal'nyh form braka [Nahva-ortokuzennyj brak u arabov]), *Kratkie soobshchenija Institua etnografii* 24 (1955年), 第43—54页。

④ 见列维-斯特劳斯(Claude Levi-Strauss)《亲属制度的基本结构》(*The Elementary Structure of Kinship*), James Harle Bell, John Richard von Sturmer, Rodney Needham 译, Beacon Press, 1969年。

志选择了以更为包容性的研究方式来探索表亲婚，这些著作对表亲婚的分析和阐释往往借鉴生物学、生命科学、[1]心理学、[2]生态学等理论，并强调文化、历史和情感在表亲婚组合中的作用。[3]

这些有关表亲婚的研究成果显示，表亲婚形态比早期结构主义学家所认识的更为复杂和多样，而将人类生活和历史归类于过于固定的婚姻模式可能会妨碍我们对亲属制度和婚姻制度有更为广泛的了解和

---

① 生物学和生命科学的有关研究有两大趋向：一是证明为何在实行表亲婚的社会中，母方交表婚普遍比父方交表婚比例高(3:1)。他们认为，一般来说，男孩比女孩的成熟期要晚两年，因此男性的成亲年龄也会比女性平均晚两年。也就是说，一个男性的父亲的姊妹一般会在他的父亲结婚之前出嫁，而她们的女儿也就会在他到达成熟期前就已出嫁；相反而言，他的母亲的兄弟的女儿们则会与他同时达到成熟期。所以在实行表亲婚的社会中，一个男性在他的舅舅的女儿中选择配偶的可能性要比在他的姑姑的女儿中选择要大。第二个原因则与 X 染色体的遗传几率有关。因为男性的 X 染色体只会传给女儿而不会传给儿子，所以达到成熟期的男性的祖辈，特别是作为 X 染色体之源的祖母，往往倾向于以母方交表婚的方式来增加自己的 X 染色体在第四代身上的几率。学者们甚至指出，正是这种对 X 染色体遗传的关注以及由之而形成的表亲婚使得人类在生育期之后的寿命比一般的动物要长。见 S. H. Katz、D. F. Armstrong《表亲婚与 X 染色体》(Cousin Marriage and the X-chromosome: Evolution and Longevity and Language)，收于 Douglas E. Crews、Ralph M. Garruto 编《生物人类学与老龄化——有关人类寿命的探索》(*Biological Anthropology and Aging: Perspectives on Human Variation over the Lifespan*)，Cambridge University Press，1994 年，第 101—126 页。第二个趋向是探讨表亲婚与生育的关系。比如，在《亲属制度与夫妇生育率的关联》(An Association between the Kinship and Fertility of Human Couples，*Science* 319[2008 年]，第 813—816 页)一文中，Agnar Helgason 等作者提出，第三、第四层表亲关系的婚姻组成会提高生育率。其他一些研究则证明第一表亲婚姻会给子女带来负面的生理影响。如 A. H. Bittles、M. L. Black《近亲结婚对新生儿和婴儿的健康的影响》(The Impact of Consanguinity on Neonatal and Infant Health)，*Early Human Development* 86.11 (2010 年)，第 737—741 页等。美国堪萨斯大学的 Martin Ottenheimer 则在其专著《禁忌的亲属》(*Forbidden Relatives: The American Myth of Cousin Marriage*，University of Illinois Press，1990 年)中提出，现代生命科学有关表亲婚姻的研究并没有完全证明它会带来生理危害。而且在当代欧洲，没有任何国家禁止表亲婚。他认为，美国法律禁止表亲婚的真正目的在于鼓励移民的同化。

② 在心理学方面，最有影响的是弗洛伊德在《图腾与禁忌》(*Totem and Taboo*，1913 年)中提出的“乱伦禁忌说”(Incest taboo)以及 Edward Westermarck 的“性厌恶假设”(sexual aversion hypothesis)。有关弗洛伊德理论的研究可参考 Margaret Trawick《有关一个泰米尔家中的情爱的研究手稿》(*Notes on Love in a Tamil Family*)，University of California Press，1992 年，第 139—142 页。

③ 生态学以及文化、历史和情感在表亲婚组合中的作用将在下文中讨论。

认识。本文拟通过对唐代的表亲婚现象的探索来凸现有关表亲婚研究(尤其是联姻理论)中被忽视的一些特点。本文提出,除了社会习俗和家族联盟外,个人动因和情感纽带在唐代表亲婚组合中起了很大的作用;此外,已婚妇女及其本家在唐代的家庭组合与社会生活中扮演了非常活跃的角色。本文希望,通过对唐代中国这一特定历史时段中的表亲婚组合的近距离观察能为我们对亲属制度和婚姻制度有一个更为丰富的理解。

表亲婚研究回顾

多年来,人类学家、社会学家和历史学家对表亲婚尤其是舅表婚的普遍倾向性极感兴趣,这些学者们认为表亲婚是理解亲属制度及其演变的一个捷径。正因如此,表亲婚研究多注重于各种亲属制度中的表亲婚形态及其功能。[①] 在《亲属制度的基本结构》一书中,列维-斯特劳斯提出著名的联姻理论(alliance theory),即亲属制度植基于社会集团间规则性地、互惠性地交换女性。他还指出,母系交表婚之所以在表亲婚中最为盛行是因为这种婚姻组合能够保证将所有可交换婚姻的氏族纳入到一个单一的循环系统中。与列维-斯特劳斯同时期的尼德汉(Rodney Needham)虽然对列维-斯特劳斯的结构主义方法论十分欣赏,但是他认为在规定性(prescriptive)的联姻集团中的婚姻组合还是会体现出不同的社会和文化的特色。[②]尼德汉随后又建立了一个更为

---

① 有关亲属制度的理论和研究可参考 Per Hage《大洋洲德拉威型亲属制度的演变——来自语言学上的证据》(The Evolution of Dravidian Kinship System in Oceania: Linguistic Evidence),*Journal of Royal Anthropological Institute* 7(2001 年),第 485—508 页。

② 见 Rodney Needham《侯卡特著作录》(*A bibliography of Arthur Maurice Hocart [1883—1939]*),Blackwell for the Institute of Social Anthropology, University of Oxford, 1967 年;氏著《序言》(Introduction),收于 Charles Staniland Wake 编《婚姻和亲属制度的发展》(*The Development of Marriage and Kinship*),University of Chicago Press, 1967 年。

复杂的三层次社会实体的模式来研究和分析婚姻组合。[①]基于在加纳北部的田野调查,杰克·古迪(Jack Goody)和伊斯特·古迪(Esther Goody)提出,当地的交表婚的功能可能不仅仅限制于巩固氏族联盟,对实际利益的得失的考虑在表亲婚的组合中占了很大的比重。[②]

不少历史学家借鉴联姻理论来解释世界史不同历史时段中的各种表亲婚现象。他们发现,在罗马帝国早期,婚姻组合的常规是三至四组兄弟姐妹间的子女的"交换",这种联姻形态不仅保障了家族间的联盟,而且为扩张经济和社会利益创造了良好条件。[③] 在古代玛雅社会,国王和贵族间常规性地组合向上流动母系交表婚(hypergamous MBD)。[④]中国

---

① Rodney Needham《信仰、语言和体验》(*Belief, Language and Experience*),Blackwell Publishing, 1972 年。这三个层次是:数据与行为层次,即表亲婚实例和实况;约束层次,即社会常规、法制、道德、宗教和公论;范畴层次,即某个特定的社会是如何界定命名各种事类的。有关尼德汉的三层次分析模式的评介可参见 Anthony Good《规则、倾向与实践——印度南部马拉瓦尔人的婚姻形态》(Prescription, Preference and Practice: Marriage Patterns among the Kondaiyankottai Maravar of South India),收于 Robert Parkin、Linda Stone 编《亲属制度和家庭——人类学读本》(*Kinship and Family: An Anthropological Reader*), Blackwell Publishing, 2004 年,第 187—204 页。

② 见 Jack Goody,Esther Goody 著《北加纳的交表婚》(Cross-Cousin Marriage in Northern Ghana),*Man* 1.3 (1966 年),第 353 页。

③ 参见 Archie C. Bush,Joseph J. McHugh 著《古罗马的婚姻形态》(Patterns of Roman Marriage),*Ethnology* 14.1 (1975 年),第 25—45 页。

④ 参见 Per Hage《古代玛雅的亲属制度》(The Ancient Maya Kinship System),*Journal of Anthropological Research* 59.1 (2003 年),第 5—21 页。也有学者在联姻理论之外探讨世界史中的表亲婚,比如 Adam Kuper 的论文《乱伦、表亲婚和十九世纪英国的人类学科的起源》(Incest, Cousin Marriage, and the Origin of the Human Sciences in the Nineteenth-Century England)即探讨了英国 19 世纪的婚姻法,尤其是教会法院对乱伦的界定以及有关表亲婚的争论。他指出,有关乱伦的探讨是早期人类学的重要课题。此文载于 *Past & Present* 174.1(2003 年),第 158—184 页。又如,Jutta Sperling 所著《天特会议时期的婚姻》(Marriage at the Time of the Council of Trent [1560—70]: Clandestine Marriages, Kinship Prohibitions, and Dowry Exchange in European Comparison)一文探讨了 16 世纪天特会议强化家长对子女的婚姻的参与权的后果。天特会议希望通过鼓励嫁妆来给予家长更大的发言权,并由此推进族外婚,但这使得缺乏嫁妆的女性难以出嫁,于是教会规定,表亲婚可以免去嫁妆婚姻(dotal marriage)的要求,这使得表亲婚比例激剧增大。此文载于 *Journal Of Early Modern History* 8.1—2(2004 年),第 67—108 页。此外,美国 Duke University 英语系教授 Maureen Quilligan 所著《英国伊丽莎白时期的乱伦与能动性》(*Incest and Agency in Elizabeth's England*)则探讨了文艺复兴时期女性文学作品中的乱伦情节。在这里,乱伦是泛义的,包括表亲婚。她指出,伊丽莎白时代的贵族女作家通过对乱伦的描写来凸显自己的主观能动性。此书在 2005 年由 University of Pennsylvania Press 出版。

上古时代亲属制度研究也表明，商、[1]周、[2]辽代[3]均有特定氏族为王室提供后妃的记载。从表面上看来，这些研究表明，从结构主义和功能主义的角度来解释表亲婚的演绎是合乎逻辑的，但是，我们也不难看到，这些研究中少有基于以个人故事为主的史料，婚姻组合中其他一些举足轻重的因素往往会因此而未被纳入考虑范围。

近年来，因为掌握了越来越丰富的数据资料和田野实例，人类学家和社会学家首先开始对以结构主义—功能主义方法论阐释表亲婚的普遍适用性提出疑问。有些学者认为，分析表亲婚功能的最佳着眼点在于它的多种互惠形态；[4]也有一些学者指出，联姻理论的缺陷在于它忽视了情感成分在婚姻交换的角色。[5] 深受后结构主义理论影响的美国学者 Margaret Trawick 提出，在亲属组织的运转中，情感与理智是相行并重的，氏族成员在儿时养成的情感倾向在氏族的筹划策略中占有相

---

① 参见张光直（Kwang-chih Chang）《早期中国文明》（*Early Chinese Civilization*），Harvard University Press，1976 年，第 90—91 页；黄铭崇《商人日干为生称以及同干不婚的意义》，《“中研院”历史语言研究所集刊》2007 年总第 78 卷第 4 期，第 705—745 页；黄铭崇《殷周金文中的亲属称谓“姑”及其相关问题》，《“中研院”历史语言研究所集刊》2004 年总第 75 卷第 1 期，第 1—99 页。

② 参见上揭黄铭崇文；Sharon Bastug《早期中国的亲属制度、婚姻与世系》（Kinship，Marriage and Descent in Early China），*Journal of Asian History* 29. 2（1995 年），第 1—49 页。

③ 参见 Jennifer Holmgren《中国北方的婚姻、亲属制度与权力》（*Marriage, Kinship, and Power in Northern China*），Routledge Publishing，1996 年。

④ 参见 Linda D. Molm，Jessica L. Collett，David R. Schaefer《通过普遍交换构建聚合——一种互惠理论》（Building Solidarity through Generalized Exchange：A Theory of Reciprocity），*The American Journal of Sociology*113. 1（2007 年），第 205—242 页。该文列出了三种交换形式：普遍的非间接交换（generalized indirect exchange）、互惠的直接交换（reciprocal direct exchange）、协商的直接交换（negotiated direct exchange）。

⑤ 比如，在他有关斯里兰卡 Moneragala 地区 Kutali 村穆斯林婚姻的研究中，Victor de Munck 指出，传统的德拉威型婚姻交换模式并不适宜于描述和分析包办婚姻社会在选择婚姻对象中的多种考虑。他的研究显示，实行包办婚姻的社会也会在婚姻安排上考虑并接受爱情。参见 de Munck《一个斯里兰卡穆斯林团体的爱情与婚姻——德拉威型婚姻方式的重新估价》（Love and Marriage in a Sri Lankan Muslim Community：Toward a Reevaluation of Dravidian Marriage Practices），*American Ethnologist* 23. 4（1996 年），第 698—716 页。

当的分量。[1] 此外，近年来，对英国的巴基斯坦移民的高比例表亲婚以及挪威的泰米尔人和索马里移民的高比例表亲婚的研究也表明，有关社会性别、家庭、人种、社会阶层的观念以及文化环境、经济条件、移民政策的变迁都对表亲婚的组合有影响力。[2]

---

① 见 Margaret Trawick，1992 年。Trawick 的研究深受法国后结构主义社会学家布迪厄（Pierre Bourdieu）的影响。不过，Cecilia Busby 认为，Trawick 的研究过于淡化亲属制度的规则。Busby 指出，仅仅以情感来研究表亲婚也会妨碍我们对这一亲属制度中的重要现象的更为广泛和深入的认识。见，Cecilia Busby《婚姻与适婚——社会性别与德拉威型亲属制度》（Of Marriage and Marriageability：Gender and Dravidian kinship），*Journal of Royal Anthropological Institute* 3. 1（1997 年），第 21—42 页。

② 比如，在《移民与亲属制度——婚姻规则对旁遮普邦移民英国过程的不同效应》（Migration and Kinship：The Differential Effect of Marriage Rules on the Processes of Punjabi Migration to Britain）一文中，Roger Ballard 考察了在相同社会文化背景（旁遮普邦）中出生成长的两个不同村落的成员——Jullunduris 和 Mirpuris——移民英国后在婚姻组合上的选择规律。虽然这两个村落的成员的社会、经济背景相同，但 Mirpuris 成员几乎是清一色的穆斯林教徒，而大部分 Jullunduris 成员却是锡克教徒。在 50 年代，这两个村落的成员在英国都只能找到体力工作，而且面临同样的社会压力和种族歧视，但他们的应对方式却完全不同。锡克教徒选择与家人团聚，他们的妻子往往会随之而来，他们的子女现在已经成人，而 Mirpuris 的穆斯林教徒则选择回原地探亲，直到最近，他们才开始带妻子来英国。但此时，英国的移民政策已非常严格。在婚姻选择上，锡克教徒长期实行族外婚，因此，他们的婚姻对象往往是附近外村的女孩，在英国也是这样，父母为子女在英国找对象。但穆斯林教徒则倾向于堂表婚，而他们在 Mirpuris 本地的父母更愿意安排这样的婚姻，以便得到双份的物质上的收益。此文收于 Colin Clarke、Ceri Peach、Steven Vertovec 编《南亚侨民》（*South Asians Overseas*），Cambridge University Press，1990 年，第 219—249 页。此外，Alison Shaw 在《英国巴基斯坦人跨国表亲婚安排——批评、异议和文化传承》（The Arranged Transnational Cousin Marriages of British Pakistanis：Critique，Dissent and Cultural Continuity）一文中指出，在英国的巴基斯坦人的表亲婚习俗受到来自多方面的斥责。学者们或批评这种表亲婚组合无视优生原理，或断言这种跨文化婚姻会带来家庭不和。更有媒体多方报导，这种方式抹煞了在英国生长的巴基斯坦裔青年的个人意志。载于 *Contemporary South Asia* 15. 2（2006 年），第 209—220 页。在《改变话题——有关表亲婚的讨论》（Changing the Subject-about Cousin Marriage，Among Other Things）中，Adam Kuper 发现，第一代英籍巴基斯坦裔移民的表亲婚比例是三分之一，但第二代中超过百分之五十。他认为，这是移民英国浪潮所带来的结果。载于 *Journal of Royal Anthropological Institute* 14. 4（2007 年），第 717—735 页。其他有关研究包括 Katharine Charsley《不幸福的丈夫——巴基斯坦人跨国婚姻中的男性气质与移民》（Unhappy Husbands：Masculinity and Migration in Transnational Pakistani Marriages），*Journal of Royal Anthropological Institute* 11. 1（2005 年），第 84—105 页；氏著《风险、信任、社会性别与英国巴基斯坦移民的跨国表亲婚》（Risk，Trust，Gender and Transnational Cousin Marriage among British Pakistanis），*Ethnic and Racial Studies* 30. 6（2007 年），第 1117—1131 页；Alison Shaw《亲属制度、文化取向与移民——英国巴基斯坦（转下页）

联姻理论对父系平表婚(FBD)的解释(FBD是保障家族稳定和延续的工具)似乎也不尽周全。一些学者指出,在父系平表婚中,夫妇双方往往因从小在一起长大而感情亲密。[①]此外,父系平表婚的功能还包括建立父系制、[②]保障家族成员的地位和声望以及夫妇双方的平等地位、[③]为女方提供良好的育婴条件等。[④]

一些中国研究的学者也曾尝试以联姻理论来研究中国社会中表亲婚现象。[⑤]在《中国东南部的宗族组织》(*Lineage Organization in Southeastern China*)一书中,Maurice Freedman提出,母系交表婚(MBD)是中国社会中最为盛行的表亲婚形式,这是女性上升婚(hypergamy)的普遍倾向的结果。在这类婚姻中,一旦一个男性的姐妹"高攀"而嫁,作为

(接上页)人的近亲婚姻》(Kinship, Cultural Preference and Immigration: Consanguineous Marriage Among British Pakistanis), *Journal of Royal Anthropological Institute* 7.2(2001年),第315—334页;以及Ada Ingrid Engebrigtsen《侨居中的亲属制度、社会性别与适应过程——以挪威的泰米尔和索马里家庭为例》(Kinship, Gender and Adaptation Processes in Exile: The Case of Tamil and Somali Families in Norway), *Journal of Ethnic and Migration Studies* 33.5(2007年),第727—746页等。

① 参见Abu-Lughod, 1986年; Ladslav Holy, 1989年。

② 参见N. Serpil Altunteck 2006年有关土耳其东南部的克德人(Kurds)的研究。

③ 参见Janice Boddy《子宫与异体神灵——苏丹北部的女性、男性与扎尔仪式》(*Wombs and Alien Spirits: Women, Men and the Zâr Cult in Northern Sudan*), university of Wisconsin Press, 1989年。

④ 比如,在她有关黎巴嫩Bekaa河谷地带的贝都因农牧民的研究中,Suzanne E. Joseph发现,虽然近亲结婚带来初生儿死亡率的增高,但它对婴儿的生存率有一定的帮助,因为,女性往往能在婚后依赖她们的家族成员的帮助。此外,近亲婚也强化了她们在婚后家庭中的地位。见Suzanne E. Joseph《亲吻表亲——近亲结婚与婴儿死亡的一个生殖特例》(Kissing Cousins: Consanguineous Marriage and Early Mortality in a Reproductive Isolate), *Current Anthropology* 48.5(2007年),第756—764页。

⑤ 有关中国社会中的表亲婚研究及其评估,参见秦兆雄《中国农村表婚研究再考》,《社会科学》2006年第2期,第88—97页)。此外,Dos Santos和Goncalo Duro所著《中国亲属制度的人类学研究——一个评判性的回顾》(The Anthropology of Chinese Kinship: A Critical Overview)一文是对人类学中有关中国的亲属制度研究的一个极佳评估,此文载于*European Journal of East Asian Studies* 5(2006年),第275—333页。

父亲,他自然会希望他的女儿嫁入一个社会和经济地位比自己高的家族。[1] 其他著名表亲婚和亲属制度研究包括费孝通在江苏的乡村田野调查、[2]许烺光有关云南乡村地区的表亲婚研究、[3]以及葛伯纳(Bernard Gallin)于1957—1958年间在台湾小龙村所做的田野调查。[4]这些研究均致力于通过对中国社会倾向于母系交表婚的现象的研究来改善联姻理论。一个更为全面的研究是顾尤勤(Eugene Cooper)与张梦合作撰写的《浙江农村与〈红楼梦〉中所反映的表亲婚形态》,这篇文章基于顾尤勤对他的田野调查实例的分析以及张梦对《红楼梦》中的表亲婚组合的探讨。两位作者提出以下三个论点:第一,在中国社会,婚姻组合的选择往往取决于这个组合在否在最大程度上拓宽了姻亲的范围或在最大程度上巩固了已经建立的姻亲关系;第二,自清代以来,在以既成姻亲关系为宗旨的婚姻组合中,姨表婚显然比父系交表婚更受欢迎;第三,姨表婚既能起到扩大姻亲关系网的作用(姐妹分别嫁入不同的家族),又能保证新娘受到婆婆的善待。[5]

在有关中国湖北农村的表亲婚研究中,秦兆雄进一步指出,中国表亲婚研究中关于舅表婚和姨表婚比姑表婚流行的种种解释均有缺陷,其流行的真正原因当与中国的宗族原理有关。中国社会普遍以父系亲属关系为中心,因此,亲戚间的通婚是以父系关系是否存在为

---

① Maurice Freedman《中国东南部的宗族组织》(*Lineage Organization in Southeastern China*),英国 Athlone Press, 1958年,第99页。

② 费孝通(Hsiao-tung Fei)《江村经济——中国农民的生活》(*Peasant Life in China: A Field Study of Country Life in the Yangtze Valley*),美国 E. P. Dutton Publisher,1939年。

③ 许烺光(Francis L. K. Hsu)《中国交表婚之观察》(Observation on Cross-cousin Marriage in China),*American Anthropologist* 47.1(1945年),第83—103页。

④ 葛伯纳(Bernard Gallin)《一个台湾村落中的母方与姻亲关系》(Matrilateral and Affinal Relationships of a Taiwanese Village),*American Anthropologist* 62.4(1960年),第632—642页。

⑤ 顾尤勤(Eugene Cooper)、张梦(Meng Zhang)《浙江农村与〈红楼梦〉中所反映的表亲婚形态》(Patterns of Cousin Marriage in Rural Zhejiang and in *Dream of the Red Chamber*),*Journal of Asian Studies* 52.1(1993年),第90—106页。

前提的。从这个角度来看,姑表婚与堂表婚在婚姻组合上的原理是很接近的,即本我选择父系亲戚(父亲的姐妹的女儿)为妻;因而,姑表婚被看成是不受欢迎的近亲结婚。[①]秦兆雄还进一步指出,与姑父、姨夫相比,本我在感情上更倾向于舅舅,因为舅舅往往对自己的姐妹在感情上给予支持和关怀。因此,在舅表婚与姑表婚之间,本我会选择舅表婚。[②]

以上这些研究表明,纯粹依赖于联姻理论不能完全解释表亲婚为何是人类婚姻史中的常见现象;而跳出联姻理论框架却能使学者们更注重探寻特定地域、社会和历史环境中表亲婚组合的其他一些重要构因。在一篇评论顾尤勤的表亲婚研究的短文中, David Schneider 指出,表亲婚的组合并没有一个放之四海而皆准的规则,因而,试图以通过修改列维-斯特劳斯的理论来用它研究中国的表亲婚不仅是不合适的,而且是完全错误的。[③] Schneider 强调,从中国历史上来说,表亲婚的组合虽有其统计性的意义,但它在阐释中国社会的习俗和社会形态上意义不大。[④] Schneider 关于联姻理论会妨碍对表亲婚现象的周全观察的观点是非常深刻的,但是他将表亲婚仅仅看成是一个统计学上的频率(而不是习俗和社会形态)是与历史现实不相符的。

在下一个小节中,我将列举一些唐代表亲婚的实例以及唐代的表亲婚观念。通过对这一特定时段和空间中表亲婚组合的方方面面的观

---

① 秦兆雄的这个观点与 Busby 有关德拉威型亲属制度的研究可称异曲同工。Busby 指出,在印度南部,交表婚比平表婚更受欢迎。当地人认为,“一个女性与她的孩子的关系与一个男性与他的孩子的关系有本质上的不同,因此,兄妹或姐弟的孩子们在血缘上并不接近,而姐妹的后代或兄弟的后代则相似于同胞兄弟姐妹”。(Busby, 1997 年,第 39 页)

② 上引秦兆雄文,第 356 页。

③ David M Schneider《评顾尤勤的〈中国农村的表亲婚〉》(Comment on Eugene Cooper's ‘Cousin Marriage in Rural China’), *American Ethnologist* 21 (1994 年),第 863—864 页。

④ 同上书,第 863 页。

察,我希望能够证明,这些婚姻组合是与唐代的文化和社会特点——大姓之互为婚姻、本家对已婚女的生活的关注和参与以及对婚姻双方的感情和中外亲戚上下辈间的感情纽带的重视——紧密相关的。

唐代墓志中的表亲婚

唐代史料为我们提供了极其丰富的有关表亲婚组合的信息。虽然墓志铭是唐代表亲婚史料的主要来源,但唐代诗歌、笔记、仪书以及新旧《唐书》都在不同的层面上反映了唐代社会是如何看待和安排表亲婚的。唐代墓志包含了大量的有关亲属制度方面的信息,这既是墓志体裁本身发展的结果,又与唐代社会对家族世系的注重密切有关。墓志铭作为祖先崇拜和丧葬仪式的组成部分是在汉代形成、并在5世纪间成熟起来的。到了唐代初期,墓志体裁发展到了高峰。一篇典型的唐代墓志一般由以下几个部分组成:郡望、世系、官职、幼年品行、生平大事、成就、德望、直系亲属、丧葬安排、赞词。虽然墓志作者并不常规性地点明夫妇双方的亲属关系,但也有一些墓志详尽地提供了死者与配偶的表亲关系以及他们的婚姻生活。在《唐代墓志汇编》《唐代墓志汇编续集》以及《全唐文》中,有三十三篇墓志直接提到死者与配偶为第一表亲关系,其中二十一例为舅表婚(表1)、七例为姑表婚(表2)、三例为姨表婚(表3)。[①] 此外,还有许多墓志提到死者的配偶是远房表亲。[②]这些墓志分别成文于唐代三百年间的不同阶段,从而为我们研究中国历史上的表亲婚提供了极为宝贵的史料。

---

① 例8与例17记载了同一桩舅表婚(韦素/齐孝明);例10与例16记载了刘茂贞与张夫人的舅表婚。

② 如《汇编》开元187、贞元053、会昌009、乾符020等。

表1 墓志中的舅表婚

	史料来源	成文年份	志文内容
1	续集开元143	736	夫人即先妣之犹子也。
2	汇编天宝224	753	舅氏……元女既笄,作配介弟。
3	续集大历023	774	席府君夫人弘农县君杨氏…召崔氏女遗嘱,咸宜命倬为志。(席氏外生清河崔倬撰)
4	汇编建中001	778	少归京兆韦氏,即公甥也。
5	续集贞元073	803	乃以皇姑和政公主之子柳昱拜驸马都尉而降嫔焉。
6	全唐文566/2537	810	又娶其舅宋州刺史京兆韦屺女。
7	全唐文563/2526	824	公娶其舅女。
8	汇编大和007	827	少孤,依于外家……夫人高阳齐氏,即(叔舅)卫尉少卿长女。
9	汇编大和020	829	公之元舅司徒高公……公之内弟右威卫将军扶,即司徒公之元子也。
10	汇编大和031	830	元舅……遂以女妻之,宜姻不失其亲,先圣所重。
11	汇编大和054	832	公出于蒋氏。外祖曰清……追谥曰忠。……夫人乐安蒋氏,即忠公之孙。
12	续集开成002	836	尔妣即吾伯舅大理评事兼监察御史讳则之女。
13	汇编会昌004	841	娶伯舅圭女。
14	续集大中037	853	我夫人郑氏……外舅尚书驾部员外郎□第二女。
15	汇编大中115	855	妇即伯舅玫之子。
16	汇编大中136	857	先妣夫人即府君亲舅之女。
17	汇编大中164	860	韦氏先姑……视遇犹女。…… 先君……召孤甥。
18	汇编咸通014	861	父匡伯……即璋(死者之夫)之亲舅也。以宿敦世亲,许垂婚媾。
19	汇编咸通015	862	夫人讳字,曾祖景明,王屋令;曾妣清河崔氏;祖泽,殿中侍御史华州判官;祖妣荥阳郑氏,故刑部侍郎少微之女也。父倓,陕州夏县尉;妣郑氏,少微之孙。

续 表

	史料来源	成文年份	志文内容
20	汇编咸通 019	862	夫人之长姑鲁国太夫人,归于先舅鸿胪卿赠工部尚书。
21	汇编咸通 028	863	早娶亲舅城门郎复之长女。
22	汇编咸通 039	865	高阳公太夫人即夫人之嫡姑也。
23	汇编残志 011	九世纪	其夫即夫人姑之子也。

表 2　墓志中的姑表婚

	史料来源	成文年份	志文内容
1	续集永隆 004	681	年及笄始,即娉舅家。
2	汇编开元 044	716	大唐太常协律郎裴公故妻贺兰氏墓志铭……夫人即协律之姑女也。
3	汇编大历 053	777	出自窦氏,复归窦家……因不失亲。
4	汇编贞元 097	799	年十九,配长舅子瞻。
5	续集大和 026	830	夫人清河崔氏……公之姑女也。
6	续集大中 055	856	夫人……我府君之女弟也……女二人:长适内兄章。
7	汇编乾符 031	879	有子三人:长曰庭诲,令娶姑之女。

表 3　墓志中的姨表婚

	史料来源	成文年份	志文内容
1	汇编元和 074	815	外甥乡贡进士辛劭撰…有女三人:长即邵之季弟劝之室。
2	续集大和 031	830	公……太夫人裴氏,即夫人外老姨也。
3	续集大和 042	833	洎嫁年,又归于姨之子段氏。

从这些墓志中,我们可以得到什么有关唐代表亲婚组合的信息?唐代表亲婚的目的和策略是什么?它们又是如何安排的?记载一对舅

表婚夫妇的墓志给我们提供了一些详细而又耐人寻味的情节。《唐故京兆韦府君夫人高阳齐氏墓志铭并序》（表1，第17例）①是由齐氏的弟弟齐孝曾撰写的：

> 有唐大中十四年八月十八日，韦公夫人高阳齐氏终于洛都建春里私第，享年五十九。其年孟冬二十一日合葬于平阴乡积润村之原，礼也。齐神农后，承姜分吕，代有勋名，具详史谍，事繁而不书。皇祖余敬，皇朝朝散大夫、沧州清池县令、赠秘书监；祖玘，皇朝银青光禄大夫、尚书工部郎中、赠太傅；烈考煚，皇朝朝议大夫、卫尉少卿。夫人字孝明，即少卿先府君长女也。及生，失所恃，未龆龀而识度不常，韦氏先姑怜而重之，视遇犹女。姑小子曰素，美秀而文，姑常抚夫人首曰：笄无他从，必为我季妇。及终又言。洎先君由刑部郎中出刺鄱阳郡，召孤甥而遵遗旨也。居七年，韦公举进士，不得第，才貌期乎一战，众冤之，往往亦自惋，及冬而殁。先君悯夫人少孀，荐痛韦甥遄逝，夫人惧增其悲，虽哀缠于内，每侍左右，未尝惨于色。及再罹大祸，几至毁灭，常以室妹三人为心，故强食终丧，教主女弟皆得成家。嫠居将四十年，而端严自饬，为宗族之规范焉。有二子：长曰阿改，次曰齐五，皆齿未小学，相继而夭，列于墓之坤维焉。苍苍既远，福善难明，莫报伯姊之慈，徒深仲由之苦，衔哀屑涕，纪述多遗，铭曰：
>
> 惟仁者寿，夫子格言，祸兮福倚，老氏攸传。猗欤我姊，德茂道全，既嫠既独，宜膺永年。何未及岁制，而奄随化迁？九宗哀恨，罔究儒玄，夏日冬夜，皆成大暮，归于其居，北山周圆。

这篇墓志反映了唐代表亲婚的几个非常重要的方面。第一，在唐代上

① 《汇编》大中164。

层贵族（尤其是大姓）中，表亲婚很常见。齐氏，字孝明，生于贞元十八年（802），族望高阳。其父齐煚官至朝议大夫、卫尉少卿。齐氏之夫韦素出于京兆韦氏。第二，在唐代表亲婚中多有夫妇一方父母早丧者。这篇墓志提到，齐氏之母在齐氏出生后不久即去世，当时，齐氏的姑姑已经嫁入韦族。她对齐氏尤为“怜而重之”，希望她将来能与自己的儿子韦素成婚。最后，齐氏之父遵其愿而为他们完婚。

所幸的是，韦素的墓志《唐故乡供进士京兆韦府君墓志铭并序》（表1、第8例）也保存了下来，为我们提供了一些有关这个舅表婚的重要细节。[①]我们得知，韦素生于贞元九年（793），父辈和祖辈均为地方官。韦素早孤，因而由其舅齐煚抚养成人。这篇墓志将韦素的文学才华和优秀品格归功于齐煚的教导。舅甥两人意趣相投，感情弥深。虽然齐氏是“四方之士”好逑之目标，齐煚还是安排她与韦素成婚。从这篇墓志中，我们还得知，韦素和齐氏一起长大，婚后也继续住在齐家。

韦齐舅表婚显然与功能主义者对表亲婚的解释大相径庭。首先，齐氏并没有被用作氏族间婚姻交换中或利益得失考虑中的一个筹码。从父辈的官位来看，韦齐的结合也并不是一个向上流动婚，况且，在韦素和齐孝明结婚之前，韦素已失恃怙。齐韦墓志所反映的是三种感情纽带——姑姑对早年失恃的侄女的疼爱、舅舅对由其培养成人的外甥的赞许、在齐家一起度过少年时光的韦素与齐孝明之间的情感。韦素墓志尤其重墨描写了齐煚与韦素间的亲情，称韦素“砥砺名节，酷似其舅”，两人间“比夫孺子获誉于悬榻，仲尼见称于倒屣”。“孺子”指汉代的出身贫寒的徐孺，以其才华而备受陈蕃青睐。陈蕃特意为之备悬榻于堂，便于徐孺随时造访。“仲尼见称于倒屣”则是假借王粲对蔡邕欣赏之至的典故来凸现齐煚与韦素在文学上的情投意合。虽然这种舅甥间的文学师友关系在唐代并不常见，但唐代墓志不乏描写舅甥间的特

---

① 《汇编》大和007。

殊感情的。

两份成文于9世纪的墓志也反映了一桩类似的舅表婚。《唐故泗州司仓参军诸道盐铁转运等使巡覆官刘府君墓志》①记载道，刘茂贞于贞元三年（787）出生于官宦之家，其父刘泳曾任睦州司马，其母吴郡张氏。刘茂贞“幼孤，复无弟兄，依外族而就学，克勤业而有成。年21，明经登第。元舅平仲以公人器不常，志在成立，遂以女妻之”。刘茂贞妻之墓志《唐故泗州司仓参军彭城刘府君夫人吴郡张氏墓志铭并序》②也保留了下来，为我们提供了张氏的生卒、家世、成婚安排以及婚姻生活等方面的信息。张氏夫人小刘茂贞5岁，18岁结婚，即在刘茂贞明经及第后两年。成婚七年之后，刘茂贞方得授官职。张氏“一心辅助，唯俭唯勤，书再考而方遇通年，发箧囊而事无不备。府君遂请假，两处启护，来往六千，假满事终，官将迎替。夫人又以家道未立，弥更苦心，减口食而添聚归粮，服浣濯而不辞暗弊”。

虽然刘茂贞出生于世家并科考登第，而张氏之父张平仲只是一个县丞，但与韦齐婚姻相同，刘早失恃怙，从小在外家长大。在刘张舅表婚中，刘茂贞的生母婚后与其本家的密切关系、刘茂贞与其舅张平仲及表妹张氏的感情都是关键因素。从墓志来看，张平仲是长子，所以刘茂贞可能与张氏一起长大。而且，夫妇两人可能婚后还住在张家，直到刘茂贞在29岁赴洪州建昌县任官。

更重要的是，这篇墓志强调，这桩表亲婚体现了为“先圣所重”的“姻不失其亲”的传统。“因（姻）不失其亲”最早见于《论语》，大多数《论语》注疏版本认为这句话的意思是姻亲是可依赖的。如朱熹的《四书章句集注》即有“因，犹依也。宗，犹主也。所依者不失其可亲之人，则亦可以宗而主之矣”之解。也有学者将它直接解释为在亲属中找婚

① 《汇编》大和031。

② 《汇编》大中136。

姻对象。[1]在唐人墓志中“姻不失其亲”均用于描述表亲婚，这至少反映了唐墓志作者利用儒经词句来褒扬这种婚姻安排的意愿。在刘茂贞墓志一文中，“姻不失其亲”显然是用于强调这个从妻居的表亲婚是与儒家传统相一致的。

这种个人能动性和情感纽带在记载姨表婚和姑表婚的墓志也有明显反映。比如《前京兆府蓝田县丞窦公夫人弘农杨氏墓志铭并序》[2]记载道：

> 夫人讳莹字谛听，弘农华阴人也。曾祖冲寂，皇司卫卿；大父愿，汝州刺史；烈考廙，太子右赞善大夫；清德儒风，家专盛美，史足征也，此而不书。夫人即赞善之第四女也。孩幼之年，嬉戏有度。先舅早命，严亲不违，女子有行，成人备礼，出自窦氏，复归窦家，宣父所谓因不失亲，亦可宗也。呜呼！舅姑早世，而孝不得展，孤幼未会，而仁无所施。德行工容，真妇之表，重于亲戚，不亦宜乎？常谓姬姞繁昌，君子偕老，岂意松萝异质，霜露先凋。始震而锺太夫人之丧，□伤毁瘠，殆至灭性，左右护持而免，终然抱瘵，缠绵枕席。及生子，寝疾弥留，大历十二年三月，终于洛阳殖业里之旅舍。春秋卅有一。以其载十一月廿二日权厝于北芒之南原，礼也。噫！为妇二岁，丧亲始朞，将归于秦，竟□于洛，皇天不吊，福善无征，念嗣子之婴孩，致夫君之永痛，行路凄感，岂唯宗亲，呜呼哀哉！叨忝公周旋，见讨铭志，不文而质，窃愧非能。铭曰：
>
> 窦家哲妇，杨氏盛族，兰英蕣姿，垂珰珥玉，享年未远，天丧令淑。都门之北，北芒之麓，寒郊莽苍，连岗重复，右瀍左陆，宅兆斯卜，魂兮是依，神之所福。胤子孩幼，夫临恸哭，虽设封树，惧移陵

① 程树德著《论语集释》卷一，中华书局，1990 年。

② 《汇编》大历 053。

谷，勒石为铭，勿疑来复。

从这篇墓志中我们得知，杨氏名莹，太子右赞善大夫杨廙之四女，成年后嫁给她舅舅的儿子，因此是一桩姑表婚。这个婚姻安排最初是杨莹的舅舅提出的，舅舅去世后，杨莹父母依然遵旧约而为杨窦两人完婚。墓志作者强调，杨莹的母亲出自窦氏，她成人备礼之后“复归窦家”，这正是孔子所强调的“因不失亲，亦可宗也”。这篇墓志没有直接记录杨莹婚后住在何处，但从“舅姑早世，而孝不得展，孤幼未会，而仁无所施”这句话来看，她似乎并没有住在窦家。

唐代墓志对姨表婚也有记载，但其在表亲婚中的比例远低于近世，这可能是因为唐代上层社会并不认为广拓姻亲网络特别重要，他们也并不特别担心女儿有可能在婆家受虐待。唐代贵族妇女和家庭社会地位相对唐以后要高，少有婆家虐待媳妇的记载或讨论。不过，一旦有般配的对象，唐人也会乐意地安排姨表婚。《唐莒王府段参军夫人王氏墓志铭并序》即对这么一个婚姻组合大加褒扬：

> 夫人讳僎先，晋散骑黄门侍郎浑，于夫人乃十七代祖。轩冕继袭，世皆而高。至曾祖固，仕唐皇为□部郎中；祖瑀，皇大理评事同州澄城县令；父僎，皇邓州向城县尉；夫人先夫人复薛氏族也。夫人生而婉美，性得令柔，天资聪明，咸适义训。始先夫人早世而殒，夫人自小及长，依于我姑。无不克勤孝道，洎嫁年，又归于姨之子段氏。煌煌之门，多其俦欤？夫人比为妇德，四行允修，九族雍穆，故为夫倾敬曰竭。段君公庆解褐任莒王府参军，终见伟哉！呜呼！夫人秾华方茂，俄夭世荣，自遘疾于今周岁，果不疗矣。以大和七年五月廿五日殁于长安崇义里之私第，春秋二十有五。以六月十日葬于京兆府万年县长乐乡古城村附于先茔，礼也。有女一人，藐然始孩，孤结无知，哀恸何识？爰有外丈郭儋抆涕为之铭曰：

霜风忽起兮贞芳不留，玉树摧落兮丛兰一秋。痛夫人之云殁兮见垄树之修修。天锡其生兮寿夭有常，命不可问兮神亦茫茫。凡铭纪德兮示其迁移，有误之来兮详于我词。①

这篇由王夫人的外丈郭儋撰文、其夫段公庆书写的墓志反映，王僎先早年失去母亲，从小在外家长大，15岁嫁与姨之子段公庆。从"依于我姑"一句来推测，王僎先是由外祖母带大的。而且，很可能墓志作者（郭儋）自己也与表妹结成伉俪（姑表婚）。

这篇墓志不仅记载了一个典型的姨表婚，而且还反映出一个耐人寻味的细节——王僎先并不是一个孤儿。墓志提及其"父僎，皇邓州向城县尉；夫人先夫人复薛氏族也"，这似乎暗指，王僎在他女儿过亡时尚在世，而且他的前后两位夫人均出于薛氏族。很有可能的是，王僎先与继母关系并不融洽，故从小由外祖母抚养。更重要的是，这篇墓志显示，王僎先的母亲薛氏过世后，其本家挺力而出，关心照顾出嫁女儿的后代。

记载表亲婚的墓志总数似乎难以代表唐代表亲婚的比例。这是因为，唐代男性墓志很少提供死者婚姻详情。因此我们不可能知道这些男性中有多少人是与表亲结合的。其次，如果墓志作者不是亲属或对死者不熟悉，则志文很可能不会描述其表亲关系。还有一种可能是，墓志作者认为表亲婚并不是一个特殊现象，因此没有必要特别陈述。事实上，有数篇墓志暗示死者与表亲结婚，但行文中没有确切点明。比如，一篇开成四年(839)的《我伯父唐故试太子通事舍人赵府君夫人南阳张氏玄堂记》提到，张氏"出于我之枝派"，赵张的结合很有可能是一个姑表婚。②

---

① 《续集》大和042。
② 《汇编》开成052。

表亲婚在唐代上层社会可能要比墓志所反映的更为普遍,在望族自我婚姻的历史背景下,交表婚应该是比较常见的。下面这篇墓志反映了一桩表亲冥婚,字里行间透露了唐代表亲婚之普遍程度及其与望族自为婚姻的关联。成文于808年的《维唐元和三年岁次戊子陇西李卅三娘之墓》①记载道:

> 卅三娘小字汧国,时年十七,即景皇帝之后,②大郑王亮之孙。曾祖孟犨,祖翼,父禼。以其年五月十六日遘疾,旬日终于尊贤里之家室,伤其一身。幼丧慈父,孝不展情,长未遘人,奄归泉壤,呜乎!命至此耶?枉之致耶?茫茫谁测,杳杳难闻,卜日有期,归本奚阻。以其月十九日葬于伊水之西,用祔外兄杨泛之墓。若神而见知,幽魂有讬,生为秦晋,没也岂殊,何必卢充,冥婚然契。词曰:礼初过笄,年未及嫁,空怀妇德,蕣花先著。卜宅伊西,将为长夜,幼女无依,遂邻泉舍。不失其亲,存没姻亚,陵谷虑变,克石于下。

这篇墓志虽然简短,但字里行间流露出为李汧国送葬的亲属的怜爱之情。李汧国幼年失父,而自己又在17岁因病去世。家人痛其“年未及嫁”“奄归泉壤”,便安排祔葬于表兄杨泛墓侧,以期两人的幽魂能结秦晋之好。我们在读这篇墓志时,不禁会赞叹唐代社会对表亲姻缘的褒扬。更重要的是,李杨的冥婚与唐代其他表亲婚有许多相同之处:本家对已出嫁女性的关爱、唐代社会对情感的注重以及望族大姓自为婚姻的普遍。

---

① 《汇编》元和022。

② 景皇帝指唐高祖李渊(618—626年在位)。

唐代表亲婚之特征及其成因

唐代墓志反映，表亲婚在唐代是一个被普遍认可的婚姻方式，但是，关于表亲婚是否合礼合法却是一个极有争议的话题，在唐之前尤其如此，其中最有影响的是晋代袁准以"同姓不婚"为依据反对表亲婚的论述。袁准写道：

> 或曰："同姓不相娶，何也？"曰："远别也。"曰："今之人外内相婚，礼欤？"曰："中外之亲近于同姓，同姓且犹不可，而况中外之亲乎！古人以为无疑，故不制也。今以古之不言，因谓之可婚，此不知礼者也。"①

到了唐代，这种对表亲婚的强烈态度有明显的缓转。中唐之际的礼学卫士杜佑（735—781）在解释这段文字时提到，虽然表亲婚不一定符合礼仪，但这是一个完全可以接受的现象。在《通典》中，他写道：

> 大唐之制，两姨姑舅姊妹，并不得通婚。嫂叔相为小功。
>
> 义曰：按袁准正论云："中外之亲，亲于同姓。同姓且犹不可婚，而况中外之亲乎！"诚哉斯旨。何者？按婚礼娶于异姓，所以附远厚别。附远者，欲令敦睦异宗；厚别者，盖以别于禽兽。则姨舅之女于母，可谓至亲矣，以之通婚，甚黩情理。然有若晋徐思龙者，或识昧一时，不详典故，姨妹既纳之为妇，诸弟安得不谓之嫂乎！且男女之际，必在正名，名正而男女有别。安有存时拜之为嫂，没则服之为妹。徐众乃云"一人兼两亲，似一人兼两官"。诚

---

① 杜佑《通典》，中华书局，1984年，第346页。

> 如所见，两名兼行，是则公许名称溷淆，婚姻无别矣。或者以服疑从重，亦谓不然。按丧服有或引或推，各存正义。故庾蔚之云："外姊妹而为兄弟之妻，宜用无服之制。"兄弟之妻无服，乃亲于外亲之有服也。况彼既弃本亲，来为我族之妇，我安得弃正礼而强徇私服哉！徐彦之论当矣。[1]

杜佑承认，表亲婚带来的真正问题是丧服上的混淆——表兄妹原为缌麻，一旦成婚后按法律嫂为小功，则于礼有隙。但杜佑显然承认，当时确有女性"弃本亲，来为我族之妇"的现象。[2]杜佑的讨论反映，表亲婚在唐代以及唐之前并不罕见。

值得注意的是，杜佑提及的"大唐之制，两姨姑舅姊妹，并不得通婚。嫂叔相为小功"却在其他唐代文献中没有记载。很可能这是指礼而不是法。而在《唐律》中，表亲婚显然是合法的。《唐律》第182条曰："若外姻有服属而尊卑共为婚姻，及娶同母异父姊妹，若妻前夫之女者，亦各以奸论。"由此可见，《唐律》所禁的是不同辈分间的亲戚的婚姻。长孙无忌在疏中特地加以说明："其外姻虽有服，非尊卑者为婚，不禁。"[3]《唐律疏议》的这个条文说明，表亲婚很可能是长期以来有争议的话题，因此，唐朝廷意图通过《唐律》的颁布将这一婚姻方式合法化。[4] 这个决定可能更多是出于认可现有婚姻现象，而不是鼓励这种现象。也就是说，唐代虽然不禁表亲婚，但这种婚姻安排并不是规定性的（prescribed practice）。

---

① 杜佑《通典》，中华书局，1984年，第346页。

② 同上。

③ 《唐律疏议》户婚第182条。

④ 有关这一条文的讨论可参见丁凌华著《中国丧服制度史》，上海人民出版社，2000年，第223页。值得一提的是，明朝立法，禁止一切缌麻亲属婚姻，违反者杖八十、离异。但明太祖时期已经缓行此律，清朝虽保留，雍正八年定例"听从民便"。见薛允升（1820—1901年）《读例存疑》卷一一，中国人民公安大学出版社，1994年，第215页。在此感谢复旦大学郭建教授的指点。

唐代文献表明，唐朝社会各阶层中都存在表亲婚组合。白居易的《朱陈村》即记述到，在徐州境内朱陈村中，农家朱、陈两族千百年来互为婚姻。[1]除了墓志所记载的上层贵族的表亲婚事例外，唐代传奇中也有这种长期通婚的描写。比如，孙揆《灵应传》中洞庭龙女九娘子对其家族的声望的夸夸其词即从侧面反映了表亲婚的普遍：

妾家族望，海内咸知，只如彭蠡、洞庭，皆外祖也。陵水、罗水，皆中表也。内外昆季百有余人，散居吴越之间，各分地土，咸京八水，半是宗亲。[2]

此外，戴孚《广异记》中的《魏靖》则记载一桩表亲冥婚：

魏靖，巨鹿人，解褐武城尉。时曹州刺史李融令靖知捕贼，贼有叔为僧而止盗赃。靖案之，原其僧。刺史让靖以宽典，自案之，僧辞引伏。融命靖仗杀之。载初二年夏六月，靖会疾暴卒，权殓已毕，将冥婚舅女，故未果葬。经十二日，靖活，呻吟棺中，弟侄惧走，其母独命斧开棺，以□候靖□，气微暖。久之目开。身肉俱烂，徐以牛乳乳之。既愈，言初死，经曹司，门卫旗戟甚肃。引见一官，谓靖何为打杀僧，僧立于前，与靖相论引。僧辞穷，官谓靖曰："公无事，放还。"左右曰："肉已坏。"官令取药，以纸裹之，曰："可还他旧肉。"既领还，至门闻哭声，惊惧不愿入。使者强引之。及房门，使者以药散棺中，引靖臂推入棺，颓然不复觉矣。既活，肉蠹烂都尽，月余日如故。初至宅中，犬马鸡鹅悉鸣，当有所见矣。

---

① 《全唐诗》卷四三三。

② 《太平广记》卷四九二。

这篇故事讲到,唐代官员魏靖暴卒后,其家人安排他与他的表妹冥婚。因魏靖是冤死,地下曹司放他回阳间。有意思的是,戴孚认为其故事之异在于魏靖之死而复生,而不是魏靖冥婚其表亲。

唐代表亲婚是否与人类学家、特别是结构主义理论家所提出的表亲婚模式相符合呢?我认为并不完全符合。这是因为,唐代表亲婚显然反映出一些非常特殊的表征,而它们恰恰是由唐朝的时代背景所决定的。首先,唐代表亲婚反映了望族自为婚姻的盛行,而且这一现象自唐初至唐末始终存在。①在唐代墓志记载的三十一例表亲婚中,大多数家庭属于唐代五大姓。其中,《唐朝散大夫摄邕州长史兼监察御史上柱国琅耶王公夫人崔氏墓志铭并序》即是这种现象的最好证明。墓志开首即介绍死者崔氏的家世:

> 夫人清河崔氏,第廿六,簪组蝉联,时为名族。曾祖讳徽,皇检校驾部员外郎;祖讳勉,皇侍御史;父敬章,见任随州录事参军;先妣太原王氏;继亲太原王氏。有四弟二妹,冠笄莘莘。夫人之长姑鲁国太夫人,归于先舅鸿胪卿赠工部尚书,有肃雍之德,闻于亲姻;

---

① 有关唐代大姓自为婚姻的研究,参见崔瑞德(Denis Twitchett)《唐代统治阶层的组合——以敦煌文献中的新证据为中心》(The Composition of the T'ang Ruling Class: New Evidence from Tunhuang),收于芮沃寿(Arthur F. Wright)、崔瑞德编《唐代概观》(*Perspectives on the T'ang*),Yale University Press, 1973 年,第 47—85 页;姜士彬(David G. Johnson)《一个大姓的末年:晚唐宋初的赵郡李氏》(The Last Years of a Great Clan: the Li Family of Chao-chün in the Late T'ang and Early Sung),*Harvard Journal of Asiatic Studies* 37 (1977 年),第 51—59 页;伊沛霞(Patricia Ebrey)《早期中华帝国的贵族家庭:博陵崔氏个案研究》(*The Aristocratic Families of Early Imperial China: A Case Study of the Po-Ling Ts'ui Family*),Cambridge University Press, 1978 年;毛汉光《晚唐五姓著房之婚姻关系》,《台湾大学历史学系学报》第 15 辑,第 135—157 页;毛汉光《关中郡姓婚姻关系之研究》,收于中国唐代学会编辑委员会编《唐代文化研讨会论文集》,1991 年,第 87—139 页;陈寅恪《记唐代之李、武、韦、杨婚姻集团》,收于陈寅恪《金明馆丛稿》,上海古籍出版社,1980 年,第 237—263 页;谭凯(Nicolas Olivier Tackett)《中世纪中国精英阶层的转变,850—1000》(The Transformation of Medieval Chinese Elites [850—1000 C. E.]),Columbia University 博士论文,2006 年。

采藻之敬，垂范宗族。夫人幼而慧淑，长有姑风。长史公禀先训，奉慈旨，大中旧历之十四年冬十月，自西秦结闳于东平焉。

从这篇墓志中，我们得知，崔夫人来自于清河崔氏，嫁入一个琅耶王的家族。她的父亲崔敬章先后两婚，均娶于太原王氏。崔敬章的姐姐（崔氏的姑姑）嫁入琅耶王家。当崔氏姑姑的儿子成人之后，他又"禀先训，奉慈旨"，娶清河崔氏家族的表妹为妻。又如，卢知宗为其妻郑子章所撰的《唐故荥阳郑夫人墓志铭并序》提到，"维姬与姜，实曰卢郑，历二千祀，代为婚姻"。此外，卢知宗还提到，郑子章之父郑朗娶范阳卢氏，即卢知宗从祖姑，郑卢两族之互为婚姻在其他墓志中也比比皆是。

唐代记载舅表婚的墓志多强调它与"姻不失其亲"原则的吻合，记载姑表婚的墓志则赞美其"出自 X 族，归于 X 族"的优越性。但是，记载姨表婚的墓志却很少提及类似的姻亲联结，这是因为两个姐妹嫁与不同族的几率比较大。这可能也是姨表婚这一在唐以后非常盛行的婚姻安排在唐代远比交表婚比例低的原因之一。

从表面看来，望族自为婚姻的风气似乎与列维-斯特劳斯的联姻理论十分接近，但是，细读唐代表亲婚实例，我们发现，事实并不如此。当然，通过表亲婚来建立权力联盟的事例在唐代并不少见。比如，太平公主的婚姻安排即反映了朝廷控制或扩展皇戚影响的意图。太平公主最初嫁与薛绍，即太平公主之姑城阳公主之子，这是一桩舅表婚。薛绍死于监狱后，武则天试图安排太平公主与自己的侄子武承嗣成婚（姑表婚）。此事因武承嗣病重而不遂。武后乃将太平公主嫁与其侄之子——武攸暨。[①]虽然这类婚姻安排并不是严格意义上的两族间的换妻，但它至少反映了婚姻当事人家族的权益衡量。

然而，唐代大姓间的互为婚姻并不完全以权益联盟为目的。虽然

---

① 《新唐书》卷八三。

唐代前期的朝政多掌握在望族出身的官员手中,但随着朝廷通过科举等一系列压抑望族势力的政策的实施,他们在唐朝政治中的影响力逐渐减弱。但是,大姓间互为婚姻的习俗以及这种婚姻安排所凸现的社会声望持久不衰,至唐末似乎更显张扬。以此观之,大姓在朝廷的势力消长与大姓间表亲婚安排的频繁是成反比的。[①]因此,与其说这些表亲婚是权益联盟的反映,还不如说它是大姓在增强其声望、价值观和文化认同方面的一种努力。

唐代表亲婚的第二个重要特色是婚姻双方以及两代姻亲间的感情纽带。从唐代墓志来看,表亲婚夫妇中往往一方早年失去父母而由另一方父母抚养成人。古人习称侄为"犹子",这在唐代墓志中非常突出。尤其是当作者旨在强调两代人的感情,或死者之侄安排其丧葬、撰写其墓志时。在我收集的1761份记载作者身份或名字的唐代墓志中,88份墓志由侄子执笔,而这些作者往往以"犹子"自称。

表亲婚夫妇间婚前的感情可能在他们的未来的结合中也起着重要作用。唐代贵族女性虽然颇为自由,但女孩与外人接触的机会究竟还是非常有限的,因此,她们的亲戚中的男孩尤其是从小与自己一起长大的男孩很有可能会成为她们情窦初开的对象。值得一提的是,唐代表亲婚中的从妻居的现象似乎与 Edward A. Westernarck"性厌恶假设"(sexual aversion hypothesis)不合。Westernarck 在1891年提出,幼时异性间的频繁交往会造成他们成年后对对方的性厌恶。[②]一百多年来,赞

① 有关唐代大姓在其政治势力下降之际愈趋炫耀望族出身,见拙著《唐代妇女的生命历程》,上海古籍出版社,2004年,第42—49页。谭凯指出,这种普遍、持久的望族标谤是非常典型的贵族精神。对这批人来说,官位本身并不能代表声望,他们的身份自我标识的关键是被视为右族的后代。见谭凯2006年博士论文,第72页。

② Edward A. Westermarck《摩洛哥的婚姻仪式》(*Marriage Ceremonies in Morocco*),英国 Macmillan Publishers, 1914年。

同、反对或修正"性厌恶假设"的研究层出不穷。[①] 从唐代的表亲婚实例来看,从小在一起长大似乎促进了异性表亲成年后的相互间的好感。看来,"两小无猜"很可能反映了唐人所赞许的一种感情形式。无怪乎李白简朴的《长干行》诗句会如此深受唐人(以及后人)的欣赏。当然,"两小无猜"并不是唐代表亲婚的常态,况且,在唐代绝大多数的婚姻都是父母之命、媒妁之言的结果。不过,我们也不能排除这些安排表亲婚的父母会鼓励这种感情并为之创造条件的可能性。

唐代表亲婚最显著的特点是妇女本家的能动性。墓志所记表亲婚

---

① 如,武雅士(Arthur P. Wolf)即发表了多篇有关台湾童养媳习俗的研究文章支持 Westermarck 的理论。见武雅士《童年结伴、性吸引及乱伦禁忌——一个中国的案例》(Childhood Association, Sexual Attraction, and the Incest Taboo: A Chinese Case), *American Anthropologist* 68.4 (1966 年),第 883—898 页;氏著《童养媳与姐妹出嫁——一个中国式的乱伦禁忌》(Adopt a Daughter-in-law, Marry a Sister: a Chinese Solution to the Problem of the Incest Taboo), *American Anthropologist* 70.5 (1968 年),第 864—874 页;氏著《童年合居与性吸引》(Childhood Association and Sexual Attraction: A Further Test of the Westermarck Hypothesis), *American Anthropologist* 72.3 (1970 年),第 503—515 页。又如,基于她对黎巴嫩的堂表婚的研究, Justine McCabe 指出,"儿时的亲密接触显然遏制了双方的性愿望"。见 McCabe《堂表婚:Westermarck 乱伦禁忌假设的支持证据》(FBD marriage: Further Support for the Westermack Hypothesis of the Incest Taboo), *American Anthropologist* 85.1 (1983 年),第 50—69 页。不过,近年来,多有学者开始质疑或修正 Westermarck 假设。如 Carroll McC. Pastner 指出,她对巴基斯坦的 Zikri Baluch 人的表亲婚的研究并不完全支持性厌恶假设。她认为 Westermarck 过于强调性心理的作用,因而忽视了文化习俗对早期儿童性心理的影响和调节作用。见 Pastner《Westermarck 假设与表亲婚——消极性取向的文化修正》(The Westermarck Hypothesis and First Cousin Marriage: The Cultural Modification of Negative Sexual Imprinting), *Journal of Anthropological Research* 42.4 (1986 年),第 573—586 页。Alex Walter 和 Stephen Buyske 的研究表明,Westermarck 性厌恶假设在成年男性中并不存在,但在女性中却有所反映。见 A. Walter、S. Buyske《Westermarck 效应与幼年合居》(The Westermarck Effect and Early Childhood Co-socialization: Sex Differences in Inbreeding-avoidance), *British Journal of Developmental Psychology* 21.3 (2003 年),第 353—365 页。有关 Westermarck 假设的最近一次争议是 Geoff Kushnick 与 Daniel M. T. Fessler 对其观点的支持以及 Fadwa El Guindi 和 Dwight Read 对 Kushnick 与 Daniel M. T. Fessler 的文章的反驳。见 Kushnick、Fessler《Karo Batak 人的表亲婚、群居和 Westermarck 假设》(Karo Batak Cousin Marriage, Cosocialization, and the Westermarck Hypothesis), *Current Anthropology* 52.3 (2011 年),第 443—448 页;Guindi、Read《Westermarck 假设再思考:评论 Kushnick 和 Fessler》(Westermarck Hypothesis Reconsidered: A Comment on Kushnick and Fessler), *Current Anthroplogy* 53.1 (2012 年),第 186—188 页。

实例表明,唐代女性与本家保持着十分密切的关系,这种关系不仅增加了她们的孩子与她们的甥侄互相接触的机会,也自然增加了娘家人在她们的子女的婚姻安排上的参与机会。从齐孝明与韦素的墓志我们看到,齐孝明的姑姑在嫁入韦家后仍然与娘家接触频繁——她不仅常常能见到齐孝明,而且她还将自己的儿子托付给娘家人(当然我们无从知道韦素父亲一方的亲属的情况)。唐代女性与本家的密切关系以及从妻居之频繁早有学者作过确凿论证,①笔者认为,这种密切关系可能是造成唐代表亲婚之受欢迎的主要原因。从这个角度来看,上述墓志中的韦齐表亲婚和刘张表亲婚均为从妻居也就不足为奇了。在宋代,虽然从妻居并不十分常见,贵族妇女仍然与本家保持着密切的关系,这可能也是宋代表亲婚普遍的原因之一。②

女性与本家的密切关系的另一个证明是,多篇记载表亲婚的墓志提到,其婚事是舅舅的主意或是由舅舅亲手安排的。舅舅操办外甥和外甥女的婚事在其他墓志也有记载。最著名的例子是柳宗元安排其外甥女崔媛与薛巽的婚事。在《朗州员外司户薛君妻崔氏墓志》中,柳宗元记载道,崔媛之父崔简生有七男三女,“八我之出”。崔媛即柳宗元的妹妹柳氏所生。崔简早亡,崔媛成人后“以叔舅命归于薛”。

唐墓志反映,唐人以舅舅为亲属中之至亲,舅舅对外甥和外甥女的成长有极大影响。比如,在一篇成文于 863 年的墓志中,作者崔碣特意在署名处申明与死者之甥舅关系——“舅朝议郎前守河南少尹赐绯鱼

① 有关唐代女性与本家的密切关系以及从妻居的婚姻形态,参见陈弱水《试探唐代妇女与本家的关系》,《“中研院”历史语言研究所集刊》1997 年第 68 卷第 1 期,第 167—248 页。

② 见伊沛霞著《内闱——宋代的婚姻与妇女生活》(*The Inner Quarters: Marriage and the Lives of Chinese Women in the Sung*), University of California Press,1993 年,第 67 页。不过,在宋以后,本家在出嫁女性的婚姻和家庭中的影响力逐渐下降。比如,元代的律令即对妇女与本家的关系有极大限制。参见,柏清韵著《宋元时代的妇女、财产与儒家反响》(*Women, Property and Confucian Reaction in Sung-Yüan China*[960—1368]), Cambridge University Press, 2002 年,第 200—272 页。

袋崔碣”。崔碣写道：死者李氏是其“伯姊之女”，而他与死者的舅甥关系乃为“亲亲之分”，而这种“骨肉之情”将“长怀无已”。[①]另一份由舅舅撰写的墓志是成文于开成三年(838)的《周元长墓志》，作者声称：“余君之舅氏，情爱则殊。”[②]还有不少墓志提到，舅氏在外甥、外甥女家境困难或失去父母时将他们接到外家，将他们抚养成人。[③] 在《唐河南府河南县尉李公别室张氏墓志铭并序》中，作者李琯提到，其妾张氏，“号留客，出余外氏家也”。李琯之季舅张刍“以余幼年，遂留以训育，于诸甥中，慈煦最厚”，因以张氏“配焉”。[④]外族对外氏后代的挚切关怀也体现在上述王僎先的墓志中。[⑤] 虽然王夫人早年失去母亲，但她的父亲显然在世。然而，王夫人的外族还是将她接过来抚养。本家对出嫁女儿的关怀虽然不一定是导致表亲婚的直接原因，但显然为之提供了可能性。

本家在安排表亲婚中的热情显然也鼓励了出嫁女性在子女婚姻安排上的主动性。唐代墓志表明，女性亲戚间会自己商量安排自己的子女与表亲成婚。比如，在为其父张骘撰写的《府君墓志铭》[⑥]中，早唐文官张说(667—730)提到，张说的母亲在张骘去世后，将自己子女抚养成人，“男习文雅。女工组绣。姻不失亲。官复其旧”。而一篇咸通年间的墓志则反映出，即使在父亲健在的情况下，母亲也乐意为子女安排婚事。这篇由孙备铭撰写的《于氏墓志铭》提道：

> 外姑幼与太夫人为中表善，始抚腹期为二亲家，杨老舅喜闻之，飞檄盟太夫人，且器小子于髫丱，贿金带誓之。冯翊殁世，夫人

① 《汇编》咸通029。
② 《续集》开成014。
③ 如《汇编》开元350、天宝195、元和018、咸通102。
④ 《汇编》咸通102。
⑤ 《续集》大和042。
⑥ 《全唐文》卷二三二。

> 方还侍金陵,大中七年,年18,余冠有二岁。先君率太夫人征金陵舅如约,故余与金陵二世于外氏重姻,其懿也如此。

可见,孙备铭与于氏的婚事是在于氏还未出生时就由双方的母亲给定下的[①]。

结 语

唐代墓志所见表亲婚显示,虽然堂表婚在唐代(以及其他任何时代)完全被禁止,唐代社会对其他三种表亲婚形式都十分接受。在唐代,舅表婚是最为普遍的表亲婚形式,而相对来说,姨表婚占少数。墓志中的表亲婚实例证明,完全依赖于联姻理论来解释表亲婚不仅会使我们无法注意到表亲婚实践中的细微之处和具体经验,而且还会妨碍我们对表亲婚的目的和作用作出准确的解释。唐代的表亲婚显然有其非常具有时代性的特点——个人主观能动性、感情纽带以及本家的角色,而这些特点往往被联姻理论学者所忽视。唐代墓志所见表亲婚实例反映了唐代的时代特征:大姓为维护声望而自为婚姻、孤儿在对他们来说最有“亲亲之分”的舅舅家长大成人,贵族妇女较高的家庭地位以及婚后与本家的密切关系。自《亲属制度的基本结构》发表以来,人类学家以及研究亲属制度的学者已在探讨和研究表亲婚的模式上有长足进展。笔者希望,本文对唐代表亲婚的考察能够对这一努力有所贡献。本文认为,将婚姻实践看成是特定历史条件下的个人和家庭的策略要比套用固定的表亲婚模式以研究中国古代表亲婚的实践更为有益。

---

① 《汇编》咸通040。

历史视野下的“大乐”
——唐代的性文学

夫性命者，人之本；嗜欲者，人之利。本存利资，莫甚乎衣食。〔衣食〕既足，莫远乎欢娱。〔欢娱〕至精，极乎夫妇之道，合乎男女之情。情所知，莫甚交接。其余官爵功名，实人情之衰也。夫造构已为群伦之肇、造化之端。天地交接而复载均，男女交接而阴阳顺，故仲尼称婚姻之大，诗人著《螽斯》之篇。考本寻根，不离此也。遂想男女之志，形貌妍媸之类。缘情立仪，因象取意，隐伪变机，无不尽有。难字异名，并随音注，始自童稚之岁，卒乎人事之终。虽则猥谈，理标佳境。具人之所乐，莫乐于此，所以名《大乐赋》。

《天地阴阳交欢大乐赋》是唐代文人朝官白行简(776—826)的作品之一。正如上引序言所称，此文旨在对各类性关系中的性行为及情境

“立仪”“取意”，但其详尽的描述令唐以后文人大为瞠目，认定这个贵为进士的文人不可能如此在意“猥谈”，以至此文不传于文集刊本，直至20世纪初被法国考古学家伯希和(Paul Pelliot,1878—1945)在敦煌文稿中发现此文抄本(P2539)，后由叶德辉（1864—1927）在1914刊印出版。[①]

然而，《大乐赋》并不是唯一一篇失传的唐代性文学作品。在《大乐赋》成文之前，另一位卓有盛名的唐代文人——张鷟(660—740)撰写了小说《游仙窟》，绘声绘色地向读者展示了一场性情官员与神秘新孀从吟诗作赋至云雨之欢的爱情剧。与《大乐赋》的遭遇相同，《游仙窟》也在唐以后失传。不过，这篇绝艳故事却在日本很受欢迎，并对日本文学的发展起了很大的作用。[②] 直至1929年，《游仙窟》才经由出版人陈乃乾介绍给中国读者，并收入他的《古遗小说丛刊》。[③] 可以说，《游仙窟》和《大乐赋》开启了中国第一个性文学时代。

遗憾的是，虽然《游仙窟》和《大乐赋》已被学者们所关注，但对它们在中国性文化史中的重要和独特的地位的探讨并没有全面展开，近

---

① 叶德辉《双梅景闇丛书》第4卷，长沙叶氏郎园刊本，第1—9页。

② 《游仙窟》由汉学家 Howard S. Levy 译为英文，1965年由东京大日本印刷株式会社出版。见 Levy《中国的第一部小说——张文成的游仙窟》(*China's First Novelette: The Dwelling of Playful Goddess by Chang Wen-ch'eng* [ca. 657—730])，第10—63页。此书还收集了1965年之前中国和日本学者有关《游仙窟》的研究书目。有关《游仙窟》与日本文学可参考马兴国《游仙窟在日本的流传及影响》，《日本研究》1987年第4期，第67—73页；李时人、詹绪左《〈游仙窟〉的日本古抄本和古刊本》，《上海师范大学学报》2006年第3期，第47—53页；李时人、杨彬《中国古代小说在日本的传播与影响》，《复旦大学学报》2006年第3期，第121—130页。马兴国的文章指出，《游仙窟》对日本古代的说话文学、万叶和歌、物语文学和中近世小说都有很大的影响。

③ 有关《游仙窟》再次传入中国的过程，参见林辰《〈游仙窟〉的归来与传布》，《群言》1989年第7期，第47—48页。此文由章廷谦（1901—1981）作注、鲁迅（1881—1936）作序。

几十年来的有关研究大多局限于文学、文本学、语言学以及版本学的范围。[①] 当然，也有学者讨论过《游仙窟》和《大乐赋》中的性与爱情的描写，但这些讨论大多将这两篇作品归类于房中术或道教传统。比如，周一谋认为，正如孙思邈（581—682）的《房内补益》和张鼎的《玉房秘诀》，[②]《大乐赋》是唐代的性学代表作之一。[③]而梅川纯代则指出，《游仙窟》的文字有多处是直接借用了道教性学的文字。[④]文学研究者则往往注重这两篇作品中的爱情主题以及《游仙窟》的神话故事体裁，因而不认可它们是性文学。比如，曾经致力翻译和研究唐代文学的 Howard S. Levy 认为，将《游仙窟》归类于性文学是不恰当的，因为小说中风月情景仅仅是其爱情主题的铺垫。[⑤] 与此相同，中国近年来对此文的研究也都将这两篇作品（尤其是《游仙窟》）归类于浪漫文学。一些学者强调《游仙窟》的故事反映了唐代文人对理想爱情的界定——即它不仅仅是肉体上的感受，还包括了男女双方的门当户对、才气以及品性。其他一些学者则认为《游仙窟》反映了中国文学史上常见的才子佳人

---

① 除 Levy、林辰以及李时人等文外，其他重要考证分析研究包括郭在贻《〈游仙窟〉释词》，《杭州大学学报》1981 年第 4 期，第 36—41 页；张美兰《〈游仙窟〉释词补》，《南京大学学报》1994 年第 1 期，第 126—127 页；李鹏飞《〈游仙窟〉的创作背景及文体成因新探》，《陕西师范大学学报》2001 年第 1 期，第 42—48 页。有关《大乐赋》的重要研究有梅川纯代（Sumiyo Umekawa）《〈天地阴阳交欢大乐赋〉与房中术》（Tiandi yinyang jiaohuan dalefu and the Art of the Bedchamber），收于罗维前（Vivienne Lo）、古克礼（Christopher Cullen）编《中国中古医学——敦煌医学文献》（*Medieval Chinese Medicine: The Dunhuang Medical Manuscripts*），Routledge Curzon Publisher，2005 年，第 252—277 页；伏俊琏《〈天地阴阳交欢大乐赋〉初探》，《贵州大学学报》2003 年第 4 期，第 78—83 页。

② 西方学者关于《玉房秘诀》的研究可参考金鹏程（Paul Goldin）《古代中国吸血鬼式的性文化及其宗教背景》（The Cultural and Religious Background of Sexual Vampirism in Ancient China），*Theology and Sexuality* 12.3（2006 年），第 285—307 页。

③ 周一谋《唐代一篇珍贵的性学文献——论白行简的〈天地阴阳交欢大乐赋〉》，《性学》1999 年第 4 期，第 24—25 页。又，高罗佩《中国古代房内考》，第 203—208 页。

④ 上揭梅川纯代文，第 259—268 页。

⑤ Howard S. Levy《唐代文学中的爱情主题》（Love Themes in Tang Literature），*Orient/West* 1962 年 1 月，第 68—72 页。Levy《中国的第一篇小说》，第 II—III 页。

的题材，但其着重点在情欲和艳遇。①

唯一一篇通过分析《游仙窟》和《大乐赋》来探讨唐代上层社会男性的性观念与社会性别观念的文章出自于中国女性主义学者杜芳琴之手。在《性事、医学和情欲中的社会性别——从〈大乐赋〉、〈千金方〉和〈游仙窟〉看唐代上层男性的性观念与性态度及性事情欲中的性别关系》一文中，杜芳琴指出《大乐赋》和《游仙窟》反映了唐代上层男性所想象的至美男女性特质，其目的在于逞才使气、满足虚荣乃至自我服务。她强调，《大乐赋》和《游仙窟》是男性主导的性事情欲话语的反映，因而它们也是男性主导唐代权力系统的反映。②

所有这些研究都使我们对《游仙窟》和《大乐赋》有更深、更详细的了解，但它们还没有完全解答有关两文的性质、体裁、所反映的唐代社会的特殊性以及它们的历史意义，本文的目的正是要从这些方面对《游仙窟》和《大乐赋》作进一步的探讨。笔者认为对《游仙窟》和《大乐赋》的体裁和性质的定义对我们认识两文的历史意义及唐代社会很重要；从这两篇作品对性爱的详尽描述来看，它们应该属于性文学，而不是以才子佳人相互爱慕而终成眷属之类的传奇。《游仙窟》和《大乐赋》的色情性可能是它们在唐代之后消声灭迹的主要原因——才子佳人的主题在唐以后一直兴盛不衰，而唐以后各代上层社会对性的态度却愈趋保守。但是，《游仙窟》和《大乐赋》与以房中术为主题的作品又大相径庭，因为，前者注重的是整体的愉悦和雅致，后者注重的是技巧和养生。

---

① 参见鲍震培、于燕华《邂逅风流：唐代小说〈游仙窟〉的世俗化特征》，《天津大学学报》2005 年第 2 期，第 122—126 页；胡勇《从尊崇门当户对到信奉郎才女貌——解读〈游仙窟〉中唐代爱情婚姻观念的转变》，《牡丹江师范大学学报》2007 年第 6 期，第 20—22 页；王增斌《佳色功名两不朽，诗人意兴托风情——〈游仙窟〉的文学特质与美学价值》，《太原师范学院学报》2003 年第 2 期，第 60—64 页；才志华《〈游仙窟〉的艺术图式》，《语文学刊》2010 年第 1 期，第 1—4 页；刘书成《中国古代小说情欲描写衍演的三个阶段》，《西北师范大学学报》2000 年第 1 期，第 24—29 页。

② 杜芳琴《妇女学和妇女史的本土探索》，天津人民出版社，2002 年，第 129—150 页。

笔者认为，唐代的科举制度和由之而来的科举文化是《游仙窟》和《大乐赋》问世的最重要的历史背景；唐代性文学的出现是唐代政治权力系统重新组合以及科举文人在公共话语权（尤其是在性观念和社会性别角色方面）上得以举足轻重的结果。《游仙窟》和《大乐赋》两文都致力于渲染文采、审美以及举止修养，这些正是为科举文人所自恃的特征。当这种文采、审美与对性爱的想象力相结合时，他们所表达的是一种自然和愉悦的性爱观。而且，《大乐赋》对性爱的描写反映了一种性是身心健全、男女和睦、社会和文化地位、情绪和感知的满足的重心的理想。简而言之，虽然《游仙窟》和《大乐赋》并不能代表唐代上层社会的性观念和社会性别观，但它们反映了唐代的性、女性特质、男性特质以及社会性别关系观念中的新层面，这些新层面的出现是与科举文人的势力上升紧紧相连的，对博学、修养、挚情、感受、婚姻美满以及性关系中的男女平等和情投意合的注重是在唐以前的文学传统所罕见的。

唐代性文学

——以《游仙窟》和《大乐赋》为例

《游仙窟》作者张鷟约生于高宗显庆三年（658），高宗上元二年（675）登进士第，武周时期尤负盛名。这一时期也正是唐朝廷推进科举铨选、重用科举文人的阶段。张鷟在进士及第之后，又应试八科，名列甲等，由此而为朝廷重用并确立其科举文人地位。张鷟之名噪天下也是因为他的文采，正如《旧唐书》所描写的，“天下知名，无贤不肖，皆记诵其文。新罗日本东夷诸蕃尤重之，每遣使入朝必重出金贝以购其文”。[①] 虽然《旧唐书》没有列出张鷟著述题目内容，但描写他的文字

① 《旧唐书》卷一四九《张荐传》。张荐乃张鷟孙。有关张鷟生卒及进士及第年月参见容肇祖《唐张鷟事迹考》，《岭南学报》1941 年第 6 辑第 4 期，第 129—139 页。

“颇诙谐”。宋代历史学家显然对之有不同见解,成书于宋代的《新唐书》称张鷟的文字“浮艳”“诋诮芜猥”[①]。张鷟自己似乎并没有表白过他撰写《游仙窟》的目的,与他同时代的文人学者对此文的褒贬也没有流传下来。然而,他的“诙谐”文字在当时广为流行则反映了唐代前期对此类体裁的需求。张鷟之最知名书著是《朝野佥载》和《龙筋凤髓判》。前者是笔记体裁,记唐初至开元年间事迹,虽多有亲眼见闻,亦参杂道听途说;后者集判例种种并加之点评,亦堪称编例首创。虽然《朝野佥载》不乏诙谐意趣,但与“浮艳”相去甚远,由此可以推测,《旧唐书》所称道的“无贤不肖,皆记诵其文”当是指张鷟的性爱奇遇故事《游仙窟》。

《游仙窟》的故事发生在当今甘肃的积石山,以第一人称自叙的方式展开。故事的男主角“仆”/“下官”/张郎奉使河源(今青海兴海),途中见一女子就涧边浣衣而求借宿。浣衣女(桂心)遂引至女主角崔十娘住处,途中桂心告知,十娘乃是“博陵王之苗裔,清河公之旧族”——唐代科举文人理想中的联姻家族。张郎忽闻宅内有调筝声,便以诗咏求见,十娘则不予答应。张郎“遂申怀抱”,因以赠书赠诗,几次三番而又终得以拜见。双方先互问家族身份,张郎自告其“望属南阳,住居西鄂。……青州刺史博望侯之孙,广武将军巨鹿侯之子”。先已入甲科,后荣登高第。这一以门当户对为主题的铺垫为故事的发展定下基调。片时,十娘的嫂子(五嫂)也来见过张郎。五嫂看出十娘与张郎情投意合,便在一边推波助澜,十娘和张郎的交流也愈趋浮艳、诋诮。主客双双以美酒、佳肴、琴棋助兴,不过,其主轴戏则是两人以食物和器皿为咏诗对象来表达他们对性爱的期待和向往。张郎与十娘终得云雨之欢,次日依依告别。

《大乐赋》的作者身份一直为学界所争论,其原因之一是现存史料

---

① 《新唐书》卷一六一《张荐传》。

中没有任何有关此文的记录。不过,现在大多数学者基本上赞同白行简为其作者的说法。[①] 白行简以元和二年(807)进士及第,逾张鷟之科举成名一世纪余。此时,科举文人已在唐朝政治领域中建立了举足轻重的地位。白行简在仕途和文学上均极有成就,宝历二年(826)去世时,他已官至膳部郎中,著述十一部,[②]其《李娃传》尤以文字精美、情节入胜而被誉为唐代传奇小说之典范。[③]

白行简显然着意将《大乐赋》写成一篇体现性爱愉悦的作品。他在序中称:人之所乐,莫乐于性。所以,他要描写性爱之汇总,以“迎笑于一时”,求“雅俗之共赏”。[④] 与叙事故事《游仙窟》不同的是,《大乐赋》由二百四十多行诗句组成,[⑤]分别描写十四种性爱场面,包括洞房花烛夜、夫妇亭台月夜、书室、四季景色之乐、久婚夫妇房事、主与妾、君与妃、在室未婚、殊乡异客、主婢、僧姑之偷情, 以及同性交欢等。[⑥] 比之于《游仙窟》,《大乐赋》的性描写远为详尽、直露,这可能也是现代学者对此文作者的身份有责疑的原因。从现代学术和文学创作的角度来看,我们很难想象《大乐赋》的作者是一位在唐代极有社会地位和文学声誉的科举文人。然而,这种推理显然是在用唐以后才形成的伦理体系和文学传统来考察唐代的现象。学者们曾指出,在中国历史上,对性

---

① 关于《大乐赋》作者争议,参见上揭梅川纯代文,第255—257页。关于白行简生平的研究,参见黄大宏《白行简行年事迹及其诗文作年考》,《文学遗产》2003年第4期,第40—49页。

② 《旧唐书》卷一六六。

③ 有关《李娃传》的研究,参见杜德桥(Glen Dudbridge)《〈李娃传〉——关于一个中国九世纪的故事的研究和分析》(*The Tale of Li Wa: Study and Critical Edition of a Chinese Story from the Ninth Century*),英国 Ithaca Press, 1983年; 蔡顺昌(S. C. Kevin Tsai)《〈李娃传〉中的礼仪与社会性别》(Ritual and Gender in the Tale of Li Wa),*Chinese Literature: Essays, Articles, Reviews* 26 (2004年),第99—127页。

④ 除了高罗佩和周一谋外,其他研究《大乐赋》的学者都没有讨论白行简写作此文的意图。

⑤ 现存版本共有239行,缺尾。

⑥ 《大乐赋》至今未有英文译本。高罗佩在《中国古代房内考》中曾作过分段总结,并详细地重述了文中关于新婚之夜的描写。

的描写经历了一个从上古时代的人性探索,到秦汉至唐代的浪漫雅致,到宋明时代的庸俗化的漫长的变化过程。[①] 虽然有关唐代上层社会的性观念的研究尚待全面展开,但可以肯定的是,唐代以后的上层社会的性观念和态度有明显的变化。现存宋代文字中没有一篇是可称为性文学作品的,而明代虽有大量色情文字出现,但文人对情欲的赞誉是非常犹豫的。[②] 虽然很多明代的性文学出自著名文人手笔,但它们往往以笔名出版。最著名的例子是《金瓶梅》的作者兰陵笑笑生。兰陵笑笑生的真实身份是《金瓶梅》研究中的争论重点之一,学者们至今尚无达成共识。文人学者在性观念和表达上的变迁也正是历史学家怀疑白行简是《大乐赋》的作者的原因之一。

当然,《游仙窟》《大乐赋》和房中术传统也有一定的关联。[③] 唐之前的房中术文献为唐代的性文学的兴起奠定了基础,然而,这些文献的主题和写作目的与《游仙窟》和《大乐赋》截然不同。高罗佩曾经提到,中国早期的房中术文献的主旨是说教和讲解,所以,它们强调的是各种性交方式及其益处。因此,不管其文字有多漂亮,它们的目的并不是取悦于读者。[④] 而《游仙窟》和《大乐赋》,正如白行简所强调的,着意渲染男女云雨的“理标佳境”,并以之“迎笑”读者。更为重要的是,《游仙窟》和《大乐赋》代表了带有强烈唐代科举文人特征的性爱话语:文字的娴熟以及对愉悦、审美、爱情和宗教感知上的追求。[⑤]在以下两个小

---

① 见刘书成《中国古代小说情欲描写衍演的三个阶段》文。

② 见黄卫总(Martin W. Huang)《明清时期的欲望和小说》(*Desire and Fictional Narrative in Late Imperial China*),Asia Center, Harvard University, 2001 年,第 5—22 页。

③ 现存最早有关房中术的文献大多出于汉代,其中尤以马王堆医书最为重要。马王堆医书共有十五篇,其中《十问》《天下至道谈》《合阴阳方》三篇即是房中术文献为这个综合养生和阴阳合一观念的房中术传统在中国历史经久不衰,有关讨论可参见金鹏程(Paul Goldin)《古代中国的性文化》(*The Culture of Sex in Ancient China*),University of Hawaii Press, 2002 年。

④ 上引高罗佩文,第 202 页。

⑤ 近年来中国性文化史研究者基本上认为唐代是中国性文化从房中术传统走向色情文化的转折期。参见刘临达、胡宏霞《中国性文化史》,东方出版社,2007 年,第 301 页。

节中,我将讨论唐代科举文人在建立这种性爱话语和社会性别和性观念的形成上的关键作用。

作为社会地位标识的愉悦

——唐代科举文化和享乐模式

中国历史上的科举虽创制于隋朝,其真正的发展时代是在唐朝,这是唐代初期为抑制贵族集团的政治和社会优势、护持新贵而采用的手段。唐朝三百年间,科举文人逐渐在政治结构和公共空间中形成一个极有影响力的集团。在唐代初期,宰相多来自于大姓家族或开国功臣,到武则天时期,过半的宰相由进士科出身,至唐懿宗时,后者比例达到了百分之七十八。[①] 当然,许多进士及第者来自于大姓家族,因此,科举制度并不意味着旧贵势力的消失,但进士集团中出身于大姓之外家族的也为数不少。

正如陈寅恪所指出的,科举新贵致力炫耀他们沉湎于声色的良辰美景是为了表示他们与旧贵族的区别。[②] 这种公开展示的一个典型例子就是白居易《三月三日祓禊洛滨》序中描写的一场科举文人的欢宴:"自晨及暮,簪组交映,歌笑间发,前水嬉而后妓乐,左笔砚而右壶觞,望之若仙,观者如堵。尽风光之赏,极游泛之娱。"事实上,这种声色之娱已成为获得新贵族地位的一个环节。科考前之半年至一年间,考生多寄居于与女妓聚居的平康里和吏部邻近的崇仁坊。及第之后,他们往往逗留在长安等待铨选结果。因此,他们经常在平康里欢宴游乐,并期望通过女妓们吟诵自己的诗文而使自己的文学才能得到长安文人圈

---

① 有关唐代科举制度及进士集团之影响可参见吴宗国《唐代科举制度研究》,辽宁大学出版社,1992 年。此外,韩昇《南北朝隋唐士族向城市的迁徙与社会变迁》(《历史研究》2003 年第 4 期,第 49—67 页)一文也对以科举入仕者在唐代的势力递升有深入分析。

② 陈寅恪《元白诗笺证稿》,上海古籍出版社,1980 年,第 52 页。

的认可。这种与长安女妓的密切关系以及对声色之娱的公开渲染的现象在科举文人中十分普遍,以至于许多大姓旧贵出身的科举文人也多以标榜自己的良辰美景来突出自己的新地位。[①]这种独特的社会文化氛围为唐代性文学的兴起提供了丰富的土壤。

唐代的性文学表现出非常强烈的科举文化的色彩,其最明显的标志是《游仙窟》和《大乐赋》中的诗。我们都知道,进士科主要考的是赋诗的才能,[②]相应地,诗成了这两篇性文学作品的主要成分。在《游仙窟》中,诗句占了近三分之一的内容,而《大乐赋》全文由诗句组成。另外,值得注意的是,这两篇作品显然是写给文人看的。比如,《游仙窟》中酒局游戏规定所作诗文必引《诗经》,而十娘、五嫂及张郎的诗句中的一语双关和种种比喻反映了极为高雅的审美观。此外,虽然《大乐赋》以记录“猥谈”和“俚俗音号”自称,但整篇内容掺杂了许多著名文学典故。[③]

更重要的是,《游仙窟》和《大乐赋》所宣扬是一种独特的“大乐”——性爱可以通过感性上的美、行为上的优雅以及超凡的直觉来大大增强其愉悦;[④]而文人正是这种深奥微妙的享乐的化身。在《游仙窟》中,张郎的自我介绍以及他与十娘的最初接触是通过冗长的礼节性的诗文交流来实现的。此外,乐舞、佳肴、棋局和精美的陈设点缀了整个故事。

现在让我们来看看《游仙窟》是怎样用诗句来体现男女主角对性爱的向往和期待的。十娘、五嫂和张郎的酒局游戏的第一个咏诗对象

---

① 上揭韩昇文,第58—60页。

② 参见傅璇琮《唐代科举与文学》,陕西人民出版社,2007年,第7—14章。

③ 比如,白行简是这样描写年轻夫妇之幸福日臻的:“此夫妇四时之乐也,似桃李之成蹊。”“桃李成蹊”的比喻非常贴切地形容了他们之间逐渐形成的相互爱慕。

④ 本文有关愉悦的讨论受益于马克梦(Keith McMahon)有关明清时期的“情”界定和研究。参见马克梦《一夫多妻制与真情美学:现代中国前夕的性相结构》(*Polygamy and Sublime Passion: Sexuality in China on the Verge of Modernity*),University of Hawaii Press,2009年,第143—149页。

是筝，由五嫂作诗以传递十娘意欲“留客”却又难以启齿的犹豫，十娘随之咏诗以尺八(竖笛)暗喻亲吻。之后，三人以双六开赌，张郎咏局曰：“眼似星初转，眉如月欲消，先须捺后脚，然后勒前腰。”十娘答之：“勒腰须巧快，捺脚更风流，但令细眼合，人自分输筹。”两人接着以咏枣、[1]梨、[2]杏[3]来表达各自的情急意切，并以咏刀和咏鞘来形容各自在云雨之欢上的品味。《游仙窟》中以俏丽诗句组合起来的对话显然是写给有高度文学修养的读者的，十娘和张郎的一语双关的文字游戏能力似乎为了证明他们各自在性征服上的勇气和高超。

与之相同，《大乐赋》虽然也是描写肉体的男欢女爱，但它强调的是行为、感性和语言上的审美以及情感上的相互呼应。事实上，《大乐赋》的重头戏是新婚夫妇从洞房夜到婚后渐渐培养起来的感情和肉体上的满足，这体现在此文对夫妇两人感受情爱与四季美景相融的尽情渲染。

节候则天和日暖，闺阁亦绣户朱帘。
莺转林而相对，燕接翼于相兼。
罗幌朝卷，炉香暮添。
佯羞偃□，忍思腌醶。
枕上交头，含朱唇之诧诧；
花间接步，握素手之纤纤。

在这一节叙述中，白行简将肉体的快乐与华丽的色彩、织物、声音、气息联系起来。红色代表了新婚的喜庆，绣户和罗幌显示了他们的社会地位和品味，而炉香和花间芬芳则增添了感性的氛围。此外，白行简

① Levy 指出“枣”音同“早”，此句着意体现崔五娘的急切心情。见 Levy《中国的第一部小说》，第 61 页尾注 65。
② “梨”与“离”同音。同上，尾注 66。
③ “杏”与“幸”同音。

巧妙地用文学传统中莺燕比喻来体现春天的喜气和新婚夫妇缠绵床笫之际的情景。接着，白行简描述两人的夏季体验：

夏也，广院深房，红帏翠帐。
笼日影于窗前，透花光于簟上。
苕苕水柳，摇翠影于莲池；
袅袅亭葵，散花光于画幛。
莫不适意过多，窈窕婆娑，含情体动，逍遥姿纵。
妆薄衣轻，笑迎欢送。
执纨扇而共摇，折花枝而对弄。
步砌香阶，登筵乐动。
俱□澥浴，似池沼之鸳鸯；
共寝匡床，如绣阁之鸾凤。

这段关于夏季的描述更进一步强化了各种感官上的享受，颜色（红帏翠帐）、质地（簟、画幛、衣轻、纨扇）、光和气息以及各种画面（“笼日影于窗前，透花光于簟上”“摇翠影于莲池”“散花光于画幛”）交织在一起，加之美乐和佳肴，这一切都旨在渲染夫妇间的美满和爱意。这个多层次的感官和感情上的描述为作者描写他们床笫间种种尝试作了铺垫。如果说，春天的莺燕预示着这对夫妇的婚姻幸福的话，那么到了夏季，他们已经像鸳鸯和鸾凤那样不可分离。

其秋也，玉簟尤展，朱衾半熏，
□□□□□□□，池荷茂而花纷。
收团扇而闭日，掩芳帐而垂云。
弦调凤曲，锦织鸳纹。
透帘光而皎晶，散香气之氤氲。

此时也，夫怜妇爱。不若奉倩于文君。

在这段秋季描写中，白行简将夫妇的互怜互爱添加到他们的愉悦模式中——除了绚烂的色彩、质地、音响和氤氲外，奉倩文君典故的运用体现了唐代文人对男女间的爱情的注重及他们对理想男女性形象的界定。

其冬也，则暖室香闺，共会共携。
披鸳鸯兮帏张翡翠，枕珊瑚兮镜似颇梨。
铺旃毯而雪敛，展绣被而花低。
熏香则凋檀素象，插梳则镂掌红犀。
萦凤带之花裙，点翠色之雪篦。
绿酒同倾，有春光之灼灼；
红炉压膝，无寒色之凄凄。
颜如半笑，眉似含啼。
娇柔口之婉娩，翠姣眼之迷低。
在一座之徘徊，何惭往燕？
当重衾之缱绻，惟恨鸣鸡。

这段对冬季性爱的描写再一次强调了此文的主旨——各种感官上的享受和体会能够扩大、延伸性爱的快乐。对照前三段，对冬季的描写加入了珊瑚、玻璃镜、绿酒。它所要强调的是主人奢华的品味和浓重、激情的性能量。值得提及的是，白行简对这对新婚夫妇的着重渲染可能意图说明婚姻内的性爱是可以与任何一种性爱关系媲美的。

在此，我们或许可以将《大乐赋》与印度《爱经》作一个简略的比较。《大乐赋》中对色彩、音响、香气、景致、佳肴和自然界的描绘以及对亲密情感的注重与性爱文学巨著《爱经》似乎是一脉相承的。学者早已提出，印度《爱经》的产生也是与文学贵族掌控愉悦的话语相关联的。在《爱经》中,性爱的关键是视觉上的美艳、行为上的雅致以及感情上互相吸引,这些特征都是一个有教养的贵族应该具备的。因此,《爱经》出自一位生活在文人享有极高社会地位和政治权利的笈多王朝(约320—550)时期的著名哲学家(筏蹉衍那)之手是可想而知的。我们没有任何依据来推测白行简是否知晓印度《爱经》,《大乐赋》与《爱经》的比较研究也是笔者力所不能及的,但是两文的相同点提示我们:有关愉悦和快感的观念、表达、表现以及强化和推广是与历史时刻和地点紧密相关的。《大乐赋》和《爱经》及其这两篇性文学所体现的性愉悦的基准都是崇尚文人和都市文化的社会的产品。

《游仙窟》和《大乐赋》还折射了唐代性愉悦观念中的一个新层面——宗教感知性。虽然《游仙窟》和《大乐赋》不是宗教文学,但这两篇作品都反映出,唐代的性文化的历史背景是道教和佛教(尤其是视性为精神能量之源的密宗)的融会。①学者们早已指出,不少唐文人谙熟道家房中术,因此,唐代性文学与道教性学有着直接的联系。②比如,

---

① 密宗/金刚乘教法在7世纪传入中国,至9世纪极盛。虽然大乘佛教教派多主张自净其意,性在密宗教义中是一个非常重要的概念。有关密教之传入中国,参见周一良《唐代印度来华密宗三僧考》(Chou Yi-liang, Tantrism in China)哈佛大学博士论文,1944年。值得一提的是,一些学者提出,道教对密宗的产生有重大影响。在《印度与中国的性神秘主义》(Indian and Chinese Sexual Mysticism,《中国古代房内考》附录1)一文中,高罗佩提出,“可以说,在刺激了印度密教的兴起之后,古代中国的道教神秘主义又以其印度化之形态被重新引进中国,这在中国历史上至少发生了两次”(第256页)。石海军也曾在其《道教与密宗—兼及印度文化和文学中的艳欲主义》一文中提到道教对印度密教的影响(《外国文学研究》2003年第6期,第5—11页)。

② 比如夏广兴曾提出,《游仙窟》和《大乐赋》受到密宗关于性能力的概念的影响。见夏广兴《密宗传持与唐代社会》,上海人民出版社,2008年,第292页。此外,唐上在其硕士论文中也提出,唐代的性观念的开放原因在于道教和密宗的影响。见唐上《唐代开放之性观念研究》(西北大学,2006年)。也有学者提出,通过性而至大乐的观念在7世纪之前就已经传入中国,参见,松长有庆(Yukei Matsunaga)《印度密宗史(以汉译为参考)》(A History of Tantric Buddhism in India With Reference to Chinese Translations),收于Leslie S. Kawamura、Keith Scott编《佛教思想与亚洲文明——Herbert V. Guenther先生六十诞辰纪念论文集》(*Buddhist Thought and Asian Civilization: Essays in Honor of on His Sixtieth Birthday*), Dharma Publisher, 1977年,第167—181页;及吕建福《中国密教史》,中国社会科学出版社,1995年。

美国学者夏德安(Donald Harper)曾著文探讨道家性学文献与《大乐赋》在句法和措辞上的关系,[1]梅川纯代有关《大乐赋》的研究则详细罗列了唐代文人借用道教性学词汇的例证。[2]因此,我们不难想象,白行简借用了密宗的“大乐”一词来命名他的作品,期冀以此神化他对性愉悦和性能力的诠释、宣扬宗教感知在性爱中的重要地位。《大乐赋》的密宗内涵也可能是此文在集有大量密宗文献的敦煌洞窟中被发现的原因之一。[3]

关 情

——唐代的性观念及对性别关系的认知

《游仙窟》和《大乐赋》着墨渲染男女间尤其是夫妻间的爱情,并将它与性愉悦联系起来;此外,这两篇作品还体现了唐代关于理想男性特质和女性特质的认知。在《游仙窟》中,“情”是编织主线故事的纽带,而五嫂的角色在于安置并提示读者张郎与十娘间“情”的线索及其进展。五嫂先立下酒局赋诗游戏的规则:“不是赋古诗云,断章取意,唯须得情,若不惬当,罪有科罚。”未几,五嫂便声称十娘是“天生素面能留客,发意关情并在渠。”接着,她又观察到十娘“情想有所交通”,而他们两人间很快由“情急意密”转为“情来不自禁”。不过,值得一提的是,虽然《游仙窟》大力赞美爱情,作者的真正目的是写一篇关于艳遇的故事并以此来激发读者对性愉悦的想象。因此,《游仙窟》当属性爱

---

① 夏德安(Donald Harper)《一份公元前二世纪文献所记载的中国古代房中术》(The Sexual Arts of Ancient China As Described in A Manuscript of the Second Century B. C), *Harvard Journal of Asiatic Studies* 47 (1987 年),第 580 页。

② 上揭梅川纯代文,第 259—268 页。

③ 这些文献分别收于林世田、中国美编《敦煌密宗文献集成》和《敦煌密宗文献集成续编》,中华全国图书馆文献缩微复制中心,2000 年。有关研究可参见李小荣《敦煌密教文献论稿》,人民文学出版社,2003 年。

小说而不是爱情小说。

与此相同,《大乐赋》赞美婚姻内的性爱,将夫妇的种种云雨之欢推崇为美满婚姻的象征。事实上,《大乐赋》的大部分文字是在关注年轻夫妇的性愉悦以及他们从新婚燕尔到琴瑟和鸣的体验。白行简称道之:“当此时之可戏,实同穴之难忘。”[1]此外,与许多追崇年轻和美艳的性文学不同,《大乐赋》还包括了一段对老年夫妇的性生活的描写,赞誉其“尚犹纵快于心”,称道他们对性爱的洞察——“信房中之至精,实人间之好妙”。《大乐赋》对夫妇性爱的描写的字数达 1285 字,占整篇文献的百分之四十余。[2] 这篇崇仰婚姻之爱之神圣的作品是与唐代以前的房中术文献是全然不同的——房中术所注重的是性技巧或养生,而夫妇间的性爱谐和则是一个被边缘化的话题。而另一方面,《大乐赋》与唐以后的性文学有很大的差异——唐以后的性文学中往往将性愉悦等同于肉体的满足,[3]很少强调以《游仙窟》和《大乐赋》为代表的唐代性文学中的“情”。

《游仙窟》和《大乐赋》中所推崇的理想男女性特质虽然源于早期的文学传统,但它们又体现了唐代科举文化的成分——美貌与文学修养的结合。张鷟在《游仙窟》中对十娘和五嫂的美貌的描写以及白行简在《大乐赋》中对新妇的美貌描写使用许多《诗经》和《玉台新咏》的词汇, 如明眸、皓齿、朱唇、玉指、熏衣、纤腰等。这些词汇在《游仙窟》和《大乐赋》中很常见,但同时我们也注意到崔十娘、五嫂及《大乐赋》

---

① 虽然合葬在新石器时代已经出现,但至唐朝夫妇合葬比例急剧上升。参见赵超《由墓志看唐代的婚姻状况》,《中华文史论丛》1987 年第 1 期,第 192—208 页。

② 此篇共有 2972 字。值得一提的是,虽然现存文献并不完整,但考虑到与白行简所描写夫妇性爱相比,他已经讨论到的其他种种性关系都非常简略,因此,这个百分之四十的比例应该是可以成立的。

③ 在她有关宋代官员与女妓的关系的研究中,柏文莉(Beverly Bossler)也观察到这种对性愉悦的态度的变化。见柏文莉《身份转化:中国宋朝艺妓与士人》(Shifting Identities: Courtesans and Concubines in Song China),*Harvard Journal of Asiatic Studies* 62. 1 (2002 年),第 5—37 页。

中的新妇显然与唐之前文学作品中理想女性不同——她们既博学多才,又有自己是有性之人的感知,而且,聪明才智是她们追求和体会性快乐的关键。

在《游仙窟》中,十娘和五嫂通过诗赋与张郎交流接触,她们的诗文和酒局穿插了许多前人文学中的用语和典故。而《大乐赋》则描写了新婚夫妇同阅《素女经》的情景。这种对女性的文学才能与姣好美貌的并举和推崇也可以在唐代的传奇文学中找到踪迹。比如,在元稹(779—831)的《莺莺传》中,莺莺不仅美貌出众,而且还"善书文","往往沉吟章句"[①]。这种将有书卷气的美女作为理想的女性特质是与科举文人贵族的地位上升相并行的。在这些以诗文博雅为上的男性的想象中,他们的性对象也应当是文采并茂的。

在《游仙窟》和《大乐赋》中,这些才貌双全的女性不仅是男性所追逐的性感对象,而且她们对性爱和性愉悦的追求和感受也与男性同样地执着。在《游仙窟》中,十娘以酒局诗赋来推进前戏,同样地,在《大乐赋》中,新婚夫妇以"读素女之经"辅助他们的雨云之事。在《玉台新咏》等早期中国文学中也有不少描写女性的性爱,但这些描写往往是含蓄的、隐喻性的,这些女性往往被描写为可望不可即的,枚乘(前?—前149)的"美人在云端,天路隔无期"就是一个典型的例子。而在《游仙窟》和《大乐赋》中,十娘、五嫂和新娘都是性愉悦的积极主体——五嫂是一个推动者,十娘是一个诱惑者,那位新娘则是一个热衷参与者。

在理想的男性气质的描写方面,虽然《游仙窟》和《大乐赋》都极力渲染男性主角的床上功夫,但一个很显然的主题是,这些男性在床笫间的成功最重要的原因是他们的文人地位、文学知识、举措修养、高雅品位和他们表达、交流感情和欲望的能力。在《游仙窟》中,十娘最初以

① 《太平广记》第4册,上海古籍出版社,1994年,第556页。

为张郎只是一个平平的追求者，对他传递的诗信不屑一顾。张郎遂撰《燃诗》并高声诵吟，这篇机智、精湛的小诗征服了十娘。在《大乐赋》的种种性场景中，读者不难感受到白行简的诙谐嬉笑，如殊乡异客之惊恐（“心忒忒，意惶惶”）、名儒大僧之虚伪（“思心不触于佛法，手持岂忌乎念珠”）、山村之人之丑陋（“男则峻屹凌兢，女则兜□醭削”），而皇帝的寻欢作乐更是造成嫔妃不合的根源。所有这些描写似乎都是用于突出那位新婚文人的高雅品质以及他所感受到的极度快乐。这一新现象反映了科举文人在界定性和社会性别上的尝试和追求。

另外一个值得注意的方面是，《游仙窟》和《大乐赋》提倡，在床笫之间男女双方是平等的性伙伴。这个主题在《游仙窟》中尤为突出，如十娘对张郎的百般诱惑以及她对性爱过程的预设和要求。《大乐赋》中的新婚夫妇也似乎体现了这种平等性伙伴关系，他们一起阅读性书、共同体验种种性愉悦。此外，虽然《大乐赋》中一些性关系是不平等的（如丈夫与妾、主人与奴婢、皇帝与嫔妃等），但是，作者对他们的性行为的描写注重于参与者双方对性愉悦的追求，社会地位的低下似乎并没有妨碍当事人对在这种关系中得到性满足的追求。《游仙窟》和《大乐赋》中的女性并不是被动的、保守的、诡秘的——《游仙窟》中十娘对张郎的勾引可以说是一目了然，《大乐赋》中的新娘也是一个性爱的主动者（“美人乃脱罗裙，解绣袴，颊似花围，腰如束素。情婉转以潜舒，眼低迷而下顾”。）由此看来，我们可以说，性吸血鬼主义、性战以及女妖精并没有成为唐代性文学的主题，唐代性文学作者所推崇的是男女双方对性愉悦的追求。①

---

① 有关古代中国吸血鬼式的性及性较量，参见上揭金鹏程文，第285—307页。此外，有些学者（如蔡顺昌）强调《游仙窟》以及白行简的《李娃传》反映了唐代文人的社会焦虑和性焦虑——与女妓的邂逅交往和与女神的邂逅交往都一样，令人迷醉而又似陷阱重重。参见，蔡顺昌2004年文。

结 语

从本文对《游仙窟》和《大乐赋》的简短讨论中我们可以看到,这两篇作品反映了唐代性文学的一些特点。第一,它们都强调礼节、雅致、博学和修养;第二,它们体现了对感知性愉悦的执着的自信,并主张这种"大乐"可以通过大自然、音乐、香味、色彩、文字和爱慕得以伸张。《大乐赋》更进一步地提出,性爱是在身体、智慧、精神、感情、社会和文化上得到满足的关键之一。更重要的是,《游仙窟》和《大乐赋》反映了唐代文人对性和性别关系的诠释——理想的男女性气质包括了文学知识、优雅举止、高雅品味和感知灵性;而这些特质又是达到性之大乐所不可或缺的。正因为如此,这两篇作品将男女双方描写为共同追求愉悦的平等的性伙伴,并强调男女间的情感在性愉悦中的重要性。虽然《游仙窟》和《大乐赋》并不足以代表科举新贵的性别观或他们所认同的行为准则,但至少它们凸现了唐代性别关系和性行为观念中的新层面。这些新层面显然是与科举文化相关联的——它们反映了科举文人在政治体制和话语权上的优势,也反映了他们与道教和佛教的互动。在此前提下,加之以空前的经济繁荣和都市文化,唐代成为中国历史上第一个性文学兴盛时期也就不足为奇了。

唐代妇女与佛教孝道观

中国佛教研究中一个经常出现的论点是,佛教之汉化得益于对孝道的肯定和吸收。有些学者指出:早期佛教大师强调,僧侣生活是一种终极孝道,是为祖先祈福必不可少的途径,佛教由之而被中国社会接受并得以广泛传播。此外,早期佛教大师还在翻译佛经时将儒家的概念掺入译文中,使读者以为佛教历来是倡导孝道的。①也有学者认为,

① 陈观胜(Kenneth K. S. Ch'en)是第一位提出孝道在中国佛教中的特殊地位的学者,他认为这是佛教得以在早期中国传播的主要原因。参见陈观胜《中国佛教中的孝道》(Filial Piety in Chinese Buddhism), *Harvard Journal of Asiatic Studies* 28 (1968 年),第 81—97 页;氏著《佛教的中国转型》(*Chinese Transformation of Buddhism*), Princeton University Press,1973 年,第 14—64 页。冉云华也在这一课题方面发表多篇论著,如,她在《孝道在中国佛教中的角色的重新评估》(The Role of Filial Piety in Chinese Buddhism; A Reassessment)一文中提出,孝道在印度佛教中占次要地位,但佛教传入中国后,它成了佛教中的重要美德。见傅伟勋(Charles Wei-hsun Fu)、华珊嘉(Sandra A Wawrytko)编《佛教伦理与现代社会》(*Buddhist Ethics and Modern Society*), Greenwood Press,1991 年,第 27—39 页。她的中文论文《中国佛教对孝道的受容及后果》也有相同论说,参见冉云华《从印度佛教到中国佛教》,台北:东大图书出版社,1995 年,第 42—55 页。此外郑雅如在她关于唐代比丘尼韦契义的研究论文中提出,比丘尼韦契义墓志反映了唐代孝道的理念——韦契义通过出家来体现佛教的孝道;通过归葬族墓在身后为父母行孝。见郑雅如《韦契义墓志铭释读——兼论唐人的孝道意识》,《早期中国史研究》2009 年第 1 期,第 63—80 页。

佛教中的某些题材(如孝子救母之类的变文)对加速佛教汉化的进程有巨大推动。[①]不过,这一观点受到不少学者的挑战。早在1983年,John Strong撰文提出,早期印度的佛教故事中有许多关于和尚行孝的记载。[②]一个更为直接的质疑来自Gregory Schopen关于1至5世纪期间印度碑文的研究。[③] Schopen发现,在他所搜集的为父母祈福的碑文中,超过百分之六十的捐赠人是和尚,而且其中大多数是佛学教师以及指定佛教文献的传授者。Schopen因此认为,孝道是印度佛教中固有的、广为实践的中心观念。近年来,释广兴关于巴利文经藏尼柯耶和毗奈耶以及汉译阿含经和毗奈耶的研究进一步证实,孝道是早期佛教伦理教义中的一个重要组成部分。[④]

还有一些学者认为,虽然印度佛教孝道是原发性的、创始性的,早

---

① 比如,太史文(Stephen F. Teiser)在《中世纪中国的鬼节》(Princeton University Press,1988年)一书中提出,以颂扬目连救母为中心的盂兰盆节之所以能够在中古社会各阶层得以广泛传播就是因为它肯定了中国人生活中最为崇尚的理念——孝道。寇爱伦(Alan Cole)提出,佛教得以融入中国社会和文化是因为它利用了母子间的(礼教之外的)感情纽带,而目连救母的故事正是这种纽带的典型体现。参见寇爱伦《中国佛教中的母与子》(*Mothers and Sons in Chinese Buddhism*), Stanford University Press,1998年。

② John Strong《孝道与佛教——中国难题的印度先例》(Filial Piety and Buddhism: The Indian Antecedents to a "Chinese" Problem),收于Peter Slater等编《接触与变化中的传统——第14届国际宗教史大会论文选》(*Traditions in Contact and Change: Selected Proceedings of the XIVth Congress of the International Association for the History of Religions*), Wilfred Laurier University Press, 1983年,第171—186页。

③ 见Gregory Schopen《孝道与修行印度佛教的僧人——从另一面看佛教汉化问题》(Filial Piety and the Monks in the Practices of Indian Buddhism: A Question of Sincization Viewed From the Other Side),*T'oung Pao*70(1984年),第110—126页。

④ 释广兴《早期佛教中的孝道》(Filial Piety in Early Buddhism),*Journal of Buddhist Ethics*12(2005年),第82—106页;广兴《儒佛孝道观的比较研究》,收于刘笑敢、川田洋一编《儒释道之哲学对话》,香港商务印书馆,2007年,第121—153页。其他关于早期印度佛教中的孝的观念的重要论著包括李小荣《略论敦煌变文中的孝亲思想》,《盐城师范学院学报》2000年第2期,第19—22页;谢生保《从〈睒子经变〉看佛教艺术中的孝道思想》,《敦煌研究》2001年第2期,第42—50页等。李小荣与谢生保均讨论了《睒子经》的故事被收入宋代《二十四孝传》的过程。此外,贝剑铭(James A. Benn)在《为佛而燃烧:中国佛教中的自焚》(*Burning for the Buddha: Self-immolations in Chinese Buddhism*, University of Hawaii Press,2007年)一书中也列举了印度佛教故事被吸收到《二十四孝传》中的一些例子。

期佛教经典中的孝道观与儒家传统中的孝道观是不同的，因而，印度佛教孝道确实被用作传播佛教的工具。比如，韩献博（Bret Hinsch）在其关于梁代和尚宝唱《比丘尼传》的研究论文中指出，中国的佛教徒塑造了一群孝顺的佛教徒女性的形象，其目的在于抵抗对佛教的攻击。随之而来的是，佛教成了孝道的工具，孝道证明了佛教的合理性。而这一新的社会性别模式推动了儒佛的融合，也为中国佛教的形成提供了条件。① 毋庸置疑，在所有早期伦理体系中，孝道都是一个不可或缺的内容，基督教的十诫就是一个典型的例子。因此，很可能的是，早期的中国佛教徒和学者在翻译和介绍佛经时对印度佛教中的孝道是有意识的，他们只是用了自己所知道的孝道概念和词汇来翻译佛经，而完全没有偷梁换柱的意图。②

本文认为印度佛教中的孝道观之原创性是毋庸置疑的，但是，这一传入的孝道观在中世纪中国的种种表现方式却非常值得深究，而女性在印度佛教孝道观的汉化过程中所起的作用也是一个值得探讨的课题。从唐代的造像记、灰身塔记和墓志铭记载来看，至晚在唐代末期，中国的佛教徒已经建立一个广博的、独特的孝道实践体系，这一体系凸现了中国固有的文化特质；而且，比丘尼及女信徒在这一体系的形成、发展和表现上起了非常大的作用。此外，这些铭文还反映出母女纽带这一非常特殊（而往往被学者们忽略）的中国佛教传统。

---

① 韩献博（Bret Hinsch）《儒家孝道与理想的中国佛教女性的构造》（Confucian Filial Piety and the Construction of the Ideal Chinese Buddhist Woman），*Journal of Chinese Religion* 30.1（2002 年），第 49—75 页。

② 梅维恒（Victor H. Mair）在 2010 年发表的一篇论文中对早期佛教徒和学者在译经过程中故意渗入传统的中国概念的观点作了详细述评，他认为这种观点是不可靠的，至少是有误导性的。见梅维恒《格义究竟是什么？》（What is *Geyi*, After All?）收于陈金梁（Alan K. L. Chan）、劳悦强（Yuet-Keung Lo）编《中国早期中古的哲学与宗教》（*Philosophy and Religion in Early Medieval China*），State University of New York Press, 2010 年，第 227—264 页。

中世纪佛教孝道观的表现形式

虽然孝道自始即是佛教的一个重要组成部分，而且早期的中国佛教徒仿照了印度佛教徒的孝道表达方式，但中国佛教徒在宣扬和展示孝道的方式上显然更为多样，并最终形成一套独立的、以孝道为主旨的追福体系。一个典型的例子是供养。在唐代之前，为父母和祖先追福的主要方式是佛造像供养，这一形式充分地体现在龙门、云冈和敦煌石窟。[①]佛造像多为佛像雕塑或壁雕，配以铭文记载供养人姓名、供养目的。这种为父母造像的孝道方式显然是借鉴印度佛教实践的，因为它在汉代之前是闻所未闻的。[②]在佛教传入中国之前，孝道的实践体现在祖先崇拜仪式中以及对父母的敬畏和遵从，为祖先和亡父母"追福"以及为见存父母祈福的概念在中国传统宗教和思想体系中并不存在。然而，佛像的大量存在表明，中国佛教徒很快接受了这一孝道表达——

---

① 关于这一时期的佛像的研究，参见周方（Fong Chow）《中国的佛教雕塑》（Chinese Buddhist Sculpture），*The Metropolitan Museum of Art Bulletin*，New Series 23. 9 Part 1（1965年），第301—324页；阿部贤次（Stanley Abe）《一个五世纪时期中国佛教石窟中的艺术与实践》（Art and Practice in a Fifth-Century Chinese Buddhist Cave Temple），*Ars Orientalis* 20（1990年），第1—31页；Alexander C. Soper《北朝石窟》（Imperial Cave-Chapels of the Northern Dynasties：Donors，Beneficiaries，Dates），*Artibus Asiae* 28. 4（1966年），第241—270页。Soper的文章谈及供养人中有为父母追福的皇室成员，而他们的行为是儒教孝道观的体现（第258—261页）。有关佛造像的最重要研究是倪雅梅（Amy McNair）《龙门石窟供养人：中古中国佛教造像中的信仰、政治与资助》（*Donors of Longmen：Faith，Politics，and Patronage in Medieval Chinese Buddhist Sculpture*），University of Hawaii Press，2007年。此书提供了非常详细的龙门石窟493年至730年的历史，以及佛造像供养人的身份。此外，Bret Hinsch的《儒家孝道与理想的中国佛教女性的构造》翻译了几篇记录女性供养人的佛造像记。（见韩文，第68—72页）。

② 值得注意的是，虽然Schopen似乎意指印度佛教的供养实践与龙门石窟所呈现的供养实践有直接的联系（Schopen，1984年），John Brough认为，印度和中国的佛教供养是各自单独发展起来的。见Brough《一份来自中国的犍陀罗铭文》（A Kharosthi Inscription from China），*Bulletin of the School of Oriental and African Studies* 24（1961年），第517—530页。

虽然捐资造像并不是供给祖先的,但供养人的虔诚和慷慨会使祖先和父母获福无量。①

佛造像在中古时期的流行显然象征了佛教传播的成功,然而,中古社会对这一佛教孝道实践的全盘接受却也是在情理之中的。如果说出家为僧尼会被视为不孝,②捐资为父母追福或祈福却显得与传统的祖先崇拜习俗相去不远。不过,从现存铭文来看,中古中国的供养人群体与印度早期(1 至 5 世纪)的佛教供养人群体有一个明显的差别——中古中国的女性佛教徒的孝道实践非常活跃。虽然早期印度女佛教徒也踊跃捐资③并拥有财产权,④就以孝行实践的捐资而言,印度和尚的参与远过于比丘尼的参与。⑤相比之下,中国中世纪的女性是佛造像的积极参与者:龙门石窟、云冈石窟和敦煌石窟许多佛造像是比丘尼捐资供养的。在龙门石窟的佛造像中,比丘尼供养人的数字超过了比丘供养人的数字。此外,还有不少供养人是皇后嫔妃,⑥贵族女性和平民女信徒也是佛造像的积极参与者。最近的一份研究文章证明,在隋唐时

---

① 康儒博(Robert Ford Campany)提出,中国社会之所以乐意接受佛教中的追福概念是因为中国古代的全家族(包括部分去世的成员)福祸与共的观念。见康儒博《成仙:中国早期中古时代的禁欲与社会记忆》(*Making Transcendents: Ascetics and Social Memory in Early Medieval China*), University of Hawaii Press, 2009 年,第 188 页。

② 有关对早期佛教的攻击、尤其是对其违背孝道的指责,参见陈一凤《魏晋南北朝时期儒佛的孝道之争》,《南都学坛》2003 年第 2 期,第 23—27 页。

③ Vinay Kumar Rao 关于公元前 3 世纪时期印度佛教碑文的研究显示,女性是供养和传播佛法的积极参与者,但是,大多数女性选择为她们的子女和丈夫祈福——碑文所记的往往是她们子女(尤其是儿子)和丈夫的名字、职务和社会地位。也有一些提及父母或公婆的碑文,但这些碑文都没有提及孝道。见 Rao《女性与早期佛教碑铭》(Women in Early Buddhist Inscriptions),*Buddhism and Nordland* 2010 年 12 月刊。

④ Schopen 在 2008 年发表的一篇论文中论证道,早期印度的女尼享受着与和尚同等的财产权。见 Schopen《分别而又平等——早期北印度佛教尼僧的财产权和独立身份》(Separate but Equal: Property Rights and the Legal Independence of Buddhist Nuns and Monks in Early North India), *Journal of the American Oriental Society* 128.4(2008 年),第 625—640 页。

⑤ 见上揭 Schopen 1984 年文。

⑥ 见倪雅梅《龙门石窟供养人》,第 56—59、167—180 页。

期，四分之一的佛造像供养人是女性（其中大部分是平民）。[①]此外，为父母造像的比例远超过任何其他的造像目的。[②]

在唐代，佛造像仍然是为祖先和父母追福的主要方式，不过，抄写佛经也越来越流行。可以说，写经是中国佛教孝道传统自成体系的一个起点，[③]更重要的是，女性参与写经尤为活跃。[④]其他孝道体现包括为父母建造墓葬浮图和灰身塔。这些孝道体现显然更接近中国传统的祖先崇拜，而与印度佛教孝道实践有差别（在古印度，冢塔多埋葬以佛教大师的舍利为主）。[⑤]因为篇幅有限，也因为许多学者对写经和尊胜经幢已有详细研究，本文将注重考察浮图铭和灰身塔记/铭。

中古时期儿子和女儿都参与为父母建造浮图和灰身塔，而这一孝道表现在中原地区尤其流行。[⑥]不过，从现存资料来看，女性在推行这一孝道实践中起着举足轻重的作用：女性为母亲造浮图和起塔的比例

---

① 见李晓敏《造像记：隋唐民众佛教信仰初探》，《郑州大学学报》2007 年第 1 期，第 91—95 页。李晓敏的研究对象是 1456 份造像记，其中 372 份记录了女性供养者，包括 234 份单独的女性供养人。

② 李晓敏《造像记》，第 94 页。此文的资料显示，18.25% 的佛造像是为亡父母捐造的。韩献博在其 2002 年论文《儒家孝道与理想的中国佛教女性的构造》中也讨论到龙门石窟中为亡父母追福的女性供养人。

③ 收集写经题记最全者为池田温《中国古代写本识语集录》（东京大学东洋文化研究所 1990 年），此书共有自汉代至 11 世纪间的 2623 条题记，其中大部分是佛经题记。有关写经与孝道，参见潘重规《从敦煌遗书看佛教提倡孝道》，台湾中国文化大学《华岗文科学报》1980 年第 12 期，第 197—268 页；梁丽玲《六朝敦煌佛教写经的供养功德观》，《敦煌学》1999 年第 22 册，第 119—138 页。此外韩献博 2002 年论文提供了一条比丘尼为母亲写《法华经》题记的精湛译文（第 72 页）。

④ 石小英在一篇关于唐代敦煌佛经写本的论文中提出，比丘尼为父母写经者超过男僧。见石小英《八至十世纪敦煌尼僧与世俗家庭的关系》《世界宗教研究》2009 年第 1 期，第 58—64 页。

⑤ 去古印度取经的法显（约 337—422）与玄奘（602—664）都在他们的著作中提到印度僧尼为佛教大师起塔的事迹。见法显著、郭鹏等注《佛国记注释》，长春出版社，1995 年；玄奘、辩机（约 620—649）著、季羡林注《大唐西域记校注》，中华书局，2000 年。

⑥ 张乃翥指出，在唐代中原地区，为父母造浮图非常流行。见张乃翥《洛阳新辑石刻所见唐代中原之佛教》，《中原文化》2008 年第 5 期，第 81—93 页。所可惜的是，此文没有提供详尽的浮图铭文的数据。

似乎要高于男性为父母起塔的比例。这一趋势的典型是2006年在河南洛阳出土的《焦大娘造浮图铭记》。此碑高73 cm、宽30 cm,刻有一幅佛像,两幅菩萨像,像下刻有铭文:"大唐开元十年五月十九日,亡洛阳县麟趾乡百姓刘二娘造石浮图在于墓所,铭记焦大娘为母发心造,开元十一年二月廿七日成。"①虽然此铭文字非常简朴,但它与中古时期的佛教供养祈福文字是完全一致的,这尤其反映在"发心"和"造"等用词上。可以说,《焦大娘造浮图铭记》是中古佛教孝道表达方式和母女特殊纽带的有力象征。

目前所知佛教徒灰身塔集中在河南安阳附近的宝山灵泉寺石窟,其时代跨隋唐至北宋。②从灰身塔记文字来看,唐人确实将为父母发心造塔视为一种孝行。在六份为父母建造灰身塔的铭文中,③四份用"造"字来描写这个行孝过程,④两份以另一个常用字——"起"来代表这一孝行。⑤虽然现存灰身塔记极少,但这些铭文所反映出的趋向与本文讨论到的其他体裁基本一致。在这六篇灰身塔记中,三份是女儿为

① 张乃翥指出,在唐代中原地区,为父母造浮图非常流行。见张乃翥《洛阳新辑石刻所见唐代中原之佛教》,《中原文化》2008年第5期,第81—93页。所惜的是,此文没有提供详尽的浮图铭文的数据。

② 有关灵泉寺石窟,参见河南省古代建筑保护研研究所编《宝山灵泉寺》,河南人民出版社,1991年;大内文雄《宝山灵泉寺石窟塔铭の研究——隋唐时代の宝山灵泉寺》《东方学报》1997年第69卷,第287—355页;王中旭《河南安阳灵泉寺灰身塔研究》,中国美术学院硕士论文,2006年。此外,刘淑芬对此课题发表过多种研究。见Shu-Fen Liu《死亡与生命的变质:中古佛教的露尸葬》(Death and the Degeneration of Life: Exposure of the Corpse in Medieval Chinese Buddhism), *Journal of Chinese Religions* 28(2000年),第1—30页;刘淑芬《林葬——中古佛教露尸葬研究之一》,《大陆杂志》1998年第96卷第3期,第22—136页;《石室瘗窟——中古佛教露尸葬研究之二》《大陆杂志》1999年第98卷第4期,第49—152页。

③ 这六篇铭文被分别收入周绍良、赵超《唐代墓志汇编》(上海古籍出版社,1992年)和《唐代墓志汇编续集》(上海古籍出版社,2002年)。

④ 《汇编》贞观106、《续集》贞观070、《汇编》显庆061、《续集》永徽031。

⑤ 《汇编》贞观128、《续集》麟德009。

母亲造塔,[1]一份记载子女为母亲造塔,[2]一份详细描述了女儿安排父亲丧事的经过,[3]还有一份赞扬了儿子们对父亲的孝行。[4]由此可见,这六份灰身塔记中,有四份是为母亲撰写的,两份是为父亲撰写的。其中五份有女儿的参与,两份由儿子参与。在所记女儿中,三位是比丘尼。[5]

最早的一份灰身塔记是贞观十九年(645)的《故清信女大申优婆夷灰身塔记》,文字非常简短:"大唐贞观十八年五月廿七日终,至十九年二月八日,有三女为慈母敬造。"[6]更为详细的灰身塔铭文是贞观二十年(647)的《故大优婆塞晋州洪洞县令孙佰悦灰身塔铭》。全文如下:

> 优婆塞姓孙,字佰悦,相州尧城人也。世衣缨,苗裔无坠。身居薄宦,情达苦空,每厌尘劳,心希彼岸,虽处居家,不愿三界,见有妻子,常忻梵行。悦去隋朝身故,未经大殡。悦有出家女尼,字智觉,住圣道寺,念父生育之恩,又忆出家解脱之路,不重俗家迁穸,意慕大圣泥洹。今以大唐贞观廿年十月十五日起塔于宝山之谷,冀居婆塞之类,同沾释氏之流。今故勒石,当使劫尽年终,表心无坠。善哉善哉! 乃为铭曰:
>
> 哲人厌世,不贵俗荣,苦空非有,随缘受生。身世磨灭,未简雄英,高坟旷垄,唯瞩荒荆。且乖俗类,同彼如行,俱知不善,唯愿明明。[7]

---

① 《汇编》贞观106、《续集》贞观070、《汇编》显庆061。

② 《续集》永徽031。

③ 《汇编》贞观128。

④ 《续集》麟德009。

⑤ 《续集》贞观070、《汇编》贞观128、《汇编》显庆061。潘高凤的硕士论文提出,比丘尼为家属起塔反映了比丘尼出家后与家庭的密切关系。见潘高凤《唐代塔铭研究》,浙江大学2010年硕士论文,第44页。

⑥ 《汇编》贞观106。优婆夷指受持菩萨戒(即杀戒、盗戒、大妄语戒、邪淫戒、酤酒戒)的女性。

⑦ 《汇编》贞观128。

从这篇灰身塔铭来看,孙佰悦曾是一位优婆塞,[1]故于隋朝,但未有丧葬之礼。他的女儿圣道寺比丘尼智觉"念父生育之恩,又忆出家解脱之路",而为之起塔。

从以上所述浮图铭和灰身塔铭来看,佛教孝道观显然被中国中古社会广为接受,但是,这些表达方式以及其他的佛教孝道表达方式(如佛造像和写经等)最终成为中国佛教孝道自成体系后的实践之一,这一体系与传统的儒家孝道有所不同,而又比印度佛教中原始的孝道传统范围更广。[2]正因为如此,我们可以将它定义为中国佛教孝道。此外,正如我在上文提及的,与早期印度佛教相比,中国中古时期的比丘尼与女信徒在中国佛教孝道的形成过程中起了极为重要的作用。她们的积极参与也给中国佛教孝道带来了非常特殊的方面——母女纽带是佛教信仰实践和佛教孝行的理想体现。

孝性之女

唐代佛教孝道的另一个新发展是将崇信佛教的女儿描写为孝道的象征。孝性之女和孝性儿媳一直是佛教孝道伦理的一个组成部分,但是在早期中国佛教文献中,孝顺之女往往是因为父母的教导、甚至或是

---

① 优婆塞(Upāsakā)指受持菩萨戒的男性。

② 中国学者们还指出,唐代佛教孝道的另一个实质性转变是孝与戒的结合。唐代佛教大师法藏(643—712)、宗密(780—841)和神清(?—843)等都对孝道与戒有广泛论述。见邱高兴《孝戒关系论:佛教对中国传统伦理观念调和性解释》,《社会科学战线》2005年第5期,第24—29页。此外,在唐代还出现了对佛教孝道有重大推广作用的伪经《佛说父母恩重经》。参见李传军、金霞《父母恩重经与唐代孝文化:兼谈佛教中国化过程中的"通儒"与"济俗"现象》,《孔子研究》2008年第3期,第90—96页。李传军与金霞在文章中提出,《佛说父母恩重经》的编造反映了唐王朝维持儒教孝道的意图和佛教徒接受儒教统治地位的意愿。唐代佛教徒对这种佛教汉化是持肯定态度的,因为他们意识到孝道并不是佛教的主要教义之一。(第93页)

佛的干涉的结果。[①] 但是,从6世纪时期起,比丘尼传记,尤其是宝唱的《比丘尼传》,着力渲染年轻女性自发的孝道行为。[②] 至唐代,孝顺的女儿和儿媳常常被描写为她们内在佛性的表现,尽管她们的行为与儒家传统中理想女性非常接近。比如,天宝年间《大唐故泗州刺史琅耶王妻河东裴郡君夫民墓志铭并序》称,佛教徒裴夫民"生而端懿","性至孝",而这显然是裴氏的佛性所然。这篇墓志称,裴氏"幼为叔父振太子文学之所器异,指夫民曰:此女绀发莲目,柔指仪形,孝出冥心,慈禀佛性,岂非菩萨相好,宿殖德本欤?"[③]在佛教文献中,"绀发"和"莲目"常常是用来描写佛的形象的,而"相好"一词最初是指佛身的特征,但以后广指觉行圆满者的特质。因此,这一段记载显然是为了强调裴夫民的孝道源于其内在的佛性。

唐代墓志还反映出女儿或儿媳出家为父母或公婆追福的倾向。比如天宝年间的《大唐故韩氏刘夫人墓志铭并序》[④] 记载,在丈夫去世后,刘氏"自以为寡弱未亡之人,无以报父母舅姑之德,乃诣圣善寺大师弘正,与同学十数人,俱受五百大戒,锐意禅观,在家出家"。[⑤] 墓志记载中有不少这类佛教徒儿媳的孝行事迹。比如,天宝年间的《唐缙云郡司马贾崇璋夫人陆氏墓志铭并序》记载,墓志主陆英出身世家,

---

① 见劳悦强《女性孝道:中国三世纪时期的一份佛教见证》(Filial Devotion for Women: A Buddhist Testimony from Third-Century China),收于陈金梁、陈素芬编《中国思想和历史中的孝》(*Filial Piety in Chinese Thought and History*), Routledge Curzon Publishers, 2004年,第71—90页;劳悦强《再现佛教表述中的儿媳——玉女经》(Recovering a Buddhist Voice on Daughters-In-Law: The Yuyenü Jing), *History of Religions 44* (2005年),第318—350。

② 参见韩献博《儒家孝道与理想的中国佛教女性的构造》。

③ 《汇编》天宝078。

④ 此志最早发表在赵振华《洛阳新出比丘尼墓志与唐代东都圣善寺》,《洛阳史志》2005年第3期,第13—20页。

⑤ 刘氏的法名是会如,号金刚山。赵振华2005年文误将刘氏名释录为金刚。庞世影是第一位将刘氏法号释录金刚山的学者。见 Shiying Pang《唐代的家庭标示与比丘尼——墓志研究》(Familial Identity and Buddhist Nuns: in Tang China: A Study of Tomb Inscriptions),University of California Santa Barbra,2009年硕士论文,第47页,脚注76。

“祖元感,皇朝散大夫、黄州司马;父赵璧,马邑郡长史;强学而儒门照瞻,入仕而政道司南”。而陆英“习性既高,婴孩自异,知味而不茹荤血,胜衣而不爱罗绮。辍卷《女诫》,深好佛经”。[①] 班昭《女诫》可称是儒家传统中最重要的关于女性品德的文献,[②]但陆英的佛教信仰(常修梵行)使得她成为女德的典范(六亲取则)。当她的丈夫转任时,陆英因为婆婆不愿远行而要求留在家里伺候婆婆,称:“事姑为孝妇,能割随夫之贵,躬行奉养之礼……”铭文称赞她“妇功或类,孝行难齐”。最为感人的孝行可能要数万岁通天年间的《瀛州文安县令王府君周故夫人薛氏墓志铭并序》中的薛氏的故事。当薛氏婆婆“尝不豫甚,医药莫能瘳”。薛氏七月七夜诵妙法莲花经,“君姑所苦,应时康复”。墓志称,“中外支胤,远近宗亲,咸以为至孝冥感,大悲降福,虽姜妻事姑,亦奚足多也”。[③]

唐代墓志中的佛教徒女儿形象证明,唐代社会不仅认可女儿作为孝道典范,而且还认为她们的行为可以激励众人。大历年间的《大唐故李公墓志铭并序》中的记载可以说是这种社会风气的反映。[④] 这篇墓志是由死者的内弟崔元阳撰写的,虽然墓志照例赞扬了墓志主李津(字文仲),作者申明,他撰写此志的目的还在于记载李津之女的孝行(“故吾自书,铭此泉户”)。李津虽“尝举明经”,但终身不得其志,最终葬身于远离家乡的吴地,被临时殡于弟弟李深的官舍之地临安。当时李津的女儿已出家为尼,但在李津的丧葬安排上竭尽孝心,最后感动了李津的季弟李江,“嗷然哭曰:兄弟孔怀,吾敢忘哉! 又何尼子之起予。”于是由李江“迁榇”而窆于东京洛阳县清风乡之北茫原。此事被

---

① 《汇编》天宝200。

② 有关班昭的研究以及《女诫》的全文翻译,参见孙念礼(Nancy Lee Swann)《班昭传》(*Pan Chao: Foremost Woman Scholar of China*),Center for Chinese Studies, University of Michigan, 2001年。

③ 《汇编》万岁通天014。

④ 《汇编》大历018。

传为佳话,志文称:“君子曰:尼子纯孝也,爱其父施及于江。”而铭文部分则赞曰:“亦愿生女,缇萦之流。”①

为什么唐代墓志如此积极地将佛教徒女儿塑造成孝行典范呢?②这可能是由三方面的原因造成的。首先,唐代的大姓望族是制作墓志铭的主要成员,而在大姓望族中,女儿出家为尼的比例要高于儿子出家为僧的比例,因此,描写佛教徒女儿行孝的墓志当然也会在数量上超过佛教徒儿子行孝的墓志。③第二,在唐代,比丘尼与自己家族的关系确实要比比丘与自己家族的关系密切,学者们对这一现象已有多方探索和讨论。④这个现象的一个最突出表现是,在唐代,住家尼似乎很常见,而住家僧却几乎闻所未闻。此外,有比丘尼的家庭似乎也更有可能为死者撰志,而和尚的墓志则往往是由佛师或知名和尚撰写的。⑤第三,

---

① 《汇编》大历018。

② 值得指出的是,将女儿推崇为孝道典范并不是唐代特有的现象。在一篇研究朝鲜王朝的孝道的文章中,金载炫(Jahyun Kim Haboush)发现,在朝鲜王朝晚期,女儿(而不是儿子)被描述为终极之孝的象征。见 Jahyun Kim Haboush《孝之情感与孝之价值观:朝鲜王朝晚期孝道话语的变迁》(Filial Emotions and Filial Values: Changing Patterns in the Discourse of Filiality in Late Choson Korea), *Harvard Journal of Asiatic Studies* 55.1 (1995年),第129—177页。黄倩玉(C. Julia Huang)关于台湾佛教慈济功德会的研究也表明,慈济功德会的成功的原因之一是因为它的创始人证严(王景云)的孝女行为的故事。见 C. Julia Huang《从孝女到菩萨再世》(From Filial Daughter to Embodied Bodhisattva),收于氏著《领袖气质与慈悲:证严法师与佛教慈济运动》(*Charisma and Compassion: Cheng Yen and the Buddhist Tzu Chi Movement*), Harvard University Press, 2009年,第15—39页。由此可见,女儿作为孝道典范及其影响是一个非常值得研究的课题。

③ 《汇编》《续集》以及《全唐文》所收之女尼墓志在女性墓志中的比例是4.94%,高出男僧在男性墓志中的比例4.1%。据《新唐书》卷五三《食货志》,开元年间所籍女尼为50576人、男僧75524人,而开元二十年(732)的人口是四千五百四十三万六千二百六十五。可见女尼在女性人口中的比例当作0.22%左右,男僧在男性人口中的比例在0.33%左右。女尼墓志的高比例反映出女尼出身于大家族的比例之大。庞世影也指出,正是因为许多女尼来自于唐代的大姓家族,与家族的密切关系包括孝顺父母成为女尼的重要品德之一。见庞世影2009年硕士论文,第56—66页。

④ 见石小英2009年,庞世影2009年。

⑤ 陈金华是首位指出这一倾向的学者。见 Jinhua Chen《唐代中国的比丘尼和家庭纽带:两个研究》(Family Ties and Buddhist Nuns in Tang China: Two Studies), *Asia Major* 15.2 (2002年),第51—85页。和尚墓志撰者往往也是和尚。

赞扬佛教徒女儿的孝行可能是一个更能为贵族家庭接受的方式，因为它既赞扬了佛教孝道，又避免了解释儿子不选择齐家治国的途径。

然而，这一倾向的最重要的动因是佛教徒女儿的孝行。从这个角度来看，对佛教徒女儿的孝道的描写是她们自己的能动性的记录，而不是唐代男性贵族对女性行为的规范的反映。①值得注意的是学者们提出，观音的转性与虔诚信佛的妙善公主以孝救父的传说有密切关系，本文认为，唐代将女儿描写为孝道化身的传统也为10世纪时期的观音转性以及妙善传说的兴盛提供了基础。

有意思的是，一篇开元年间的墓志《大唐济度寺故大德比邱尼惠源和尚神空志铭》②甚至将比丘尼比作释迦牟尼的，可见，唐代社会对女性观音的乐意接受并不是毫无由来的。这篇由杨休烈撰写的墓志记载了梁代孝明皇帝后裔比丘尼惠源（663—737）的一生，而全文最为注重的主题是惠源的孝行。志文称："初大师才至九岁，遘先大夫之酷；廿有七，执先夫人之忧；皆泣血茹哀，绝浆柴毁，古之孝子，乌足道哉。每秋天露下，衰林风早，棘心栾栾，若在丧纪，不忘孝也。"正是因为她身体力行孝道，惠源被誉为"心同如来"：

> 有尼慈和者，世算之识，知微通神，见色无碍，时人谓之观音菩萨。尝于大众中目大师曰：十六沙弥，即法华中本师释迦牟尼之往号也。非大师心同如来，孰能至于此？而更精承密行，亲佩耿光，十数年间，演其后事。

---

① 在《形塑一位救世菩萨：中国中古时期的地藏》（*The Making of a Savior Bodhisattva: Dizang in Medieval China*）一书中，智如（Zhiru）指出，对佛教徒女儿的孝行的赞誉反映了唐代文人为贵族女性勾勒出一个儒佛兼容的行为准则的目的，梁肃（752—793）的《地藏菩萨赞》即是最好的例证。见智如《形塑一位救世菩萨》，University of Hawaii Press，2007年，第204页。

② 《汇编》开元459。

对比丘尼惠源的孝行的神化反映，唐代社会非常认可女性在中国佛教孝道形成和发展中的重要作用。

母亲在界定佛教孝道中的角色

唐代墓志还反映出母亲在界定佛教孝道中的重要作用，这种作用首先体现在母亲对子女的宗教信仰的影响。不少唐代墓志记载道，佛教徒母亲的子女最终也选择了出家的道路，比如贞观年间的《齐得州平原县令张明府杨夫人墓志铭》记载，杨夫人“夫人躬行长者之事，每济十千之鱼，常相余林之中，志求挂衣之分”，以至“女则出家景福，男则恒修上道”。[①] 有些墓志还反映了子女在母亲的压力下出家的例子。如《唐故河南府参军范阳张府君墓志铭并序》记载，墓志主张柬之孙张轸“年九岁，以母氏宿愿，固请为沙门，自削发缁流，持衣绀宇”。[②] 此外，近年出土的《大唐皇再从祖姑故宁刹寺比丘尼志弘墓志铭并序》揭示，在一个 7 世纪时期的王姓家族中，有一对母女同时出家的现象。[③] 这篇墓志记载道，比丘尼志弘是高宗曾孙女，她嫁与官员（墓志作者）王谅，育有五男三女。志弘在 55 岁之际削发为尼，而她的次女也在婚后选择了出家为尼的道路，得法号悟真。

唐代墓志还将遣送子女出家的母亲推崇为至孝的典范。比如，在《唐故邢州任县主簿王君夫人宋氏之墓志铭并序》中，墓志主宋尼子“所生子玄嗣遣度为大周东寺僧”。她的行为被赞誉为“长怀乎既往之情”。[④] 这篇墓志还反映出唐代佛教徒母亲以孝道为依据要求子女遂其心愿的现象。宋尼子在临终之际告诉诸子：

---

① 《汇编》贞观 107。

② 《汇编》开元 382。

③ 此志出土于 2004 年，志文见张乃翥 2008 年。

④ 《汇编》长寿 011。

吾心依释教，情远俗尘，虽非出家，恒希入道。汝为孝子，思吾理言。昔帝女贤妃，尚不从于苍野；王孙达士，犹靡隔于黄墟。归骸反真，合葬非古，与道而化，同穴何为？棺周于身，衣足以敛，不夺其志，死亦无忧。

通过对她“孝子”重申自己的信仰，宋尼子不仅知道“孝子”们必须遵循佛教的丧葬习俗，而且孝道是佛教教义的一部分。可以说，宋尼子的一生反映了唐代社会对佛教孝道的确认或赞成。宋尼子以孝道为由来争取达到自己的愿望的现象也在唐代并不罕见，正如笔者在其他文章曾经提及的，唐代墓志显示，当佛教徒母亲没有留下关于丧葬安排的遗嘱时，子女往往会以孝的名义为母亲安排带有佛教性质的葬礼。

有些学者提出，唐代佛教带有强烈的父家长训诫的色彩，尤其是在佛教孝道盛行的家庭生活和寺院生活方面；与之相反，母亲在唐代佛教中往往被描写为消极的、有依赖性，她们是儿子们表现孝道英雄主义的对象。①然而，唐代墓志所呈现给我们的则是一个更为复杂、更为丰富的佛教孝道话语。在这个话语中，佛教徒母亲不是软弱的牺牲品，而是主动的参与者，她们可称是佛教中的巾帼英雄。她们的佛教信仰对子女在宗教信仰、行为举止以及生活道路的选择上有着巨大的影响。相形之下，现存十余篇男性佛教徒墓志少有提及他们对子女的影响，而且还从来不提及这些墓志主的孝行。在仅有的两篇提到子女的男性佛教徒墓志中，只有一篇提到墓志主的女儿是比丘尼；②另一篇却强调，墓

① 见寇爱伦《中国佛教中的家常昆奈耶与温顺男孩》(Homestyle Vinaya and Dccile Boys in Chinese Buddhism), *Positions* 7.1 (1999 年)，第 38 页；寇爱伦《中国佛教中的母与子》；太史文《中世纪中国的鬼节》。

② 《唐故范阳卢府君墓志铭并序》，《汇编》咸通 058。此志显示，墓志主卢公弼出身于大家，他的父亲卢汶是朝散大夫、朗州别驾，他的母亲来自博陵崔氏家族。卢公弼“晚岁乃深知道要，穷释氏之源，究无为之理，每参禅访道，或通止观门羲，或授心地一言，洁素扪心，了然解寤。佛经僧纪统三乘之典，无不咏歌游叹，毕而不足”。他的长女“长安早禀宿愿，悟佛理，不乐于俗，乃舍割缘爱，披衣就师”。

志主在安排了自己的儿子成家立业之后才开始自己的佛教追求："吾之生子已冠，矧素得宦阶，今将与娶而令其仕，利其禄以取赡，故可以尽乎限哉。因弃檄而归，益与亲朋娱游，往往仍适于佛寺，款桑门，谭空理，以摅闲志。"[1]

结　语

本文考察中国佛教孝道的发展以及女性在这个进程中的角色。虽然佛教孝道是一个外来的传统，但它逐渐被扩展成具有多种表现方式的一个中国佛教概念。在唐代，中国佛教孝道得以完全成熟并形成了一系列独具特色的实践方式。如果说佛造像还带有印度佛教孝道实践色彩的话，那么到了唐代，中国的佛教徒的孝道实践已包括了写经和尊胜经幢。此外，唐代的比丘尼和女信徒是这些繁复的孝道表达方式的推动者。她们对中国佛教孝道的积极参与还表现在为父母造浮图和灰身塔，两者都是受中国古代的祖先崇拜影响的新的佛教实践。当然，更重要的是，唐代的社会历史背景为中国佛教孝道的发展提供了特殊的环境。正如唐代墓志所反映的，在唐代大姓家族中，女儿出家的比例高过儿子，因此，佛教徒女儿的孝道被大加赞扬，佛教徒母亲的意愿也得到尊重。此外，唐代墓志以及其他丧葬铭文凸现出一个母女间的紧密纽带（这个现象本身值得另文单独探讨），所有这些都说明，唐代女性在佛教孝道转型过程中自始至终是扮演了不可或缺的角色。

---

① 《唐故盐铁河阴院巡官试左武卫兵曹参军彭城刘府君墓志并序》，《汇编》咸通079。

东国、西国与南国

——唐代韩人的身份认同

公元7世纪,唐朝和新罗国交往密切,并联手推翻了百济王朝(前18—660)和高句丽王朝(前37—668),这一系列历史事件导致大量三韩人进入唐朝国土,他们中有的是因为被俘而被强行迁居的,有的是因为仰慕唐朝文化而入唐求法、留学或入侍的。他们中有的定居下来,有的回到家乡。[①]这些唐代韩人是如何看待自己的身份认同的?唐代社会又是怎样看待他们的身份认同的?对这些身份认同的感知和表述是如何体现的?这些表述背后的历史和文化动因是什么?本文旨在以九篇百济墓志[②]和崔致远的《四山碑铭》[③]为讨论中心来对这些问题作一

① 有关唐代三韩人研究的综述可参看拜根兴《高句丽百济遗民关联问题研究的现状与展望》,《中国历史地理论丛》2006年第21辑第2期,第151—160页。目前为止,高句丽遗民墓志有高饶苗、李他仁、泉男生、高玄、泉献诚、高足酉、高质、高慈、泉男产、泉毖、高木卢、高钦德、王景耀、高远望、豆善富、高德、李怀、高氏夫人、高震、高性文以及高提昔等人。

② 有关这些墓志及唐代百济人的讨论可参看拜根兴《入乡随俗:墓志所载入唐百济遗民的生活轨迹》,《陕西师范大学学报》2009年第4期,第72—80页。

③ 见崔致远著、李佑成注《新罗四山碑铭》,汉城:亚细亚文化社,1995年。

些初步考察。虽然墓志和碑铭所反映的往往是抽象的、美化的人生历程，但它们恰恰又是当时的社会理念和道德准则的折射，同时也是我们了解志文作者本人意向和身份认同的宝贵资料。细读这些墓志和碑铭，我们可以发现，唐王朝对入唐韩人采取了积极的归化政策，韩人的入乡随俗的过程也几近一帆风顺，但是，他们对自己的“东人”身份认同又是难以忘怀的。

指定身份、品德和“南国之容”

——百济墓志

2004年春，陕西省考古研究所在唐高祖献陵陪葬墓区发现了嗣虢王李邕墓志及李邕夫人扶余氏墓志。[①]从《唐故虢王妃扶余志铭》中，我们得知，扶余氏于开元二十六年（738）去世，她的家族原是“东方之贵世”。[②]《唐故虢王妃扶余志铭》是目前所知九方在唐百济国遗民的墓志之一。显庆五年（660），唐王朝联合新罗军队消灭百济，百济王“与太子孝，王子泰、隆、演及大臣将士八十八人，百姓一万二千八百七人送京师”。[③]这九方墓志记录了这些百济家族在唐土一百年间从战俘到唐朝重要角色的崛起过程以及他们的策略和成就。更为重要的是，这些墓

① 有关这两方墓志的释读可参考张蕴《唐嗣虢王李邕墓志考》，《唐研究》第12卷，2006年；张蕴、汪幼军《唐〈故虢王妃扶余氏墓志〉考》，《碑林集刊》2007年第13辑，第95—104页。

② 值得一提的是“东方之贵世”可以有两解，它可能指百济的先辈——夫余国人，也可能指百济国王室。有关百济的起源，参见周向永《夫余名义考释》，《社会科学战线》1996年第1期，第182—190页；干志耿《古代橐离研究》，《民族研究》1984年第2期，第1—7页；张士东、杨军《夫余族名的音与义》，《黑龙江民族丛刊》2010年第6期，第83—85页；韩国磐《南北朝隋唐与百济新罗的往来》，《历史研究》1994年第2期，第21—42页；以及Jonathan W. Best《百济史及〈三国史记〉之〈百济本纪〉注译》（*A History of the Early Korean Kingdom of Paekche, together with an annotated translation of the Paekche Annals of the Samguk sagi*），Harvard University Asia Center，2006年，第11—22页。

③ 《三国史记》卷二八。

志均由唐朝官员执笔,因此,它们是考察唐朝廷和唐代社会打造和对待百济移民的身份认同和德行的极佳史料。

最早发现的百济遗民墓志是1919年在洛阳出土的扶余隆墓志。[①]扶余隆是百济国王扶余义慈之子。父子两人均在显庆年间被押送至京城。[②]扶余义慈"及至京,数日而卒"。[③]死后被追赠为金紫光禄大夫、卫尉卿,特许其旧臣赴哭,"送就孙皓、陈叔宝墓侧葬之,并为竖碑"。[④]由此可见,唐朝廷对扶余义慈去世后的安排等同于被俘王室或首领的待遇。孙皓(242—284)是三国时期吴国的末代皇帝,陈叔宝(553—604)是南北朝时期陈朝(557—589)的末代皇帝。扶余隆虽是以战俘的身份入唐土,但很快就获得了唐王室的信任并受到重用,成为唐朝的重要将领。他率领唐军返回故乡,镇压了百济遗民反抗唐朝统治的起义,因而被朝廷任命为太常卿、熊津都督[⑤]、百济郡公。他深受高宗皇帝的赏识,并得到伴驾封禅的殊荣,从而为他的家族在唐朝的发展奠定了基础。与此同时,他还致力于改变扶余义慈在唐人心目中的形象。本来,扶余义慈是以亡国之君的身份入葬的,但扶余隆墓志却称,"父义慈……果断沉深,声芳独劭。趋稿街而沐化,绩着来王;登棘署以开荣,庆流遗胤"。这说明唐廷有意给予死者新的身份。墓志还说扶余隆本人具有"谨""正""忠""勇""信""仁"的品德,"雅好文词,尤玩经籍",因对唐廷贡献卓越而受到"天宠"。不过,很可能因为担心新罗国朝廷的报复,身为百济郡公的扶余隆并没有再回到百济居住。[⑥]他68

① 《大唐故光禄大夫行太常卿使持节熊津都督带方郡王扶余君墓志》,《唐代墓志汇编》永淳024。

② 《旧唐书》卷四《高宗本纪》记载:"苏定方等讨平百济,面缚其王扶余义慈。……献百济王扶余义慈、太子隆等五十八人俘于则天门。"

③ 《新唐书》卷一九九。

④ 《旧唐书》卷一九五上《百济传》。

⑤ 熊津是唐代在百济建立的五个羁縻府之一。

⑥ 熊津府在671年被新罗征服。有关研究可参见赵智《熊津都督府陷落始末——兼论唐罗战争的爆发》,《中国边疆史地研究》2010年第2期,第53—63页。

岁过世,追授辅国大将军。[1]

1929 年,百济将军黑齿常之[2]和他的儿子黑齿俊的墓志[3]出土于洛阳北邙山南麓,这两方墓志揭示了一些史书没有记载的事件和史实,因此也是唐代百济侨民研究中讨论得最多的文献。黑齿常之大约出生于 630 年,卒于 689 年。墓志称,"其家世相承为达率,达率之职,犹今兵部尚书,于本国二品官也"。660 年 8 月黑齿常之投诚唐军,后与扶余义慈等百济王室要官一起被迁居京师。不久他又逃出唐营,谋求复兴百济。龙朔三年(663)白江口之战后,再次向唐朝百济留守军投降,[4]并协助唐罗联军摧毁百济复兴军残余势力,成为唐军一员,历任左领军将军、熊津都督府司马、迁鹰扬卫大将军、燕然道副大总管。后来又参与镇压徐敬业(?—684)叛乱,受封燕国公,左武卫大将军,神武道经略大使,食邑三千户。武则天临朝称制时,他受到诬陷,含冤而死。[5]

黑齿俊于 676 年在百济出生,这可能正是黑齿常之率唐军镇压百济起义的时期。黑齿俊在 20 岁左右投入榆关道安抚大使梁王武三思麾下,参与镇压契丹贵族李尽忠、孙万荣叛乱,"以军功授游击将军,任右豹韬卫翊府左郎将,俄迁右金吾卫翊府中郎将上柱国"。中宗神龙二年(706)五月廿三日病逝于洛阳,时年 31 岁。虽然他英年早逝,但

---

① 有关此志的注读,见李之龙《跋唐扶余隆墓志文》,《华夏考古》1999 年第 2 期,第 88—93 页。根据《旧唐书》等史料的记载,李之龙认为,扶余隆并没有回到熊津,因为此时百济已经常受到新罗的侵袭。

② 《大周故左武威卫大将军检校左羽林军赠左玉钤卫大将军燕国公黑齿府君墓志文并序》,《汇编》圣历 022。

③ 《大唐故右金吾卫守翊府中郎将上柱国黑齿府君墓志铭并序》,《汇编》神龙 033。

④ 他的出逃及起义的史实记载于《旧唐书》卷一〇九《黑齿常之传》,但不见于他的墓志。有关黑齿家族的研究,参见陈暋《黑齿常之评述》,《中央民族大学学报》2001 年第 3 期,第 31—36 页;束有春、焦正安《唐代百济黑齿常之、黑齿俊父子墓志文解读》,《东南文化》1996 年第 4 期,第 58—69 页。此外,韩国学者俞元载、姜钟元、文东锡、李道学等都有相关研究出版。

⑤ 参见李之龙《黑齿常之墓志文考释》,《东南文化》1996 年第 3 期。

却成功地为他父亲平反昭雪,使朝廷追赠其父黑齿常之为左玉钤卫大将军,并将他的遗骨“奉迁于洛阳北邙山南官道北”,重新获得隆重的葬礼,“增以宠章,式光泉壤”。①

唐将难元庆的墓志于 1960 年在河南鲁山县出土。② 难元庆龙朔三年(663)生于中原。其祖父难汗降唐后被任命为熊津都督府长史,父亲难武历任中大夫、行右卫翊中郎将等职。难元庆成人时,难氏家族已在唐朝确立了自己的地位。他与左玉钤卫大将军甘罗之女结百年之好就是一个最好的证明。难元庆死于开元十一年(723),享 61 岁,官至朔方军总管。③

祢寔进墓志 2000 年前后出土于西安市南郊长安区郭杜镇一带,后被盗运至洛阳,现藏洛阳大学(洛阳理工学院)文物仓库。④虽然志文仅有 288 字,但却非常有史料价值。从墓志来看,祢寔进本是百济将军,660 年投降唐军,并将扶余义慈拘送唐朝,因此入唐后颇受唐廷的信任。祢寔进生前官至左威卫大将军,咸亨三年(672)殁,终年 58 岁,葬于长安城南的高阳原。⑤ 2010 年,祢寔进的儿子祢素士⑥以及孙子祢仁秀⑦的墓志也在同一地区出土⑧。此外,祢寔进的长兄祢军的墓志⑨也

---

① 《汇编》神龙 033。

② 《大唐故宣威将军左卫汾州清胜府折冲都尉上柱国难君墓志铭并序》,吴刚编《全唐文补遗》第六册,三秦出版社,1999 年,第 420 页。

③ 姜清波对此志的讨论见于氏著《唐三韩人研究》,暨南大学出版社,2010 年,第 162—164 页。

④ 《大唐故左威卫大将军祢寔进墓志之铭》最早发表在董延寿、赵振华《洛阳、鲁山、西安出土的唐代百济人墓志探索》,《东北史地》2007 年第 2 期,第 2—12 页。

⑤ 有关祢寔进墓志的释读,可参考拜根兴《百济遗民〈祢寔进墓志铭〉关联问题考释》,《东北史地》2008 年第 2 期,第 28—32 页。

⑥ 《大唐故云麾将军左武卫将军上柱国来远郡开国公祢府君墓志铭并序》。

⑦ 《大唐虢州金门府折冲祢君墓志铭并序》。

⑧ 有关墓志及录文,参见张全民《新出唐百济移民祢氏家族墓志考略》,《唐史论丛》2012 年第 1 期,第 52—68 页;拜根兴《唐代百济移民祢氏家族墓志相关问题研究》,《当代韩国》2012 年第 2 期。

⑨ 《大唐故右威卫将军上柱国祢公墓志铭并序》。

在 2011 年公之于世。[①]

这九方百济人墓志为我们研究唐代百济贵族的家族政治和婚姻策略提供了极为宝贵的史料。借助于其他现存史料，我们可以初步勾勒出他们在唐朝迅速崛起的模式以及唐王室、唐代文人和唐代社会对这一归化和融入的赞许。我们发现，百济贵族的第二代是百济人在唐朝进取成功的关键代。这在扶余隆的身上体现得最为突出。虽然扶余义慈是以战俘和亡国之君的身份被葬，但他儿子的去世却受到唐朝廷的隆重待遇。而且，扶余义慈也因此而被赞誉为仰慕唐朝而自愿"来王"。

黑齿家族的经历也凸现了同样的上升轨迹。黑齿常之投降唐朝是不情愿的，故曾一度逃回本土试图复国。尽管他后来真心降唐，并对护卫唐土有贡献，但仍蒙冤被杀，直到他儿子成为唐朝大将时才得以昭雪平反。他的遗骨被"迁于洛阳北邙山南官道北"，重新获得隆重葬礼。他的墓志对他在百济时的经历的描写与唐朝贵族墓志几无区别：

> 府君少而雄爽，机神敏绝，所轻者嗜欲，所重者名训。□府深沉，清不见其涯域；清轨阔达，远不形其里数。加之以谨悫，重之以温良。由是亲族重之，师长惮之。年甫小学，即读春秋左氏传及班马两史。叹曰：丘明耻之，丘亦耻之，诚吾师也，过此何足多哉？未弱冠，以地籍授达率。

这篇墓志还记载道，他的儿子黑齿俊"自婴家咎，屡效赤诚，不避危亡，捐躯徇国"。他在有生之年极力为父亲平反昭雪，以至其父黑齿常之得以追赠左玉钤卫大将军，唐朝廷还安排了重葬，"增以宠章，式光泉

① 见王连龙《百济人〈祢军墓志〉考论》，《社会科学战线》2011 年第 7 期，第 123—129 页。

壤”。更重要的是，黑齿俊在唐朝建功立业，重新确立了黑齿家族的地位。黑齿俊死后，他被埋葬在黑齿常之墓侧，以示荣耀。黑齿常之墓志和黑齿俊墓志都将死者描写成“英勇”“仁慈”“忠诚”的将领，这说明，到第二代时，黑齿家族的声望已经得以恢复。黑齿俊墓志还特别强调他的孝道，赞扬他“孝以扬名”，称誉其“孝哉令嗣”，而孝正是儒家传统最为重视的美德。[1]更为重要的是，黑齿俊墓志将他从一个崇仰“西汉之荣”的“东夷之子”转化为一个成绩卓著的将军归功于唐朝的“求贤以理”的方针。虽然我们并不清楚这两方墓志的作者的身份，但从其语气来看，似乎自于同僚之手，这反映出，对百济人的身份认同的包装不仅仅限于唐皇室的制作。

至于祢寔进，可能因为他在百济投降过程中起到了关键性的作用，又是主动入唐，所以，他是第一代唐朝百济人中最受朝廷赞赏的，以至最终被授予保卫京师的职务，他的长兄祢军也被授予唐右威卫将的重要军职。从他的墓志中，我们也可以看到，唐朝廷还致力于渲染百济人对唐文化的仰慕。这篇墓志称，虽然他“占风异域”，但“就日长安”。“溟海之东，远截皇风，餐和饮化，抱义志承”。不过，有意思的是，他的儿子祢素士的墓志称，祢氏家族的祖先是楚国琅邪人，“七代祖嵩，自淮泗浮于辽阳，遂为熊川人也”。这篇墓志的“铭”再一次提到祢氏家族起源于楚国琅邪的事迹——“赫赫我祖，奄营南土”。而且祢军的墓志称，“其先与华同祖”。此外，祢素士墓志和祢仁秀墓志都提到，祢寔进的父亲祢善曾在隋朝任莱州刺史。未知祢寔进之降唐及其家族在唐朝的身份地位是否与他们本身是汉人有关？

联姻显然是百济人提高和巩固自己的社会地位的重要途径。这一策略在第三代遗民中已经明显展开，到了第四代，他们已经与皇室成员通婚。第一个与唐上层家族通婚的是难元庆。他的墓志称：“夫人丹

① 《汇编》神龙 033。

徒县君甘氏,左玉钤卫大将军罗之长女也。”而龙门石窟佛教造像题记中也有扶余氏女子嫁与唐朝将领的信息。[①]此外,祢仁秀墓志提到,他的夫人是“绥州刺史祁陁之女”,可见百济第三代的通婚策略扩展到鲜卑大族。不过,最为成功的通婚事例是扶余隆的孙女与李唐宗室嗣虢王李邕的婚姻。

《唐故虢王妃扶余志铭》显示,百济王室扶余家族进入唐境后地位迅速提高,到第三代已经很好地融入唐朝社会。墓志称,扶余氏的父亲扶余璋曾任渭州刺史之职。身为第四代的扶余氏与嗣虢王李邕结婚,生有五子:长子李巨继承虢王爵位,其他四子李承昭、李承曦、李承畯、李承晊也都被授予官职。[②] 扶余氏在 49 岁时过世,与李邕合葬,并陪葬献陵。此外,她的妹妹嫁给了宰相吉顼的弟弟吉琚。[③] 换言之,扶余氏姐妹均嫁入唐朝社会最高层。事实上,这篇由朝议郎守中书舍人梁涉撰写的扶余氏墓志读来与其他唐皇室女戚的墓志几无差别。墓志称:

> 德合则不孤,气同而相感。夫以异姓诸王之淑女,而有维城盘石之宗臣,风人所以好逑,易象由其系应。非兰芳玉润、礼备乐和,岂可以宜君子之家、配天人之室?

这段文字典型地反映了此志将扶余氏描写为唐代贵族女性的意图。她并不是异邦之淑女,而是异姓诸王之淑女,传承了诸姓与王室联姻的传统。更为惊人的是,扶余氏被描述为具有传统的女性美貌——“南国

① 龙门石窟第 877 号。董延寿和赵振华认为,这种对佛教的虔诚是百济人众已完全归化的证明,但是佛教在百济王朝被灭之前一直很受百济民众欢迎。

② 有关李邕妃扶余氏所生之子,参见张蕴 2006 年文。

③ 见《旧唐书》卷一一二《李巨传》、卷一八六《吉温传》。姜清波认为史书并无有关吉琚任职的记载,因此,李邕妃扶余氏之妹嫁给了平民(《唐三韩人研究》,第 78—79 页)。不过,鉴于吉顼位至宰相,吉琚是平民的可能性似乎不大。

之容”。令人困惑的是，扶余氏墓志并没有提及她是何时嫁给李邕的，这与一般的唐代贵族女性墓志非常不同。而且，从墓志来看，扶余氏在“开元中”才被“封为王妃”，而李邕在开元十五年（727）去世，在《大唐故嗣虢王墓志铭》中完全没有提到他与扶余氏的婚姻。这两篇墓志在这段婚姻上的描述和遗漏是否隐喻了唐皇室对百济遗民的身份认同的态度？

东国视野下的身份认同

——崔致远与《四山碑铭》

上述九方百济墓志让我们对唐朝廷对待和赋予入唐百济人身份认同上有一定的了解，我们却无从得知这些墓志主是如何对待或表达自己的身份认同的。不过，我们从崔致远所留下的大量文字中似乎可以找到一些线索，尤其是他为新罗佛教大师所撰写的《四山碑铭》。这些文献使我们得以从入唐三韩人的角度来理解他们自己的感受。

崔致远出生于一个新罗世家，自幼起即受到十分优越的传统教育。不过，他家人认为，要真正成为学人，必须游学西国、进士及第。崔致远在他的文集——《桂苑笔耕集》序中回忆到他 12 岁时告别家人的情景：“自年十二离家西泛，当乘桴之际，亡父诫之曰：十年不第进士，则勿谓吾儿，吾亦不谓有儿，往矣勤哉，无隳乃力。”崔致远先在长安的国子监就学，[①]六年后，他宾贡进士登第，[②]授宣州溧水县尉。这一期间，

① 崔致远著、党银平注《桂苑笔耕集》，中华书局，2007 年，第 13 页。

② 有关新罗学生以及宾贡进士，见党银平《唐与新罗文化关系研究》，中华书局，2007 年；党银平《唐代有无“宾贡科”新论》，《社会科学战线》2002 年第 1 期，第 152—157 页。有些学者认为，宾贡科是为外国学生设立的专项考试，但党银平认为，这些宾贡科及第的学生与进士科及第的考生参加同项考试，但是宾贡科的及第标准要比进士科的低。此外，方晓伟认为，崔致远很可能在 876 年 20 岁时进士登科。见氏著《崔致远思想和作品研究》，广陵书社，2007 年，第 8—9 页。

他除了治政外，还遍游山水、广交文友，并撰写了大量诗文。他的经历与唐代文人官员十分相像。[①]广明元年(880)，崔致远求职于淮南节度使高骈(821—887)，成为高骈掌文书的从事官，次年为高骈撰写了著名的《讨黄巢檄文》。他在这一期间(880—885)所撰写的大量官方文书以及私人诗书被他编集成二十卷的《桂苑笔耕集》。

虽然自编文集在唐代官员中并不罕见，但是通读全书，我们可以发现崔致远并不认同僚友的身份标识。在他的诗作和书信中，他显然强调了西国(唐)与东国(新罗)的分别，并将自己称之为“海外人”。他诗书中多处表达了因为自己不能融入唐文化而产生的隔阂、孤独和沮丧感。抱怨唐代社会对他这样的东国之人并不理解：“海内谁怜海外人，问津何处是通津。”[②]

中和四年(884)崔致远时年三十，他向高骈请求归家省亲。唐僖宗因授以“国信使”身份，次年抵达新罗。在新罗，崔致远的情绪大为改变，他所感受的是家乡人对他的亲近和尊重。因为他深谙佛教，又是唐朝进士，新罗朝廷嘱之以汉文撰写四篇纪念佛教大师的碑铭。这四位大师中，一位是大嵩福寺的创始人，其他三位是新罗大师，其中两位曾长期游学于唐。《四山碑铭》完成后，崔致远选择了留在新罗，他再也没有作“西泛”之旅。[③]可以说，《四山碑铭》在崔致远感知和表现自己的身份认同过程中起了决定性的作用。[④]

---

① 见党银平博士论文《崔致远研究》，南京大学，1999 年。

② “通津”在此有双重意义：1)四通八达的渡口；2)重要的官位。见崔致远《陈情上太尉诗》，《桂苑笔耕集》，第 744 页。

③ 据方晓伟考证，崔致远在 893 年参与新罗使团到唐朝。见《崔致远思想和作品研究》，第 45、59、149 页。

④ 有关《四山碑铭》所见之崔致远心路历程，参见拜根兴、李艳涛《崔致远〈四山塔碑铭〉撰写旨趣论》，《唐史论丛》2012 年第 15 辑，第 265—277 页。作者认为，这四篇碑铭反映了崔致远为忠君报国(包括唐与新罗)、匡时济世的远大理想奋斗一生的精神。

《四山碑铭》中的第一篇是《有唐新罗国初月山大崇福寺碑铭并序》,[①]这是崔致远在回到新罗后不久(885)撰写的。在叙述大崇福寺的历史时,崔致远隐略了中国佛教对新罗的影响,而大量渲染“东国”的佛教大师(以及新罗朝廷)是如何为佛教的传播提供了可能。值得注意的是,所有四篇碑铭都称新罗为有唐的一个国,称唐朝皇帝为“天子”[②]并使用唐朝的纪年,因此,这些文献再次证明了唐朝对新罗的名义上的统治,但是从碑铭的内容来看,新罗人显然在追求自己的独立的身份认同。《有唐新罗国初月山大崇福寺碑铭并序》中最有意思的部分可能是崔致远对唐朝使节胡归厚的来访的描写,崔致远借用胡归厚对新罗官员的学问的称赞来表达自己对新罗在传统教育上的成就的自豪。崔致远颂扬了新罗王室对儒家经典的重视,并称,因为这种重视,他才愿意接受王室的指令,为大崇福寺作铭。虽然崔致远用汉字撰写此铭,而且还将自己比作汉代的蔡邕(132—192),他显然为自己是一个博学的新罗人而倍感骄傲。[③]

第二篇碑铭是纪念旅居唐土二十六年(804—830)的真鉴禅师(774—850)的塔铭——《唐新罗国故智异山双溪寺教谥真鉴禅师碑铭并序》。[④] 虽然崔致远在文中强调了“东人”西浮大洋学经的必要(“夫道不远人,人无异国,是以东人之子,为释为儒,必也西浮大洋,重译从学”),[⑤]但这篇长文对真鉴在唐朝的经历的描写只用了不到十分之一的篇幅。而且,他将真鉴的佛性归功于真鉴的父母,称其父“在家有出家之行”,其母“尝书假寐,梦一梵僧谓之曰:‘吾愿为阿弥之子。’因以

① 见崔致远著、李佑成注《新罗四山碑铭》,汉城:亚细亚文化社,1995 年,第 256—302 页。

② 同上书,第 272 页。

③ 此处指蔡邕为郭有道撰写碑铭。

④ 《新罗四山碑铭》,第 125—146 页。

⑤ 同上书,第 125 页。

琉璃罂为寄,未几娠禅师焉”。[1]并称,大师自幼即与众不同,“既龀从戏,必焚叶为香,采花为供,或西向危坐,移晷未尝动容”。[2]

贞元二十年(804),真鉴得以西泛大唐,他在沧州拜谒神鉴大师后,随即削发受具。他的虔诚感动了众徒,相谓曰:“东方圣人,于此复见。”[3]六年后,真鉴受具于嵩山少林寺琉璃坛。崔致远对真鉴在少林寺的出家生活未作具体描写,只是称赞他“闻一知十,茜绛蓝青”。[4] 真鉴在长安度过了六年时光,先居住在终南山上的一个佛寺,后在长安街市“织芒屩而广施”。崔致远形容真鉴在终南山的经历为“寂寂者三年”,在长安街市的经历为“惮惮者又三年”。他因此解释道,真鉴“苦行既已修,他方亦已游,虽曰观空,岂能忘本,乃于大和四年来归”。[5]此句中的“岂能忘本”反映了崔致远将自己对身份认同感知与真鉴的经历糅合起来的倾向。

这篇塔铭对真鉴回到新罗之后直至去世前的十年间的经历和成就有非常详尽的介绍:真鉴致力于传播和推广佛教经典、建立佛寺佛像;真鉴对王室和权贵淡泊以待之。崔致远还将真鉴和尚创建的梵呗诵经法列为新罗佛教史的一个重大事件:

> 雅善梵呗,金玉其音,侧调飞声,爽快哀婉,能使诸天欢喜,永于远地流传。学者满堂,诲之不倦,
>
> 至今东国习鱼山之妙者,竞知掩鼻效玉泉余响,岂非以声闻度之之化乎![6]

---

① 《新罗四山碑铭》,第127页。
② 同上书,第128页。
③ 同上书,第132页。
④ 同上书,第133页。
⑤ 同上书,第135页。
⑥ 同上书,第141页。

在总结真鉴和尚的一生功绩的“铭”中，崔致远赞扬他“去传秘印，来化斯罗”。因此，在崔致远看来，真鉴的身份认同是东国和尚，他去唐朝的目的是“传秘印”。

崔致远为朗慧和尚（800—888）撰写的塔铭成文于890年。这篇题名为《有唐新罗国故两朝国师教谥大朗慧和尚白月葆光之塔碑铭》[①]的文献共有5224字，是目前所知唐代和新罗时期佛教徒碑铭中最长的一篇。崔致远称，朗慧和尚的母亲华氏“魂交睹修臂，天垂受万殳花，因有娠，几逾时，申梦胡道人，自称法藏，授十护充胎教，过期而诞大师”。[②] 朗慧自幼起即与众不同：“至与群儿戏，画墁聚沙，必摸样像塔，而不忍一日违膝下。九岁始鼓箧，目所览，口必诵”，他因此而被誉为“海东神童”。慧朗在21岁时“托足而西”。到达唐土后，他游访佛寺，并“问道”白居易空门友如满和尚。如满和尚对朗慧的禅学知识非常敬佩，称：“吾阅人多矣，罕有如是新罗子。他日中国失禅，将问之东夷耶?!”朗慧和尚在唐朝居住了二十四年，他的勤奋和虔诚为众多佛教师徒所称赞，并冠之以“东方大菩萨”。

崔致远称，朗慧“会昌五年来归，帝命也。国人相庆曰：‘连城璧复还，天实为之，地有幸也’”。但是，会昌五年（845）正是会昌灭佛的高潮，所以他很可能是这场法难的受害者。回到新罗之后，朗慧与王室建立了密切关系，这可能是他得以成为新罗历史上最重要的佛教大师之一的原因。崔致远称赞道“大师西学而东化，加一变至于道，则莫之与京，舍我谁谓？伟矣哉！……道常得佛真，海东金上人”。[③]与真鉴碑铭相比，朗慧碑铭提供了更多的有关唐朝的经历，但是，这篇铭文的本土主义的基调仍然十分突出，这在讲述他幼时的佛性和对他离开唐朝的原因的掩饰上可窥一斑。

① 《新罗四山碑铭》，第147—204页。
② 同上书，第159页。
③ 同上书，第197页。

四山碑铭中的最后一篇铭文是为智证和尚撰写的塔铭——《大唐新罗国故凤岩山寺教谥智证大师寂照之塔碑铭》。[1] 此文成于893年，是一篇最能反映崔致远本土意识的文章。崔致远不仅详细地描述了禅宗在新罗的悠久历史，而且还声称，“东人方寸地，灵矣”，[2]而三韩是佛教盛行的最佳土壤——“地耸胜因”。[3]与真鉴和朗慧和尚相同，智证和尚的诞生也是佛人感应的结果，而且，他还出世于“灌佛之旦”。与真鉴和朗慧和尚所不同的是，智证从未“西浮大洋”到唐朝学佛，崔致远因此着重渲染智证在新罗本土的业绩和影响，并藉此来证明，东国的佛教之盛比之西域可称旗鼓相当——“十万里外镜西域，一千年后烛东国”。

结　语

对比唐人所撰入唐百济人墓志与崔致远所撰新罗佛教大师碑铭，我们可以发现，这两组铭文所反映的唐人对三韩人加予的身份认同与三韩人的自身意识有明显区别。此外，我们也可以感受到，在唐代和新罗时代，墓志和碑铭的作用远远超过了纪念亡者、表现孝道、传播社会规范，它们还是表达、制造、“赐予”和竞争身份认同及其相应品德的渠道。

---

① 《新罗四山碑铭》，第205—225页。
② 同上书，第219页。
③ 同上书，第213页。

附录 《扶余氏墓志》录文及拓片图像

志文：唐皇再从叔金紫光禄大夫故卫尉卿赠荆州大都督嗣虢王妃扶余氏墓志铭并序

朝议郎守中书舍人安定梁涉撰

太妃扶余氏讳，皇金紫光禄大夫、故卫尉卿、带方郡王义慈曾孙；皇光禄大夫、故太常卿、袭带方郡王隆之孙；皇朝请大夫、故渭州刺史德璋之女也。家本东方之贵，世生南国之容，对春林而红树非华，升画阁而初阳并照，间出非常之秀，挺生稀代之贤。德合则不孤，气同而相感。夫以异姓诸王之淑女，而有维城盘石之宗臣，风人所以好逑，易象由其系应。非兰芳玉润、礼备乐和，岂可以宜君子之家、配天人之室？地灵族茂，齐大晋偶，我所以言归虢国，王 所以克正闺门。王讳邕，神尧皇帝之曾孙，皇故司徒虢王凤之孙，皇故曹州刺史定襄公宏之子。同九庙之繁秘，分五潢之庆流；有朱虚之定计，过河间之好古。允所谓朝廷之羽仪，国家之藩翰也。其事业有如此者，皆太妃起家而有之。曰 开元中有制封为王妃，惟内之则，实邦之媛。以敬克修其馈祀，以顺能成其缉睦，以正而秉于柔嘉，以德罔闻其妬忌。敬者礼之格，顺者义之和，王者身之经、德者行之□。□后能祭则致其福，惠必洽于亲，言不出于阃阈，教以周于中外。王所以乐得其贤□，妃故能长守其富贵也。外受方伯，入为公卿，廿年间并享天禄。宜其淮南得道，王母登仙，还丹不成，为药所误，先王遗世而已久。太妃持门而不失、训五子而并良，继一贤而嗣位，十九年有制册为太妃，复以子也。呜呼，川无停水，岁则阅人，流者非向时之波，来者亦远行之客，自古皆往，其能长生！以廿六年八月九日薨于崇贤之王第，春秋卌九，其年戊寅建子之月既望归祔于先王之茔，礼也。惟王先太妃而薨，备详于前志，及太妃之同穴也，故重载于兹。有子五人：长曰太子家令虢王巨，贤而乐善，孝以傅国；次曰太子典设郎承昭；又其次曰太子通事舍人承曦；又其次曰左金吾兵曹承晙；季曰太子典设郎承晊。等士林之秀、公族之华。自执亲之丧，而水浆不入，犹疑其往，靡所寘哀。惧高陵深谷之迁，谋地久天长之事，以涉忝麟台之故吏，又鹓掖之近臣，谓登龙门者高见其家风，入凤池者常撰其纶翰。俾存实录，敢不直书？但且纪以岁时，岂望悬诸日月。铭曰：

东方君子兮异姓诸王，克生淑女兮休有烈光，于归其谁兮惟虢之国，其仪可像兮实内之则，夫为天人兮子亦天人，妃又太妃兮夫子之因，王既没兮妃亦逝，泉适开兮今复闭，子子孙孙相继世。

开元廿六年十一月十五日

感谢王庆卫先生提供此志图片

中国性史研究的选题与资料

在最近的几十年间，中国性史研究迅速地发展成了一个非常活跃的领域，这要归功于社会性别研究的长足进步以及中国史学家对性史研究可使用的大量史料的敏锐意识。[①]因此，可以说，现存史料的类型和体裁在某种程度上决定了这个领域的研究课题、方向和方法。比如，有关上古社会的性史研究多集中于对马王堆医书以及对早期道教文献的探讨，因此，这个分支领域中的论著大多关注道教和医学知识对上古社会的性观念和性实践的影响。因为大量道教经典出现在魏晋南北朝，因此，对这一时期的性的研究着重于探讨道教仪式和实践所反映的性观念。随着文人成为界定“性”的主导角色，唐代的性观念以及性文字与唐之前有很大差别。相应地，有关唐代的性研究在选题和史料选择方面也更为广泛。相对来说，因为受到现存宋代史料的限制，

---

① 有关这一领域的研究成果和现状，参见卢苇菁（Weijing Lu）《中国历史中的性》（Sexuality in Chinese History）中的前言。*Journal of the History of Sexuality* 特刊，22.2（2013年），第201—206页。

对宋代性史的研究多注重于考察儒家对性关系的界定以及对“不端”性行为的警示。明清性史研究成果最为丰富,这也是与史料的丰富和体裁的多元紧密相关的。至今为止,学者们已考察了这一时期的道德说教、家训、宗教文本、小说、笔记、剧本、版画、性指南以及法庭案例等史料,使得明清性史成为中国性史研究中最令人振奋的一个分支领域。

中国性史研究的论著汗牛充栋,所涉及的课题和史料尤其广泛,[①] 笔者尚不敢冒昧对这个领域作总结性的回顾和分析,本文的目的仅限于考察现存史料之种类、体裁对这一研究领域的三个课题——性观念和性实践、性行为规范、男女性气质及色情的重大影响。

道教文献中的性观念和性实践

至今所知最早的以性为主题的文献是20世纪70年代在马王堆出土的汉代医书,这批医书共有十四篇,其中《十问》《天下至道谈》和《合阴阳》是房中术文献。这些文献为学者研究汉代的性以及中国最早的性文化提供了极有价值的史料。

西方马王堆医书研究的开拓者是夏德安(Donald Harper),他在1987年发表的《一份公元前二世纪文献所记载的中国古代房中术》也是西方学术界第一篇从语言学的角度来研究中国古代性学的学术文章。[②]夏德安在文中提出,马王堆医书反映了战国和秦汉时期的性文

---

① 金鹏程(Paul Goldin)多年来一直在收集和更新西方有关中国社会性别史和性史研究出版物。从他的《前现代中国时期的社会性别与性:西文论著目录》(Gender and Sexuality in Pre-Modern China: Bibliography of Materials in Western Languages)网站可以看到,至2016年年底,有关这些方面的论著将近一千三百种(http://www.sas.upenn.edu/ealc/paul-r-goldin#tabset-tab-4)。

② 夏德安(Donald Harper)《一份公元前二世纪文献所记载的中国古代房中术》(The Sexual Arts of Ancient China As Described in A Manuscript of the Second Century B. C), *Harvard Journal of Asiatic Studies* 47.2 (1987年),第539—593页。

化。此外,这篇文章还对所有马王堆医书文献作简短介绍,并翻译《合阴阳》的第一部分,配以详细注解和分析。此后,夏德安又发表了更为全面、详细的马王堆医书研究,并全文译出所有十四篇文献,①从而进一步丰富和扩展了他关于道教对中国早期社会的性和性爱实践的影响的论点。

总体说来,学者们基本上都认为,马王堆医书反映出明显的道教与医学知识的融合——有些文献强调男女交合是阴阳合一的象征;有些文献阐述了它对身体健康的良性作用。②这些文献所反映出的社会性别观和性观念体现了两个相互关联而又相互矛盾的方面:一方面这些文献强调了交合过程中女性获得愉悦的重要性,并提出,阴气与阳气的平衡是人人所需的,而男女交合是达到这种平衡的途径之一;另一方面,正如金鹏程(Paul Golden)指出的,这些文献显然是为男性所写的——为了使性爱具有养生价值(获取阴气),男性应力求使女性达到性高潮。这可能是早期中国性文献中没有关于同性恋的讨论的原因。③另一个了解早期道教对性观念和性实践的影响的重要文献是

① 夏德安《上古中国的医学文献:马王堆医书》(Early Chinese Medical Literature: The Mawangdui Medical Manuscripts), *Sir Henry Wellcome Asian Series* 2. London and New York: Kegan Paul International,1998 年。

② 除了夏德安的论著外,其他有关马王堆医书的重要研究有李零(Li Ling)、马克梦(Keith McMahon)《马王堆房中文书的内容和术语》(The Contents and Terminology of the Mawangdui Texts on the Arts of the Bedchamber), *Early China* 17(1992),第 145—185 页; Rudolf Pfister《从马王堆出土文献看性身术框架下特殊心理状态的产生》(The Production of Special Mental States Within the Framework of Sexual Body Techniques—As Seen in the Mawangdui Medical Corpus),收入史华罗(Paolo Santangelo)、董娜(Donatella Guida)编《爱、憎及其他激情:中国文明中的情感之探讨和主题》(*Love, Hatred, and Other Passions-questions and Themes on Emotions in Chinese Civilization*),Brill Publishers, 2006 年,第 180—194 页; Jessica Leo《皇帝〈素问〉中的性:早期中国的性、长生和医学》(*Sex in the Yellow Emperor's Basic Questions: Sex, Longevity, and Medicine in Early China*), Three Pines Press,2011 年。

③ 金鹏程《中国古代的性文化》(*The Culture of Sex in Ancient China*),University of Hawaii Press, 2002 年,第 6—7 页。

《素女经》。[①] 在高罗佩(Robert van Gulik)1961 年发表的《中国古代房内考》一书中，高罗佩指出，在汉代的有关性实践的文献中，虽然我们可以看到儒家思想的踪影(儒家对男女性爱是首肯的，因为它是传宗接代的必经之路)，但是其指导思想主要来自道教。[②]

研究魏晋南北朝时期的性史的学者指出，这一时期的性观念和性实践反映出更为强烈的道教影响，这在道教关于通过男女交合达到合阴阳境界的观念上尤为突出。[③]很显然，学术界的这一共识很可能是因为这一时期流传下来的性文献都是道教文献，比如《玉房秘诀》[④]《黄庭经》[⑤]《上清黄书过度仪》[⑥]等。这些文献显示，汉代以后的道家人士认为采

---

① 这一文献在唐代以后失传，但被收入日本中古时期的医书《医心方》。其他被收入《医心方》的上古和中古时期的文献还有《洞玄子》等。《医心方》已经被全文译出，并配有导读性的前言以及对文献的注释。见丹波康赖(912—995)、Emil C. H. Hsia、Ilza Veith、Robert Geertsma《古代中国和日本的医学备要：丹波康赖的〈医心方〉》(*The Essentials of Medicine in Ancient China and Japan: Yasuyori Tamba's Ishimpo*)，Brill Publishers，1986 年。叶德辉于 1914 年出版的《双梅景闇丛书 》收入此文。周贻谋认为，《素女经》最早在战国时期就已出现，在魏晋时期定型。见周贻谋《论房中经典〈素女经〉与〈玄女经〉》，《中国性科学》2005 年第 1 期，第 34 页。

② 高罗佩(Robert van Gulick)《中国古代房内考》(*Sexual Life in Ancient China: A Preliminary Survey of Chinese Sex and Society from ca. 1500 B. C. till 1644 A. D*)，Brill Publishers，1994 年，第 78 页。高罗佩将《素女经》译为 *The Handbook of Sex of the Plain Girl*。

③ 有关汉代以后道教中通过行房合阴阳及其相关的性观念的文献的介绍，参见戴思博(Catherine Despeux)《中国古代的女仙：道教与女丹》(*Immortelles de la Chine ancienne: Taoïsme et alchimie feminine*)，Pardès Publishing House，1990 年。

④ 有关《玉房秘诀》中所见这种性观念的分析，参见金鹏程(Paul R. Goldin)《古代中国吸血鬼式的性文化及其宗教背景》(The Cultural and Religious Background of Sexual Vampirism in Ancient China)，*Theory & Sexuality* 12.3 (2006 年)，第 285—307 页。

⑤ 夏德安认为，这份文献也曾被称为《黄庭外景玉经》，它在公元 2 世纪或 3 世纪成文，是最早的有关性的道教文献。而《黄庭内景玉经》则是上清道教的文献，成文于 4—5 世纪间。见夏德安《一份公元前二世纪文献所记载的中国古代房中术》，第 541 页脚注 4。有关《黄庭外景玉经》的研究，参见施舟人(Kristofer Schipper)《道体论》(*The Taoist Body*)，Karen C. Duval 译 ，University of California Press，1994 年，第 130—159 页。

⑥ 有关《上清黄书过度仪》的研究可参见贺碧来(Isabelle Robinet)《道教历史中的上清派之启示》(La Révélation du Shangqing dans l'histoire du taoïsme)，*Ecole française d'Extrême-Orient: Dépositaire*，*Adrien-Maisonneuve*，1984 年；李福(Gil Raz)《黄赤之道：早期道教中性实践》(The Way of the Yellow and the Red：Sexual Practice in Early Daoism)，*Nan Nü*，*Men*，*Women and Gender in China* 10(2008 年)，第 86—120 页。

阴是达到长生不老的关键之一,而因为男女交合是采阴的重要步骤,因此,早期的房中术近乎提倡“性榨取”(sexual vampirism)。[①]不过也有学者指出,从这些文献中我们可以隐约看出女性是性爱的平等伙伴。这种平等关系在《上清黄书过度仪》中尤其显著——男女交合是道教礼仪过程中的一个重要环节,这一“合气”过程使得男性的黄与女性的赤气相融合,从而达到宇宙的和谐。[②]这一性实践理念显然是受到道教阴阳理念的影响的。[③]

虽然道教阴阳理念对这一时期的性观念和社会性别观念的影响是不争的事实,但这些观念并不是单一化的。正如李福(Gil Raz)在他的近作《诞育己身:中古道教中的隐喻和转化》(*Birthing the Self: Metaphor and Transformation in Medieval Daoism*)中指出的,魏晋南北朝时期的《上清九丹上化胎精中精记》和《老子中经》显然是为男性道教徒撰写的,这些文献传授使男子通过凝神静思、阴阳合一等步骤而返其本真,最终成为赤子升天的秘诀。[④]因此,虽然道教文献强调“阴”的重要,但这并不等同于强调女性的重要。事实上,道教的胚胎学认为从女性身体中受胎和生育是导致死亡的主要原因。

Douglas Wile 翻译了多篇魏晋南北朝时期的道教文献,并在此基础上探讨了这一时期的性观念和性文。Wile 在 1992 年发表的《中国性瑜伽经典》(*Art of the Bedchamber: The Chinese Sexual Yoga Classics Including Women's Solo Meditation Texts*)一书是西方第一部对中国性学经典的全面介绍。此书翻译的文献包括了马王堆医书(《天下至道谈》《合阴

---

① 见金鹏程《古代中国吸血鬼式的性文化及其宗教背景》。

② 见李福《黄赤之道》。

③ 见戴思博、孔丽维(Livia Kohn)《道教中的女性》(*Women in Daoism*),University of Hawaii Press, 2003 年,第 14—15 页。

④ 见贾晋华(Jinhua Jia)、康笑菲(Xiaofei Kang)、姚平 (Ping Yao)《从性别看中国宗教:主体、身份认同与身体》(*Gendering Chinese Religion: Subject, Identity, and Body*),State University of New York Press, 2014 年,第 183—200 页。

阳》）、魏晋南北朝时期的重要道教性学文献（《素女方》《玉房指要》《玉房秘诀》《洞玄子》）、唐代及唐代以后的道教性学作品（《房中补益》《御女损益》《素女妙论》《纯阳演正孚祐帝君既济真经》《紫金光耀大仙修真演义》）、炼丹术文献（《金丹就正篇》《金丹真传》《金丹节要》《采真机要》《无根树》）以及道教有关女性修炼的重要文献（《西王母女修正途十则》《女金丹要方》《泥丸李祖师女宗双修宝筏》《女功正法》）。[①]

这个译文目录显然反映出道教文献在中国性史研究中的重要性，而 Wile 对中国历史上的性观念和性实践的讨论几乎也完全是依赖于这些资料的。Wile 认为，这些道教文献反映了中国古代性学的十大宗旨：1）射精导致人体能量丧失；2）性能量的引发会给身体带来正能量；3）性功能随着年龄的增长而衰退；4）射精会给性欲带来负面效果；5）性能量可以从身体中的一个器官转到另一个器官；6）人体在婴儿至发育期间充满了阳的能量和性欲望，因此它代表了生理的完整性；7）戒欲会造成心理和生理的畸变；8）男女的性兴奋速度有差别；9）男女爱液的融合具有创造新生命的能力；10）性欲和性能量的和谐是夫妇和睦的基础，这种和睦需要对对方的心情和性兴奋速度有详尽的了解。[②]

西方道教性学文献研究前驱施舟人（Kristofer Schipper）曾经指出，中国历史上的性实践可以分为三类："科学"（房中术）、"魔术"（性炼丹术和狂欢仪式）、"神秘"（神灵化的交欢和神秘的婚姻冥想）。[③]此后的有关研究似乎都在以他的研究模式来探讨早期中国性史，在道教文献之外考察性和性实践的出版物很少见。

---

① 见 Douglas Wile《中国性瑜伽经典》（*Art of the Bedchamber: The Chinese Sexual Yoga Classics Including Women's Solo Meditation Texts*），State University of New York Press，1992 年。

② 同上书，第 5—8 页。

③ 施舟人《身体中的科学、魔术与神秘性》（Science，magie et mystique du corps：Notes sur le taoisme et la sexualité），收入 Michel Beurdeley 编《云雨：中国的房内术》（*Jeux des nuages et de la pluie*），Frieburg：Office du Livre，1969 年，第 11—42 页。

说教、法案和笔记所见之性行为规范

说教文本、礼书、律令、法案判例以及文人笔记/杂记等为学者研究中国历史中对性行为的种种规范提供了极为丰富的史料,其中讨论最多的课题是女性贞操。

说教类史料包括族规、家训、儒家学者的论述、地方志以及律令。正如卢苇菁在《矢志不渝》一书中提到的,明清时期,政府和儒家精英都极力试图以道德标准来规范民众的言行和生活方式,同时,这两个朝代的贞妇的数量远远超过了之前的任何朝代。[①] 田汝康、柯丽德(Katherine Carlitz)、费侠丽(Charlotte Furth)、曼素恩(Susan Mann)、戴真兰(Janet Theiss) 等学者探讨了儒家传统的社会性别观是如何通过法律、家训、族规、说教文本和民间文学得以体现和发扬的。[②]学者们还指出,虽然宋代理学为这种道德说教奠定了基础,蒙古人的独特文化和种族

---

① 卢苇菁(Weijing Lu)《矢志不渝:明清时期的贞女现象 》(*True to Her Word: The Faithful Maiden Cult in Late Imperial China*), Stanford University Press, 2008 年,第 3—5 页。

② 见田汝康(T'ien Ju-K'ang)《男性的忧愤与女性的贞节》(*Male Anxiety and Female Chastity: a Comparative Study of Chinese Ethical Values in Ming-Ch'ing Times*),Brill Publishers, 1988 年 ; 柯丽德(Katherine Carlitz)《明中期江南的祠堂、统治阶层特点及寡妇守节的流行》(Shrines, Governing-class Identity, and the Cult of Widow Fidelity in Mid-Ming Jianan), *Journal of Asian Studies* 56.3 (1997 年),第 612—640 页; 费侠丽(Charlotte Furth)《父家长的传家宝:家训及正统价值观的传授》(The Patriarch's Legacy: Household Instructions and the Transmission of Orthodox Values),收于 刘广京 (Kwang-Ching Liu)编《近世中国之正统》(*Orthodoxy in Late Imperial China*), University of California Press, 1990 年,第 187—211 页; 曼素恩(Susan Mann)《缀珍录——十八世纪及其前后的中国妇女》(*Precious Records: Women in China's Long Eighteenth Century*), Stanford: Stanford University Press, 1997 年; 戴真兰(Janet Theiss)《管理殉死:明清时期的女性自杀与治国》(Managing Martyrdom: Female Suicide and Statecraft in Mid-Qing China),*Nan Nü* 3.1(2001 年),第 47—76 页; 戴真兰《丑行:十八世纪中国的贞洁政治》(*Disgraceful Matters: The Politics of Chastity in Eighteenth-century China*), University of California Press, 2004 年。

意识使得元代社会进一步在法律上和经济上迫使女性选择守节。①

最近,卢苇菁分别考察了儒家的男性道德话语和女性道德话语,从而进一步扩展了这个研究课题。她指出,虽然儒教传统历来崇尚女性贞洁,而对男性的性生活则并没有严格的约束,但是,明清时代的儒学道德家有关服丧期间戒绝行房的论著说明,男性的性行为也会受到规范、制约和道德上的审视。她指出,这一对服丧期间禁止性行为的规则是在明清儒家强调礼仪和孝道的大环境下产生的,它是当时十分繁复冗长的服丧礼仪中的一个环节,整个过程的目的在于考验服丧者的自制力和孝心。虽然丧服制度在中国历史上早已成为定制,并普及于社会各阶层,但是明清时期,它(尤其是禁绝行房)逐渐成为儒家精英道德表现的聚焦点,成为儒学家们考验和表现自身品行的一个试金石。②此外,在她的专著《矢志不渝》中,卢苇菁提出,明清时期对贞女的褒奖和宣传也是与儒家精英对道德表现的推崇相关联的。③

中国历代的法令和法案记录为学者了解性行为规范以及当时的历

---

① 如,Jennifer Holmgren《女德的经济基础:早期和现代中国的寡妇再婚》(The Economic Foundations of Virtue: Widow Remarriage in Early and Modern China),*Australian Journal of Chinese Affairs* 13 (1985 年),第 1—27 页;柏清韵 (Bettine Birge)《元代的收继婚与贞节观的复兴》(Levirate Marriage and the Revival of Widow Chastity in Yuan China),*Asia Major* 8. 2(1995 年),第 107—146 页;柏清韵《宋元时代的妇女、财产和儒家反应》(*Women, Property, and Confucian Raction in Sung and Yüan China* [*960-1368*]),Cambridge University Press, 2002 年;柏文莉(Beverly Bossler)《贞妇和英烈:宋元时代的国家、社会和话语》(*Faithful Wives and Heroic Martyrs: State, Society, and Discourse in the Song and Yuan*),Tokyo Metropolitan University Press, 2002 年;柏文莉《贞妇和烈女:宋代的政治、道德与社会性别》(Faith Wives and Heroic Maidens: Politics, Virtue, and Gender in Song China),收于邓小南等编《 唐宋女性与社会》,上海辞书出版社,2003 年,第 751—784 页。

② 卢苇菁《禁弃性交:丧礼与儒家精英》(Abstaining from Sex: Mourning Ritual and the Confucian Elite), *Journal of the History of Sexuality* 22. 2 (2013 年),第 230—252 页。

③ 见卢苇菁《矢志不渝》。此外,在她 2010 年发表的一篇论文中,卢苇菁进一步探讨了儒家学者将贞妇与道德表现联结起来的现象。见卢苇菁《贞妇与荡妇:明代与清代早期的女性性行为和道德话语》(The Chaste and the Licentious: Female Sexuality and Moral Discourse in Ming and Early Qing China),*Early Modern Women: An Interdisciplinary Journal* 5 (2010 年),第 183—187 页。

史和社会背景提供了极有价值的史料。在这类研究中,最有影响的是柏清韵 (Bettine Birge)在 1995 年发表的关于元代收继婚的研究。① 柏清韵提出,虽然收继婚是蒙古族的婚姻习俗,但它在元代被合法化。然而,在这一法令的执行过程中出现了许多混乱和冲突,因为这种婚姻方式与汉人传统中的乱伦很接近。为了减缓矛盾,朝廷颁布新的法律,如果丧夫的女性愿意守寡的话,夫家不得逼迫她再婚小叔子。这个法律又给予夫家控制她的财产(包括她的嫁妆)的权利,大大削弱了她回娘家或再嫁的权利。柏清韵认为,这个与中国传统习俗相悖的法律是明清时期寡妇守节盛行的起因。柏清韵的研究的主要史料根据是《元典章》,它不仅是朝廷的诏令,而且还有大量的诉讼文字和判例,因此是探讨元代性观念和性规范的极有价值的文献。②

苏成捷(Mathew H. Sommer)是另一位以诉讼和判例为主要史料来研究中国性史的学者。他的专著《清代中国的性、法律、社会》考察了清代法律以及法案中所见之性规范,并由此勾勒出历史和社会大背景的变迁以及平民百姓的性观念和性实践。③ 苏成捷认为,从中古至清朝的性规范可以称之为“地位/角色的履行”(status performance) ④,也就是说,个人的法律和社会地位决定了他/她应该履行的角色。比如,贞操的道德要求其实主要是针对上层社会的女性的。但是,清代,尤其是雍正朝,对性的规范发生了一个非常明显的变化,性规范的原则从强调传统的地位/角色的履行转变为强调“性别的履行”(gender

---

① 柏清韵(Bettine Birge)《元代的收继婚与贞节观的复兴》。

② 柏清韵 2009 年发表的一篇论文也采用了这种研究方法。见柏清韵《蒙古元代法律中性失德以及对成吉思汗大法令的一些观察》(Sexual Misconduct in Mongol-Yuan Law, with some Observations on Chinggis Khan's Jasagh),*Mongolica: An International Annual of Mongol Studies* 22(2009 年),第 287—297 页。

③ 苏成捷(Mathew H. Sommer)《清代中国的性、法律、社会》(*Sex, Law, and Society in Late Imperial China*), Stanford University Press, 2000 年。

④ 同上书,第 6 页。

performance)。[①]他指出,这个转变在以下五个方面反映得最明显:1)禁止娼妓;2)限制将奴婢作为性对象;3)重惩通奸和强奸;4)禁止男同性恋行为;5)广泛鼓励女性贞操。因此,自雍正朝起,对性的规范反映在对各个社会阶层都有效的统一的性道德及刑事责任。[②] 苏成捷对清朝案例的研究的一个典型例子是他对禁止男同性恋的研究,即《大清律例》中来自不同地区的 39 个鸡奸罪案例。他指出,这些法案反映出一个非常普遍的、强烈的对被鸡奸的男性的鄙视和羞辱,[③]同时,在清朝,女性同性恋却并不构罪。这种态度反映出对弱势男性所造成的危害以及他们的角色与社会秩序相冲突的恐惧。对清代的法学家来说,男性特质的退化是对家庭中性别等级秩序的威胁,是与女性的贞操被污染相等同的。[④]

苏成捷在 2013 年发表的一篇论文中探讨了 18 世纪和 19 世纪时期对谋杀、强奸以及婚姻纠纷的判决是如何反映了对身体性别(bodily gender)履行的注重的,他进一步指出,这一关注模糊了人的体格功能和社会功能的界限。[⑤]清代的法学家将女性笼统地界定为性侵入的对象,因而在男性同性关系中的"女性"一方在审讯中往往被作为女性来检查。苏成捷还讨论《大清律例》中所收集的地方各司上疏刑部的有关石女的案例,他指出,这些文献反映,地方官员所关心是这些女性能否以及怎样在肉体上担当一个妻子的角色,并以此作为依据来维护性行为方面的传统规范。[⑥]

张聪(Ellen Cong Zhang)对宋代性规范的研究是以洪迈（1123—

---

①　苏成捷(Mathew H. Sommer)《清代中国的性、法律、社会》(*Sex, Law, and Society in Late Imperial China*), Stanford University Press, 2000 年,第 9 页。

②　同上书,第 9—11 页。

③　同上书,第 148 页。

④　同上书,第 163—165 页。

⑤　同上书,第 307—308 页。

⑥　苏成捷《清代法庭中的社会性别化身体》(The Gendered Body in the Qing Courtroom) *Journal of the History of Sexuality* 22. 2 (2013 年),第 281—311 页。

1202）的《夷坚志》为主要史料的，她着重考察了宋代社会是如何看待以及管制通奸行为的。[1]她指出，从《夷坚志》的故事中我们可以发现，虽然宋代的法律以及地方衙门都担当了性规范的角色，但是对通奸者的惩罚显然与《宋刑统》的有关条例有差别，而且许多通奸者并没有被报案或受到诉讼。她还发现，社会精英以及公共舆论对不道德的性行为的指责以及对报应的恐惧也起着性规范的作用。此外，张聪还认为，洪迈所记载的故事显然反映出宋代社会对平民女性的性道德要求最为苛刻。许多平民女子被标以"淫荡"之称，指责她们给丈夫和儿子带来羞辱，给家族带来灾祸。这些故事显然反映出，宋代社会认为，有欲望的女性会扰乱家庭和社会性别秩序。这种对女性贞操、允当的社会性别角色、家庭与性别等级的关注在宋代以后的政治和思想话语中一直占据着中心地位。

文学作品中的女性气质/男性气质和色情

在漫长的中国历史中，虽然自《诗经》起，诗歌一直是非常受欢迎的文学体裁，其他文学种类，如长篇小说和戏曲，要到很晚才出现。这也造成了以中国古典文学为史料的中国性史研究体现出聚焦性的倾向，而在广角或比较研究方面尚有缺憾。不过，可喜的是，由于西方的中国古典文学和明清史研究源远流长，在这两个领域中延伸出来的中国文学中的性的研究非常活跃。

中国古典文学是如何体现女性气质和男性气质的？这是这个领域中最为热门的研究课题，而可以取材的古代文学种类和作品也可称汗

① 张聪（Ellen Cong Zhang）《宋代笔记中的私通》（Anecdotal Writing on Illicit Sex in Song China［960—1279］），*Journal of the History of Sexuality* 22.2（2013年），第253—280页。

牛充栋。[①]比如,文洁华(Eva Kit Wah Man)的《〈诗经〉所见之女性身体审美话语》一文探讨了《诗经》是如何表达理想的女性气质的。她指出,《诗经》中包含了大量用于形容女性美貌和赞扬女性气质的词汇,而且这些词汇往往被用于描写女性历史人物。此外,《诗经》中还有一些非常独特的女性在水边、水中的描写,用水的柔和与流畅来衬托女性美。文洁华还指出,《诗经》对男性美的表达可以《郑风》中的《叔于田》为典型,它描述的是一个善良、英俊、勇敢的男子。这首诗反映出,具有骑射、田猎能力的健硕体格是道德勇气的象征,这正是上古中国的性别观的反映。[②]另一个关于早期中国文学中的性魅力的研究是金鹏程在《中国古代的性文化》中有关《诗经》《左传》和《楚辞》的讨论。比如,他认为,《诗经》中的诗句经常出现隐喻的性形象,如,在《国风・秦风・黄鸟》中,许多诗句带有色情意味。[③]女性的美貌也是汉代和魏晋南北朝时期的诗歌主题之一。《玉台新咏》中许多诗句反映出对在水一方的佳人的挚切憧憬。除了早期诗歌中常见的形容女性美貌的词汇,如美目、皓齿、朱唇、玉指等,《玉台新咏》的诗句中也有不少对女性衣装和体态的描述。有些学者认为《欢闻歌一》等诗句还反映出男女合欢的描述。[④]

唐代是中国古代诗歌的顶峰时期,这一时期的诗作反映出一个更为广博和丰富的男女性气质以及性爱的表征,而这一体裁上的新发展

---

① 文洁华(Eva Kit Wah Man)《〈诗经〉所见之女性身体审美话语》(Discourses on Female Bodily Aesthetics and Its Early Revelations in *The Book of Songs*),收于刘咏聪(Clara Wing-chung Ho)编《公开的和隐蔽的宝藏:中国妇女史史料论文集》(*Overt and Covert Treasures: Essays on the Sources for Chinese Women's History*),香港中文大学出版社,2012 年,第 113—130 页。

② 同上书,第 122 页。

③ 金鹏程,《中国古代的性文化》,第 23—26 页。

④ 见 Anne Birrell,《〈玉台新咏〉:早期中国的爱情诗集》(*The New Songs from a Jade Terrance: An Anthology of Early Chinese Love Poetry*), Allen & Unwin Books, 1982 年,第 285 页。

也是与唐代新出现的文学体裁——小说有关联的。在谢立义(Daniel Hsieh)的《早期中国小说中的爱情与女性》[①]一书中提到,传奇小说在唐代中后期突起的主要原因并不是文人逃避现实,而是文人对"异者"及其多种表现方式的追求。因此,唐代中后期的小说愈趋精致、性感。此外,谢立义认为,这些故事反映出一个儒家文人的悖论——故事中的女主角是最性感的尤物。他们幻想中的女性形象是与正派的、可敬的普通女性截然不同的,然而,他们却觉得自己可以将这两种形象天衣无缝地综合起来。[②]

相对来说,西方学界关于宋代文学所见之男女性气质及色情主义的研究不多,但这个状况正在逐步改观。比如,柏文莉(Beverly Bossler)在2002年发表的《身份转化:中国宋朝艺妓与士人》一文即考察了宋文人笔下的艺妓形象。[③]在她的近著《妓、妾与贞洁崇拜》中,柏文莉指出,不少宋代诗歌致力于标榜在意于性和情的文人形象:"我们被告知,一个真正的文人不仅是一个随手拈来即诗句的有创意的天才,而且还要具备欣赏作为性欲对象的女性(或者女孩)审美的能力,并且多愁善感,在与他的情人分别的时刻,他会感到无比的忧伤。"[④]

大部分的中国性史中色情主义研究集中在明清时代,这是因为反映这一主题的明清文学作品极为丰富,尤其是小说。有意思的是,到了

---

① 谢立义(Daniel Hsieh)《早期中国小说中的爱情与女性》(*Love and Women in Early Chinese Fiction*),香港中文大学,2008年。谢立义所研究的史料包括了近两百篇明代以前的志怪和传奇小说。

② 同上书,第108页。此外,蔡顺昌(S-C Kevin Tsai)在2004年发表的一篇论文中也提出,唐代文人写作情爱小说的目的是为了维护社会道德秩序。见蔡顺昌《〈李娃传〉中的礼仪与社会性别》(Ritual and Gender in the "Tale of Li Wa"), *Chinese Literature: Essays, Articles, Reviews* 26 (2004年),第99—127页。

③ 柏文莉《身份转化:中国宋朝艺妓与士人》(Shifting Identities: Courtesans and Concubines in Song China),*Harvard Journal of Asiatic Studies* 62.1(2002年),第5—37页。

④ 柏文莉《妓、妾与贞洁崇拜:公元1000—1400年中国的性别与社会》(*Courtesans, Concubines, and the Cult of Female Fidelity: Gender and Social Change in China, 1000—1400*), Harvard University Press, 2013年,第37页。

明代，由于对性的规范愈趋广布，明代文人在公开赞美性欲上十分犹豫。[①]因此，虽然明清时期的不少色情小说出于杰出文人之手，但它们的作者身份往往是隐蔽的。比如，最著名的色情小说《金瓶梅》的作者兰陵笑笑生，显然是一个笔名。[②]正如 Charles R. Stone 的研究所证明的，《如意君传》的真正作者黄训是一个明代进士和出色的儒学家。[③]

一些学者指出，由于不少明清小说带有色情的特质，它们为我们了解和研究当时的"社会权力结构、男性气质与女性气质的界限、色情愉悦的规模和管制以及对肉体的遏制政策"提供了极有价值的资料。[④]马克梦在 1987 年发表的《明末清初小说中的色情主义》一书可以说是这一研究方法的先驱。在有关《绣榻野史》的研究中，Ka F. Wong 认为，这篇小说反映了色情文学的一个新趋向——小说中的物质世界充满了器具、配料、技巧、淫秽词语，它所代表的是一个重新界定肉体的色情世界。[⑤]作者指出，"对晚明读者来说，迷恋色情小说并不仅仅是因为它们对性行为的赤露描述，更重要的是因为它们所制造的'真正'的性知识是与当时的物质世界、文人的生活方式以及当时对人体结构的理解的社会紧紧交织在一起的"。[⑥] Ka F. Wong 认为《绣榻野史》维护了

---

① 见黄卫总（Martin W. Huang）《欲望与中华帝国晚期的小说》（*Desire and Fictional Narrative in Late Imperial China*），Harvard University Asia Center, 2001 年，第 5—22 页。

② 见韩南（Patrick Hanan）《创造李渔》（*The Invention of Li Yu*），Harvard University Press, 1988 年，第 23 页。

③ 见 Charles R. Stone《中国色情文学的源泉：〈如意君传〉》（*The Fountainhead of Chinese Erotica: The Lord of Perfect Satisfaction* [*Ruyijun zhuan*]），University of Hawai'i press, 2003 年。另一篇有关《如意君传》的研究论文是史麻稞（Mark Stevenson）的《〈如意君传〉与〈痴婆子传〉中的音响、空间和道德音景》（Sound, Space and Moral Soundscapes in *Ruyijun zhuan and Chipozi zhuan*），*Nan Nü* 12.2（2010 年），第 255—310 页。

④ 马克梦《明末清初小说中的色情主义：丽人园与性战场》（Eroticism in Late Ming, Early Qing Fiction: The Beauteous Realm and the Sexual Battlefield），*T'oung Pao* 第二系列 73. 4/5（1987 年），第 263—264 页。

⑤ Ka F. Wong《色情主义解剖：晚明小说〈绣榻野史〉中的性与性行为的再想象》（The Anatomy of Eroticism: Reimagining Sex and Sexuality in the Late Ming Novel *Xiuta Yeshi*），*Nan Nü* 9.2（2007 年），第 284—329 页。

⑥ 同上书，第 325 页。

男性至上的传统,它宣扬的是淫乱男性在种种出轨行为之后仍然终成正果。相比之下,女性不仅是性违规的牺牲品,而且还要承担其辱名。[1]

这一领域中的一个重要研究是马克梦(Keith McMahon)的专著《吝啬鬼、泼妇、一夫多妻者》。[2] 此书探讨了《红楼梦》以及其他18世纪色情小说中所反映的对男性性特权的描写。他指出,一夫多妻/妾是中国18世纪时期的性经济的最主要特征。马克梦的近期研究扩展到了18至20世纪文学作品所见之色情文化。在《一夫多妻制与真情美学》一书中,马克梦考察了这一时期小说所反映的一夫多妻制的男女实践。[3] 他发现,虽然只有十分之一的男性有财力和地位娶妾,这种文化—性的理念(cultural-sexual ideal)在18世纪时被推崇为成功男性的标志。然而,因为西方强权国家将娶妾视为中国文明之腐朽的表征。所以,受改良派影响的文学作品所反映的是对西方文明和价值观的拥抱。

马克梦的研究代表了这一领域的一个新趋向——对青楼文学的学术价值的重视。曾佩琳(Paola Zamperini)2010年发表的《失去的身体》一书就是一个非常突出的例子。[4]《失去的身体》所考察的小说包括了《钏影楼回忆录》《红楼梦》《绘图海上名妓四大金刚奇书》《警世通言》《醒世恒言》《喻世明言》《海上花》《风月梦》《赛金花故事》《金瓶梅词话》《肉蒲团》《醒世姻缘》《赛金花本事》《牡丹亭》《青楼梦》以及《青

---

① Ka F. Wong《色情主义解剖:晚明小说〈绣榻野史〉中的性与性行为的再想象》(The Anatomy of Eroticism: Reimagining Sex and Sexuality in the Late Ming Novel *Xiuta Yeshi*), *Nan Nü* 9.2 (2007年),第326页。

② 马克梦《吝啬鬼、泼妇、一夫多妻者:十八世纪中国小说中的性与男女关系》(*Misers, Shrews, and Polygamists: Sexuality and Male-Female Relations in Eighteenth Century Chinese Fiction*), Duke University Press, 1995年。

③ 马克梦《一夫多妻制与真情美学:现代中国前夕的性相结构》(*Polygamy and Sublime Passion: Sexuality in China on the Verge of Modernity*), University of Hawaii Press, 2010年。

④ 曾佩琳(Paola Zamperini)《失去的身体:中国小说中的卖淫与男性气概》(*Lost Bodies: Prostitution and Masculinity in Chinese Fiction*), Brill Publishers, 2010年。

楼韵语》。作者认为这些描写娼妓的小说不仅为我们提供了当时的女性气质观，而且还反映出男性的生活和男性气质观。对晚清的男性来说，阅读和撰写娼妓文学对理解他们自己的"新型男性"和"传统男性"的社会性别标识是至关重要的事。[①]

明清小说还为学者提供了非常有价值的研究中国历史上的同性恋的资料。[②] 这一课题中的第一本史料集《中华帝制时期的同性恋》[③]的编者史麻稞(Mark Stevenson)和吴存存(Cuncun Wu)在明清时期的同性恋研究上早有建树。[④] 这本史料集包括了五种文字：历史与哲学、诗歌、戏曲、小说、笔记。不过，此书小说的成分约占百分之五十，可以说是这一史料的重头。[⑤] 魏浊安(Giovanni Vitiello)的专著《浪子知音：中华帝制晚期的同性恋与男性气质观》是明清小说所见同性恋研究的另一个出色成果。魏浊安发现，小说中对男主人公的男性气质和性能力的描述反映这一时期男性话语的变迁，它包括侠义的英雄、浪漫的文人和性感的浪子。[⑥]

---

① 曾佩琳《失去的身体》，第 185 页。

② 值得一提的是，在西方学术界中有关中国历史上的同性恋的最重要成果——《断袖的激情——中国的男同性恋传统》(*Passions of the Cut Sleeve: The Male Homosexual Tradition in China*)中，韩献博(Bret Hinsch)曾专设两章(第六、七章)讨论明清色情小说。此书于 1990 年由 University of California Press 出版。

③ 史麻稞、吴存存编《中华帝制时期的同性恋：史料选集》(*Homoeroticism in Imperial China: A Sourcebook*)，Routledge Press，2013 年。

④ 吴存存、史麻稞《明末清初色情小说中的报应与道德说教》(Karmic Retribution and Moral Didacticism in Erotic Fiction from the Late Ming and Early Qing)，*Ming Qing Studies* 2011，第 467—86 页；吴存存、史麻稞《谈花：十九世纪北京关于戏剧、公共艺术和同性恋的作品》(Speaking of Flowers: Theatre, Public Culture, and Homoerotic Writing in Nineteenth-Century Beijing)，*Asian Theatre Journal* 27.1(2010 年)，第 100—129 页；吴存存《中华帝国晚期的同性情欲感受》(*Homoerotic Sensibilities in Late Imperial China*)，Routledge Press，2004 年；史麻稞《〈如意君传〉与〈痴婆子传〉中的音响、空间和道德音景》。

⑤ 值得一提的是，此书附有非常详尽的中国性史研究和史料的书目。

⑥ 参见魏浊安(Giovanni Vitiello)专著《浪子知音：中华帝制晚期的同性恋与男性气质观》(*The Libertine's Friend: Homosexuality and Masculinity in Late Imperial China*)，University of Chicago Press，2011 年。

黄卫总(Martin Huang)也是研究明清小说中的男性气质和性的学者之一。[①]近年来,他尤其关注小说中男性同性恋的贞操主题。他发现,男性同性恋的关系是一种不平等的关系,它与男性朋友间的关系不同。他在2013年发表的《中华帝制晚期的男同性关系和男性友道》[②]一文中提出,虽然在明清时期男性友道有时也包括男同性关系,但是它们之间会有冲突。性爱往往会导致男性友道成为一种类似传统的社会性别不平等的等级关系。[③]

结　语

本文探讨了中国性史研究中的三个主题及其与史料的可用性的密切关系。虽然性史研究始于半世纪之前,这个领域不仅发展迅速,而且其学术成就也非常出色。这个领域的下一步该怎样走?有哪些或哪种史料尚未被发现和利用?我们有没有可能对史料与课题的关联作有意义的分割?在这些课题的研究中有没有比较学方法可以参考和借鉴?笔者认为,一个明显的未被有效利用的史料是艺术品。比如,我们知道,至少在汉代以前,器具已经是中国性文化的重要组成部分。考古学家在汉代早期的墓葬中发现了铜制和骨制的男性生殖器。[④]此外,敦煌文献中的唐代卜书也提到可以提高或者摧毁性诱惑力的用具。许多作为性手册中的绘图或小说中的插图也有待于系统地、比较学上的研究。

---

① 见黄卫总编《中国明代的男性友道》(Male Friendship in Ming China),*Nan Nü* 特刊, Brill Publishers, 2007年;黄卫总《中华帝国晚期的男性构建》(*Negotiating Masculinities in Late Imperial China*),Hawaii University Press, 2006年。黄卫总《欲望与中华帝国晚朔的小说》。

② 黄卫总《中华帝制晚期的男同性关系和男性友道》(Male-Male Sexual Bonding and Male Friendship in Late Imperial China), *Journal of the History of Sexuality* 22.2(2013年),第312—331页。

③ 同上书,第330页。

④ 见萧健一《西汉时期的性观念》,《博物》2003年第4期,第19—29页。

此外，传记（包括墓志和行状）也可以为我们提供与性史有关的信息，如男女圆房年龄、民族间通婚的形态与模式、同辈亲戚间的性吸引、生育周期以及整个中国历史过程中的性观念的特点及其变化。在性史研究中尚未讨论的问题还包括女性同性恋、青少年的性欲、性知识的传授、儿童性侵、双性恋、自慰和禁欲等，所有这些课题的研究都会有益于我们对中国性史的了解和构建。

从如愿墓志和惠果墓志看佛教文献的性别化

1986 年冬，Joan W. Scott 的划时代论文《社会性别：一个有用的历史分析范畴》在《美国历史评论》上刊出，[①]Scott 提出，在历史学中，“社会性别”（gender）应当与“种族”（race）和“阶级”（class）同样地用作历史分析的一个范畴。Scott 认为，80 年代的妇女史“停滞在一个描述性的老套路，从而降为社会史学考察中的一个小分支”，因此，它未能最终解释有史以来的男女不平等现象。Scott 敦促历史学家致力于考究和分析社会性别语言（the language of gender）、观察感知上的、被认可的性别差异（perceived sex differences）是如何在历史上表现为自然的和根本的对立体的。她强调，这些感知上的差异为体现不平等关系提供了最主要的途径。[②]众所周知，Scott 的这篇论文开启了史学界中一

① Joan W. Scott《社会性别：一个有用的历史分析范畴》（Gender: A Useful Category of Historical Analysis），*American Historical Review* 91.5（1986 年），第 1053—1075 页。

② 参见 Joanne Meyerowitz《一部“社会性别”的历史》（A History of “Gender”），*The American Historical Review* 113. 5（2008 年）：1346—1356。此文提供了一份非常全面、精到的有关 Joan Scott 对社会性别史领域的贡献以及这个领域的发展过程的介绍。

个极有生气的学术领域——社会性别史研究。不过,Scott 对这个领域的发展进程并不十分乐观。她曾在 1999 年的《社会性别与历史政治》再版前言中指出,在历史学中,“社会性别”(gender)似乎成了“妇女”(women)、“两性差别”或“性”的同义词,它渐渐地融入妇女史领域,却并没有给这个领域带来必要的转化。[①]

虽然中国史中的社会性别与宗教研究领域已有长足进步,但是在以社会性别的视野观察中国宗教方面尚可谓任重道远。以我自己为例,我以往的研究偏重女性经验,因而在对中古社会的宗教及其历史背景的分析时时有失衡之处。比如,在我关于佛教女性与孝道的研究中[②],我曾经提出,妇女参与写经和佛造像是中古时期佛教孝道的动力之一,佛教妇女在中古时期即被视为佛教孝道转化中的重要角色。但是,如果我们将 7 至 10 世纪敦煌写经作综合比较的话,我们会发现女性成为祈福对象的比例要高于男性,而女性为男性长辈(甚至她们的丈夫)祈福的事例极为罕见。这是不是因为在敦煌地区以五障之身为男性祈福被认为是不会奏效?这一现象是否反映了早期佛教对女身成佛的否定?[③]虽然对这个课题的研究还需要有大量的资料和深度的分析,但它反映出以“社会性别”为历史分析的范畴的重要性和迫切性。

唐代僧尼墓志和碑铭是另一个值得以社会性别研究方式去考察宗教的例证。《唐代墓志汇编》《唐代墓志汇编续集》以及《全唐文》收入

---

① Joan Wallach Scott《社会性别与历史政治》(*Gender and the Politics of History*),Columbia University Press, 1999 年, xi—xii。

② 姚平《唐代妇女与佛教孝道观》(Tang Women in the Transformation of Buddhist Filiality),收于贾晋华(Jinhua Jia)、康笑菲(Xiaofei Kang)、姚平(Ping Yao)编《从性别看中国宗教:主体、身份认同与身体》(*Gendering Chinese Religion: Subject, Identity, and Body*),State University of New York Press, 2014 年,第 25—46 页。

③ 在池田温《中国古代写本识语集录》(东京大学东洋文化研究所,1990 年)中共有 131 份佛经题记记录了祈愿对象(不包括“众生”),其中 101 份记录男性写经(包括 13 份以男性为首众人写经),26 份记录女性写经,4 份记录夫妻写经。在女性写经题记中,没有一份是为父亲和丈夫祈福的,甚至没有为亡父母追福的。虽然《集录》的数据不全面,但我们似乎可以推测,在 7 至 10 世纪的敦煌地区,女性为男性祈福似乎仅限于她们儿辈或孙辈。

的6044份唐代墓志中，共有74份比丘尼墓志，占女性墓志总数的4.7%，然而，从开元年间的数据来看，当时的尼众数是女性总人口数的0.22%。此外，这六千多份唐代墓志中，有183份比丘墓志（包括塔铭和碑铭），占男性墓志总数的4.1%，而开元年间实际入籍的和尚人口应该是男性人口总数的0.33%。由此可知，在唐代，为比丘尼作志的几率是为比丘作志的1.7倍。此外，在《全唐文》收入的109份佛教徒墓志中，只有六份是为比丘尼撰写的。[①]虽然这些数据尚不足以提供有意义的统计学上的分析，但是，它们凸现了社会性别在宗教史研究中的重要性。

僧尼墓志是否反映出唐代的社会性别制度和权力等级？尼如愿（700—775）和僧惠果（746—806）的墓志/碑铭为我们提供了很好的比较分析的起点。这两份传记性文本有很多相同点：它们都是为代宗朝的佛教大师撰写的；如愿和惠果都被朝廷授予"国师"称号；两文的作者也都是享有盛名的佛教大师；而且它们又分别是篇幅最长的僧尼墓志之一。因此，这两篇文献为我们考察如愿和惠果的佛教经历以及墓志对这些经历的重构提供了难得的机会。我们可以探究，如愿和惠果的经历及其墓志是如何体现佛教中社会性别制度和唐代的社会性别制度的？哪些因素和力量影响了他们的经历和墓志？僧尼墓志所反映出的性别差异在其他体裁的僧尼传记是否也有反映？

---

① 它们是：《大唐济度寺故大德比邱尼惠源和尚神空志铭》（卷三九六）、《唐故东京安国寺契微和尚塔铭》（卷五〇一）、《唐故润州昭代寺比邱尼元应墓志铭》（卷五〇六）、《大唐□□寺故比邱尼法琬法师碑文》（卷九一三）、《大唐济度寺大比邱尼墓志铭》（卷九九七）、《宣化寺故比邱尼坚行禅师塔铭》（卷九九七）以及如愿墓志。总体来说，《唐代墓志汇编》和《唐代墓志汇编续集》中所收的佛教僧尼墓志篇幅较短，尤其是宝山的灰身塔记以及宫尼墓志。此外，许多墓志没有提供撰志者的信息。不过，在《汇编》和《续集》所收的141份僧侣墓志中，63份是女尼墓志，占45%，这要远远超过《全唐文》的6.4%的比例。

国师如愿和国师惠果

至今所知唯一的有关如愿大师事迹的文字资料是《大唐真化寺多宝塔院故寺主临坛大德尼如愿律墓志铭》。这篇成文于 775 年的墓志是著名的千福寺和尚飞锡撰写的，全文总计 702 字，是唐代女尼墓志中篇幅最长者之一。[①]此文收于《全唐文》(卷九一六)[②]和《唐代墓志汇编》(大历 042)，[③]笔者在仔细审读拓本(见附录 1)后对释录和标点有所更动，全文可见附录 2。

从墓志中，我们得知，如愿大师于久视元年(700)出生在一个陇西李氏家族。[④] 不过，这篇墓志并没有关于她的家世的详细记录，对于她的幼年经历也只是非常笼统地一笔带过，称赞她"天生道牙，自然神秀"。这个"缺憾"可能是因为墓志的作者飞锡和尚是一位著名的佛教大师，他对如愿的身世并不熟悉；也可能是作者认为过多描写如愿的幼年和她的家庭会影响她的出家人形象。从飞锡的地位和如愿有可能是皇室亲属来看，[⑤]这很可能是一个故意的遗漏。

如愿 11 岁入道，因获法名。虽然这篇墓志并没有记载她"诏度"

---

① 篇幅最长的墓志是比丘尼法愿的墓志——《大唐济度寺大比丘尼墓志铭并序》(《汇编》龙朔 077)，总计 1313 字。此外，开元年间的《大唐济度寺故大德比丘尼惠源和尚神空志铭并序》(《汇编》开元 459)总计字数是 756 字。台湾学者李玉珍是唐代比丘尼研究的开拓者，她的专著《唐代的比丘尼》(学生书局，1989 年) 也对禅师如愿的生平事迹有深刻探讨(第 195 页)。最近，大陆学者焦杰的论文《唐代比丘尼的种类、受戒习业以及弘法活动》对女尼寺院的结构以及女尼对唐代佛教的贡献有详细讨论，此文载于《厦门大学学报》2014 年第 6 期，第 145—156 页。

② 《全唐文》，上海古籍出版社，1990 年。

③ 题名为《唐国师故如愿律师谥大正觉禅师志铭》。

④ 与其他唐代比丘尼墓志不同的是，如愿墓志没有提到她的家族背景或俗名。

⑤ 台湾学者曾尧民提到，王昶在《金石萃编》中认为，如愿出家前的身份可能是皇室成员。见曾尧民《唐代的法华修行与念佛之会通——以千福寺飞锡的法华三昧与念佛三昧为中心》，台湾大学博士论文，2014 年，第 53 页。

后所进的寺院，鉴于她长年住持真化寺，而墓志也未提及她入此寺之前的事迹，很可能她一直是真化寺的尼姑。如愿“二十具圆”，并致力于研习弥沙塞部和醯五分律。她“仅登十腊，声实两高”，并因此而被“邀临香坛”。但是如愿“辞不见允”，以尚未获得真谛推脱之：“威仪三千，吾镜之矣！度门八方，复焉在哉？”因“习以罗浮双峰无生之观”，以至“位居元匠”。①

与其他的唐代女尼墓志相比，如愿墓志最为突出之处是代宗与贵妃独孤氏对如愿的恩眷：如愿受邀入宫设坛为独孤贵妃戒师，被赐予佛教中级别最高的紫袈裟，并授以长安临坛大德之位。② 墓志记载道：

> 我皇帝慕圣君临，千佛付嘱。贵妃独孤氏，葛覃蕴德，十乱匡□□□时，受道紫宸，登坛黄屋。因赐律师紫袈裟一副，前后所锡锦绮缯帛，凡数千疋，以旌其高。璨乎盈庭，了无是相，道何深也！由此敕书垒箧，中使相望，御马每下于云霄，天花屡点于玉砌，缔构多宝塔，缮写《莲华经》，环廊缭絙，金刹熠耀。额题御札，光赫宇宙，皆吾君之特建，亦贵妃之为□，弘哉！

从这段文字中我们很难确定“御马每下于云霄”是否指代宗亲临多宝塔院，但“额题御札”当不是夸大其词。此志在总结如愿的一生时称赞道：“律师累圣钦若，三都取则，意澹江海，心闲虚空，而今而后，恐难继美”，可见如愿与皇室之关系密切。

如愿殁于大历十年（775）五月二十九日，朝廷赠予“大正觉禅师”

---

① “罗浮双峰无生之观”句体现出如愿的禅宗信念，罗浮山是禅宗三祖僧灿（？—606）示灭之地，双峰山是四祖道信（580—651）晚年居住之处。

② Stanley Weinstein 将临坛大德译为“ordination preceptors”。见 Weinstein《唐代佛教》（*Buddhism under the T'ang*），Cambridge University Press，1987 年，第 84 页。临坛大德在佛教传统中历来具有重要地位，永泰元年（765），代宗诏令在长安设立二十个临坛大德，尼僧各十，负责京师之剃度具戒，临坛大德之职由此而转化为常置的官职。

号。其丧葬亦由皇室安排——“以其年七月十八日,奉敕法葬于长安城南毕原,塔之”。如愿去世时,她的弟子和学生已达“数千人”。

有关密宗七祖惠果和尚①的身世的传记性文献至少有三份,唐代吴殷②所撰之行状、佚名作者所撰之行状③以及日本和尚真言宗创始人空海所撰之碑铭。有关惠果的研究不计其数,学者们基本同意由空海撰写的《大唐神都青龙寺故三朝④国师灌顶阿阇梨惠果和尚之碑》(见附录3)⑤是三篇传记文献最为全面、最为可信的。⑥

空海在碑铭中记载道,惠果“诞迹昭应之马氏”,然而,除了出生地和俗姓之外,此铭并没有提供任何有关惠果家世的信息,这与如愿墓志十分相似。惠果在9岁时剃度,21岁具圆。他一生就学于三位著名佛教大师。他的第一位老师是密宗六祖不空和尚(704—774)的学生昙贞(约724—777),惠果由此而获见于不空,并成为他的弟子。碑铭称,不空见惠果后,惊异不已,“窃告之曰:‘我之法教,汝其兴之也。’即而视之如父,抚之如母。指其妙迹,教其密藏。大佛顶大随求,经耳持心;普贤行、文殊赞,闻声止口。年登救蚁,灵验处多”。惠果还曾就学于密宗元祖善无畏(637—673)的弟子新罗和尚玄超,并得受胎藏界。

---

① “密宗”或“密教”是 Esoteric Buddhism, Vajrayana Buddhism, Tantric Buddhism 的汉译,但是 Esoteric Buddhism 并不完全等同于 Vajrayana Buddhism, Tantric Buddhism。有关 Esoteric Buddhism 及其与 Vajrayana Buddhism 和 Tantric Buddhism 的关系,参见 Charles D. Orzech, Henrik H. Sørensen, Richard K. Payne 编,《东亚密乘佛教和怛特罗》(*Esoteric Buddhism and the Tantras in East Asia*)之《前言》(Introduction: Esoteric Buddhism and the Tantras in East Asia, Some Methodological Consideration), Brill Publishers “东方手册”(HdO)系列,2010年,第3—19页。

② 《大唐神都青龙寺东塔院灌顶国师惠果阿阇梨行状》,《大正新修大藏经》卷五〇。

③ 《大唐青龙寺三朝供奉大德行状》,《大正新修大藏经》卷五〇。此文由日本和尚圆仁(794—864年)带到日本。

④ 惠果和尚与代宗、德宗、顺宗三朝都有密切交往。

⑤ 见陈尚君编《全唐文补编》第六册,中华书局,2005年,第857页。

⑥ 见陈艳玲《密宗七祖惠果阿阇梨》,西北大学佛教研究所中国佛教网站,2013年5月20日。陈金华(Jinhua Chen)《交锋:两场十二世纪论战所见之真言天台纷争》(*Crossfire: Shingon-Tendai Strife as Seen in Two Twelfth-century Polemics, with Special References to Their Background in Tang China*),日本国际佛教学大学院大学,2010年,第114—118页。

正如惠果碑铭之题所显示的，惠果也深受唐朝皇室的惠顾，尤其是在代宗时期。这可能与惠果的老师不空和尚主动寻求朝廷的支持并以此来赢得佛教的国教地位有关。[①] 不过，这篇碑铭提到，惠果在年幼就曾与代宗见过面，代宗对他十分赏识。惠果歿于永贞元年（806）十二月十五日，时年六十，僧腊四十。空海着意描写了惠果在弘扬密宗和传授佛经上的功绩："诃陵[②]辨弘，经五天[③]而接足；新罗惠日，涉三韩而顶戴。剑南则惟上，河北则义圆，钦风振锡，渴法负笈。"

从社会性别的角度看佛教墓志

如愿墓志的作者飞锡和尚是唐代著名的天台宗大师。有关飞锡的生平记载有两处，一是《全唐文》中的作者简介，一是收于《宋高僧传》的《唐圣千福寺飞锡传》。飞锡显然致力于通过皇室的支持来扩大佛教势力的影响。据《唐圣千福寺飞锡传》，飞锡参与了《仁王护国般若波罗蜜多经》的翻译，也为天台宗佛教学说的振兴做出了极大的贡献。[④] 现存飞锡所撰墓志共有三篇，除了如愿墓志外，其他两篇是密宗大师不空墓志（附录4）[⑤]和天台宗大师楚金墓志（附录5）。[⑥] 虽然飞锡属于天台宗教派，他对禅宗非常赞赏，并曾撰文讨论天台宗与禅宗的兼容性以及佛

---

① 不空译出《仁王护国般若波罗蜜多经》以强调此经的"护国"功效。许多代宗朝的官员也公开推崇佛教。

② 古国诃陵位于今印度尼西亚。

③ "五天"指印度。

④ 见释赞宁《宋高僧传》卷三（CBETA，T50n2061_003）。有关飞锡生世及对唐代佛教的贡献，参见曾尧民 2014 年博士论文。

⑤ 飞锡《大唐故大德开府仪同三司试鸿胪卿肃国公大兴善寺大广智三藏和上之碑》，收于《西京西明寺沙门圆照集》卷四（CBETA，T52，no. 2120，p. 848，b18-p. 849，c3）。此外，《唐代墓志汇编》收入了不空的塔铭（《西山广化寺三藏无畏不空法师塔记》，《汇编》开元 455）。

⑥ 飞锡《唐国师千福寺多宝塔院故法华楚金禅师碑》，《全唐文》卷九一六。

教各宗的兼容性。[①]可以说，他的墓志是他这种兼容性主张的体现。

苦海和尚是日本天台真言宗和密教的创始人，有关苦海的研究和出版物不计其数，陈金华最近发表的有关日本天台密教的研究尤其有创见。他指出，在8世纪时期，日本天台宗中发生了一场大分裂，这主要是由苦海试图自封为密宗八祖造成。[②]苦海和尚留下了大量著作，但惠果墓志是现存唯一一篇出于苦海之手的墓志。很显然，除了纪念自己的恩师外，这篇墓志也是苦海为建立自己在密宗教派中的地位——惠果的直系弟子——以及真言宗的优越性的操作环节。

飞锡和苦海都是唐代时期非常有影响的佛教大师，他们所撰写的如愿墓志和惠果墓志显然是他们本身佛教宣传运作中的一部分，我们是否还能从这些墓志寻找出唐代的社会性别语言和感知上的、被认可的性别差异呢？这两篇文本能否反映出唐代的社会性别制度？细读两文，我们可以发现，Scott所强调的感知上的、被认可的性别差异是非常明显的。[③]首先，虽然这两篇墓志都详细阐述了这两位大师与代宗朝廷的密切关系，但是，如愿墓志非常明确地记载道，皇室对如愿的青睐是因为她与独孤氏的关系。如愿受赐紫袈裟是因为独孤"受道紫宸"时是如愿为之设坛授戒的，而多宝塔院的构建也是代宗为了弘扬"贵妃之为国"之功。在记载如愿的弟子时，飞锡首先列出的是"长乐公主"。飞锡又感叹道：如愿过世后，"六宫谁授其髻宝？"

相比之下，虽然惠果墓志详细描述了惠果与代宗的会面，但却丝毫不提他与后妃的关联。我们都知道，不空的译经是在独孤氏的建议下

---

① 参见飞锡《无上深妙禅门传集宝记》（CBETA 1967）及《念佛三昧宝王论》（CBETA 1967）。有关唐代天台宗与禅宗间的交流及密切关系，参见关口真大著、通妙译《禅宗与天台宗之关系》，台北：大乘文化基金会，1980年，第260—292页。

② 陈金华（Jinhua Chen），《传奇与合法化：日本天台密教的形成》，《汉学与佛学丛刊》第30卷，比利时汉学研究中心（Melanges Chinois et Bouddhiques，Peeters），2009年，第44页。

③ Joan W Scott《社会性别：一个有用的历史分析范畴》，第1066页。

进行的，而惠果一定也是这个项目的参与者，但此志对之不作记载。一个更为明显的遗漏是惠果为华阳公主治病的经过，而此事在惠果的行状中有非常详细记载。①这两篇墓志所体现出的性别化的叙事格式在其他唐代佛教墓志中也反映得十分突出。

佛教徒墓志中的社会性别语言还反映在这些文本对亡者领悟佛教的过程以及他们在佛教团体中的地位的描写上。与其他比丘尼墓志相同，如愿墓志强调了如愿的谦恭、关怀和渐悟，②而惠果墓志则赞誉他的坚定意志、创见以及他的广博影响和贡献。比如：

领悟佛教

如愿：　邀临香坛，辞不见允……遂习罗浮双峰无生之观。

惠果：　昔髫龀之日，随师见三藏，三藏一目，惊异不已。窃告之曰："我之法教，汝其兴之也。"

言语

如愿："威仪三千，吾镜之矣！度门八方，复焉在哉？"

惠果："人之贵者，不过国王；法之最者，不如密藏。"

行为

如愿：意澹江海，心闲虚空。

惠果：四上持念，四魔请降。十方结护，十军面缚，能忍能

① "华阳公主，三日得差。后于申未之间，公主忽然不语。皇帝与宫人等，一向前，和尚奏云：时热。望阶下与宫人等，暂向微僧加持即令得差。其公主便差，言词分明。"(《大唐青龙寺三朝供奉大德行状》，《大正新修大藏经》卷五〇)

② 唯一的例外是如愿墓志没有提及她与家人的联系。在西方学术界，陈金华是第一位对中古时期比丘尼与家人的关系作深入探讨的学者。见陈金华(Jinhua Chen)《唐代的比丘尼与家庭纽带——两个研究》(Family Ties and Buddhist Nuns in Tang China: Two Studies), *Asia Major* 15.2 (2002 年)，第 51—85 页。

勤，我师之所不让也。

死亡

如愿：　颜貌如生，若在深定，曲肱右胁，湛然已灭。

惠果：　结法印而摄念，示人间以薪尽矣。

影响

如愿：　弟子长乐公主与……凡数千人……忽丧宗匠。

惠果：　法灯满界，流派遍域，斯盖大师之法施也。

这些对如愿和惠果的描述的对比说明，墓志作者飞锡和苦海在对如愿和惠果两位国师的生平和经历的重构过程中，依循了（因而进一步巩固了）唐代社会的性别等级制度。这种性别化的语言在墓志的铭的部分更为凸显。比如在如愿墓志中，对如愿的赞誉是“紫袈裟者彼何人？已了如来清净身”。而对惠果的赞誉是“惠炬已灭，法雷何春”。

社会性别语言、感知上的和被认可的性别差异、等级性的关系

如愿墓志和惠果墓志所反映出的社会性别差异在佛教徒墓志中并不罕见，这在由佛教大师撰写的墓志中尤其突出。比如，飞锡所撰写的不空墓志不仅隐去了独孤氏对不空在译经事业中的关键作用，而且对独孤氏和华阳公主赞助建造文殊阁只字不提。[①]此外，与惠果墓志相同，不空墓志展现了不空和尚对佛教宗旨神速领会，不空墓志称：

---

① 这两个故事在不空的行状和《宋高僧传》中的《唐京兆大兴善寺不空传》（CBETA，T50，no. 2061）中都有记载。

将欲学《声明论》,穷瑜伽宗,以白先师。师未之许,夜梦佛菩萨像悉皆来行,乃曰:"我之所梦,法藏有付矣。"遂授以三密,谈于五智。十二年功,六月而就。

唐代比丘尼墓志中罕有这类天生的佛教智慧的描写,更多是像如愿墓志那样,描写亡尼对佛教宗旨的刻苦追求和研磨。此外,不空墓志还记载了不空过世之际的神异现象:"骤雨滂注,小方天开。"这种社会性别化的经历构造在其他佛教徒墓志中也有非常明显的表现。飞锡所撰写的最后一份墓志——楚金墓志就是一个很好的例证。这篇墓志描写了楚金一生中的种种神异领悟,并称誉他对佛教事业的巨大贡献:"浮图之化,髻珠之教,风靡千界,皆禅师之力。"这篇墓志还描写玄宗和肃宗对楚金和尚的赏赐有加,并美化了他在后宫宣讲时的主导地位:"宏道六宫,后妃长跪于御筵。"

如愿是唐代比丘尼中地位最高的,她的影响反映在皇室的支持以及她数以千计的弟子;如愿的一生可以说是女尼中的特例。大部分比丘尼墓志所反映的是她们天生的佛性、她们的坚定信仰,以及她们的家人和众生的慈悲为怀,关于她们在佛教界的影响的记载非常罕见,这可能是比丘尼墓志与比丘墓志间的最大区别。不过,一个更为有意思的"感知上的、认可的社会性别差异"反映在墓志对这些尼僧的出生以及亡故的描写上。飞锡所撰写的三篇墓志为我们提供了极好的例证。不空墓志和楚金墓志都描写他们出生之神异。不空墓志记载道:

初母氏遇相者曰:"尔汝必当生菩提萨埵也。"已便失。数日之后,果梦佛微笑,眼光灌顶,既寐犹觉,室明如昼,因而孕焉。

楚金和尚的母亲渤海高氏则"夜梦诸佛,是生禅师"。墓志称赞曰:"真可谓法王之子者也。"而这种神异孕育的事迹在如愿墓志中毫无踪影。事实上,现存唐代比丘尼墓志中没有一篇记载了亡尼的神异出生。然而,比丘墓志和碑铭中,这类神异故事时有出现。比如,在《全唐文》107篇比丘墓志/碑铭中,11篇提到亡故者的神异出生。[①] 此外,《唐代墓志汇编》所收的静业和尚的墓志也有类似记载。《大唐广福寺静业和尚墓志》称:

> 和尚张氏,法名突,静业道号也。晋潞人。累代田家子,母遗腹孕十八月,夜方寝,梦道士赤身辟踊而入,惊呼间,醒而娩,异香扑鼻,经宿乃散。颡高目秀,口方颧耸,眉长接鬓。[②]

这种神异孕育的事迹在《高僧传》《续高僧传》和《宋高僧传》中频繁出现,[③]但在宝唱的《比丘尼传》中却没有任何记载。除了神异孕育之外,不少比丘墓志/碑铭(以及高僧传记)还有关于这些和尚的母亲在怀孕

---

① 它们是:《化度寺故僧邕禅师舍利塔铭》(卷一四三)、《衢州龙兴寺故律师体公碑》(卷三一九)、《荆州南泉大云寺故兰若和尚碑》(卷三一九)、《故左溪大师碑》(卷三二〇)、《大唐兴善寺大广智不空三藏和尚碑铭》(卷三七二)、《墨诏持经大德神异碑铭》(卷六九四)、《大唐故太白禅师塔铭》(卷七二一)、《大唐三藏大遍觉法师塔铭》(卷七四二)、《心镜大师碑》(卷八〇四)、《唐故左街僧录内供奉三教谈论引驾大德安国寺上座赐紫方袍大达法师元秘塔碑铭》(卷七四三)、《唐杭州灵隐山天竺寺大德诜法师塔铭》(卷九一八)。

② 《汇编》天宝031。

③ 以下是《宋高僧传》中的唐代比丘传记提及神异孕育的例子:1.《唐京兆大慈恩寺窥基传》:"基母裴氏,梦掌月轮吞之,寤而有孕。"2.《周虎丘山寺僧瑗传》:"母赵氏娠孕之日,侧侍圣贤浮空游乐,及年六岁随母入舍利塔见圣僧像,欣然跳跃状若旧交。"3.《唐会稽山妙喜寺印宗传》:"母刘氏始娠,邻家咸见一沙门端雅徐步入印舍,白刘曰愿为子焉。母梦同此。"4.《唐长安青龙寺道氤传》:"母马氏梦五色云复顶,因有娠焉。"5.《唐钱塘天竺寺法诜传》:"母初梦吞明珠,遂黜鱼恶荤,诞弥厥月生有异表。"6.《唐京师大安国寺端甫传》:"初母张夫人梦梵僧谓曰:当生贵子。即出囊中舍利使吞之。"7.《唐彭州丹景山知玄传》:"母魏氏梦月入于怀,因而载诞。"8.《宋东京天清寺傅章传》:"母邢氏尝梦入法宇手探道器。"9.《宋杭州慈光院晤恩传》:"母张氏尝梦梵僧入其家而妊焉。"10.《唐蕲州东山弘忍传》:"其母始娠,移月而光照庭室,终夕若昼。"11.《唐杭州径山法钦传》:"母管氏忽梦莲华生于庭际。"12.《唐扬州华林寺灵坦传》:"母夏侯氏,初妊坦也梦神僧授与宝鉴表里莹然。"13.《唐汾州开元寺无业传》:"其母李氏忽闻空中,言曰:寄居得否。已而方娠,诞生之夕异光满室。"

期间突然成为素食者的记载。①

另一个常见的主题是比丘过世的神异自然现象，这在《比丘尼传》和唐代比丘尼墓志中也没有任何记载。不空过世时的“骤雨滂注，小方天开”并不是一个孤例，楚金墓志记载了大师过世前的预感：“所作已讫，吾将去乎？有梦彩座前迎，诸天献果。”严挺之著《大智禅师碑铭》也记载了相同的预感：

> 廿四日申酉之间，有白虹十余道，通亘辉映，久而不灭。廿五日际晚，摄念开颜，谓近侍数人云：“本师释迦，示现受生，七十有九，乃般涅槃。吾今得佛之同年，更何所住？”又云：“卧去坐去，亦何差别？”便右胁枕手，垒足而卧。此则知身非实，处疾不乱，奄忽弃世，无觉知者。②

刘轲所撰的《大唐三藏大遍觉法师塔铭》记载，在法师去世前一个月，弟子元觉“梦一大浮图倒。法师曰：‘此吾灭度之兆！’”③唐代佛教徒墓志和传记中所体现的性别差异很可能反映出，女身不能成佛道这个主题始终存在唐代佛教中。

---

① 《大唐蕲州龙兴寺故法现大禅师碑铭》（《全唐文》卷三〇四）、《润州鹤林寺故径山大师碑铭》（《全唐文》卷三二〇）、《兴福寺内道场供奉大德大义禅师碑铭》（《全唐文》卷七一五）、《实际寺故寺主怀恽奉敕赠隆阐大法师碑铭》（《全唐文》卷九一六）、《唐故衡岳律大师湘潭唐兴寺俨公碑》（《全唐文》卷九一七）以及《沙州报恩寺故大德禅和尚金霞迁神志铭并序》（《唐代墓志汇编续集》贞元062）。

② 《大智禅师碑铭》，《全唐文》卷二八〇。

③ 《全唐文》卷七四二。其他有相似记载的墓志包括《杭州余姚县龙泉寺故大律师碑》（《全唐文》卷三一九）、《荆州南泉大云寺故兰若和尚碑》（《全唐文》卷三一九）、《六祖能禅师碑铭》（《全唐文》卷三二七）以及《唐杭州华严寺大律师塔铭》（《全唐文》卷九一七）。

结　语

本文尝试从社会性别的角度来分析佛教徒墓志，并以此探究这些墓志能否反映出唐代的社会性别制度以及这个分析方法能否使我们对唐代佛教有新的认识。中国宗教史和妇女史研究者早已提出，女性在中国佛教发展过程中起到了极为重要的作用，她们是中国佛教传统不可或缺的一部分。这些研究对中国佛教史和妇女史研究领域都有极大的贡献。本文的目的在于证明，佛教徒墓志中的社会性别语言以及这些文献中所体现的感知上、认可的性别差异确实折射了唐代佛教系统和唐代社会中社会性别制度以及权力等级制度。事实上，这些墓志的作者大多是著名僧人和文人，这说明，墓志/碑铭本身就是维护这些制度的媒体。[①]与如愿和惠果同时代的惠闻和尚（733—797）过世后多年，著名文人柳宗元受托为之作碑铭。[②] 柳宗元称："凡葬大浮图，未尝有比丘尼主碑事。"不过，惠闻的弟子比丘尼无染坚称，她也应该有纪念恩师的机会，因此，柳宗元将她的悼词记录在碑阴。这在唐代佛教界中是非常罕见的，然而无染乃"韦氏女，世显贵"，因此，这一折中方式恰恰反映了宗教、社会性别制度以及权力体系的密不可分的关系以及以社会性别在研究宗教史中的重要性。

---

① 大部分比丘与比丘尼的墓志和塔铭是由文人撰写的，不过很可能的是，这些作者在撰文之前会与同寺的僧侣和亡者的弟子商讨。比如，白居易在为明远和尚撰写的塔铭中提到，他的文本是在明远的弟子元亮提供的行状的基础上写成的："今按弟子僧元亮素行状，序而铭之。"见白居易《大唐泗洲开元寺临坛律德徐泗濠三州僧正明远大师塔碑铭》（《全唐文》卷六七八）。白居易在上宏和尚塔铭中也提到上宏的弟子提供了上宏的行状以及大笔资金，请他为上宏写志："元和十一年春，庐山东林寺僧道深、怀纵、如建、冲契、宗一、至柔、垄诸、智则、智明、云皋、太易等凡二十辈，与白黑众千余人，俱实持故景□大德 宏公行状一通，贽钱十万，来诣浔阳府，请司马白居易作先师碑。"见《唐抚州景□寺故律大德上宏和尚石塔碑铭》（《全唐文》卷六七八）。

② 柳宗元《南岳大明寺律和尚碑》，《全唐文》卷五八七。

附录1　如愿墓志拓片

附录2　如愿墓志

大唐真化寺多宝塔院故寺主临坛大德尼如愿律师墓志铭并序

敕检校千福寺法华道场沙门飞锡撰

大历十年岁次乙卯五月廿九日，律师薨于长安真化寺之本院。律师法讳如愿，俗姓李氏，陇西人也。申公之裔，簪裾之盛，真岂宝乎？律师天生道牙，自然神秀，十一诏度，二十具圆，弥沙塞律，其所务也。分氎之义不殊，折金之理斯在。律师仅登十腊，声实两高，邀临香坛，辞不见允，望之俨然，即之温然。其慧也月照千潭，其操也松寒万岭。乃曰："威仪三千，吾镜之矣！度门八方，复焉在哉？"遂习以罗浮双峰无生之观，位居元匠矣。我皇帝慕圣君临，千佛付嘱。贵妃独孤氏，葛覃蕴德，十乱匡□□□时，受道紫宸，登坛黄屋。因赐律师紫袈裟一副，前后所锡锦绮缯帛，凡数千疋，以旌其高。璨乎盈庭，了无是相，道何深也！由此敕书垒箧，中使相望，御马每下于云霄，天花屡点于玉砌，缔构多宝塔，缮写《莲华经》，环廊缭絙，金刹熠耀。额题御札，光赫宇宙，皆吾君之特建，亦贵妃之为□，弘哉！噫！律师掷钵他方，应遽还于静室；散花上境，何便住于香天。颜貌如生，若在深乏，曲肱右胁，湛然已灭。春秋七十六，法夏五十六。具以上闻，皇情悯焉，中使临吊，赙赠之礼，有加常等。

律师累圣钦若，三都取则，意澹江海，心闲虚空，而今而后，恐难继美。于戏！六宫谁授其髻宝？八部孰示于衣珠？觉路醒而却迷，□花茂而还落。哀哉！弟子长乐公主与当院嗣法门人登坛十大德尼常真敕赐弟子证道、政乏，证果寺大德凝照、惠照、凝寂、悟真，资敬寺上座洪演寺主孝因律师、真一、远尘、法云寺律师遍照等，凡数千人，则懿戚相门，爱道花色，而为上首。忽丧宗匠，如睹鹤林。即以其年七月十八日，奉敕法葬于长安城南毕原，塔之，礼也。素幡凄于道路，丹惨于郊扃。式扬国师，敢为铭曰：

紫袈裟者彼何人？已了如来清净身。登坛不向明光殿，去去应超生死津。

陇西秦昊书　广平程用之刻字

附录3　惠果墓志

大唐神都青龙寺故三朝国师灌顶阿阇梨惠果和尚之碑

俗之所贵者也五常，道之所重者也三明。惟忠惟孝，凋声金版，其德如天，盍藏石室乎。尝试论之，不灭者也法，不坠者也人。其法谁觉，其人何在乎？爰有神都青龙寺东塔院大阿阇梨法讳惠果和尚者也。

大师拍掌法域之行崩，诞迹昭应之马氏。天纵精粹，地冶神灵。种惟凤卵，苗而龙驹。高翔择木，嚣尘之网不能罗之。师步占居，禅林之葩实是卜食。遂乃就故讳大照禅师师之事之。其大德也，则大兴善寺大广智不空三藏之入室也。昔髫齓之日，随师见三藏，三藏一目，惊异不已。窃告之曰:“我之法教,汝其兴之也。”即而视之如父,抚之如母。指其妙迹,教其密藏。大佛顶大随求,经耳持心;普贤行、文殊赞,闻声止口。年登救蚁,灵验处多。

于时代宗皇帝闻之,有敕迎入,命之曰:“朕有疑滞,请为决之。”大师则依法呼召,解纷如流。皇帝叹之曰:“龙子虽少,能解下雨,斯言不虚。左右书绅,入瓶小师,于今见矣。”从尔已还,骥騄迎送,四事不缺,年满进具,孜孜照雪,三藏教海,波涛唇吻,五部观镜,照耀灵台。洪钟之响,随机卷舒;空谷之应,逐器行藏。始则四分秉法,后则三密灌顶。弥天辩锋,不能交刃。炙輠智象,谁敢极底。是故三朝尊之以为国师,四众礼之以受灌顶。若乃旱魃焦叶,召那伽以滂沱;商羊决堤,驱迦罗以杲杲矣。其感不移晷,其验同在掌。皇帝皇后,崇其增益;琼枝玉叶,伏其降魔,斯乃大师慈力之所致也。

纵使财帛接轸,田园比顷,有受无贮,不屑资生。或建大曼荼罗,或修僧伽蓝处。济贫以财,导愚以法;以不积财为心,以不吝法为性。故得若尊若卑,虚往实归,自近自远,寻光集会矣。诃陵辨弘,经五天而接足;新罗惠日,涉三韩而顶戴。剑南则惟上,河北则义圆。钦风振锡,渴法负笈。若复印可绍接者,义明供奉其人也。不幸求车满公当之也。沐一子之顾,蒙三密之教,则智璨玫一之徒,操敏坚通之辈,并皆入三昧耶,学瑜珈,持三密秘达毗钵,或作一人师,或为四众依,法灯满界,流派遍域,斯盖大师之法施也。

从辞亲就师,落饰入道,浮囊不借他,油钵常自持。松竹坚其心,冰霜莹其志,四仪不肃而成,三业不护而喜。大师之尸罗,于此尽美矣。经寒经暑,不告其苦;遇苦遇疾,不退其业。四上持念,四魔请降。十方结护,十军面缚,能忍能勤,我师之所不让也。游法界宫,观胎藏之海会;入金刚界,礼遍智之麻集。百千陀罗尼,贯之一心;万亿曼荼罗,布之一身。若行若坐,道场即变;在眠在觉,观智不离。是以与朝日而惊长眠,将春雷以拔久蛰。我师之禅智,妙用在此乎?示荣贵导荣贵,现有疾待有疾，应病投药，悲迷指南。

常告门徒曰："人之贵者，不过国王；法之最者，不如密藏。策牛羊而趋道，久而始到；驾神通以跋涉，不劳而至。诸乘与密藏，岂得同日而论乎？佛法心髓，要妙斯在乎？无畏三藏，脱躧王位，金刚亲教，浮杯来传，岂徒然哉。从金刚萨埵稽首叩寂，师师相传，于今七叶矣。非冒地之难得，遇此法之不易也。是故建胎藏之大坛，开灌顶之甘露。所期若天若鬼，睹尊仪而洗垢；或男或女，尝法味而蕴珠。一尊一契，证道之径路；一字一句，入佛之父母也。汝等勉之勉之！"我师之劝诱，妙趣在兹也。

夫一明一暗，天之常也；乍现乍没，圣之权也。常理寡尤，权道多益，遂乃以永贞元年，岁在乙酉，极寒月满，住世六十，僧夏四十，结法印而摄念，示人间以薪尽矣。呜呼哀哉，天返岁星，人失惠日，筏归彼岸，溺子一何悲哉。医王匿迹，狂儿凭谁解毒？呜呼痛哉，简日于建寅之十七，卜茔于城邙之九泉；断肠埋玉，烂肝烧芝，泉扉永闭，愬天不及，荼蓼呜咽，吞火不灭。天云惨惨现悲色，松风瑟瑟含悲声；庭除菉竹叶如故，陇头松槚根新移；乌光激回恨情切，蟾影斡传攀擗薪。嗟呼痛哉奈苦何！

弟子空海，顾桑梓则东海之东，想行李则难中之难。波涛万万，云山几千也。来非我力，归非我志；招我以钩，引我以索。泛舶之朝，数示异相。归帆之夕，屡说宿缘。和尚掩邑之夜，于境界中告弟子曰："汝未知吾与汝宿契之深乎！多生之中，相共誓愿，弘演密藏，彼此代为师资，非只一两度也。是故劝汝远涉，授我深法，受法云毕，吾愿足矣。汝西土接我足，吾也东生入汝之室。莫久迟留，吾在前去也。"窃顾此言，进退非我愿，去留随我师；孔宣虽泥怪异之说，而妙幢说金鼓之梦，所以举一隅示同门者也。

词彻骨髓，诲切心肝。一喜一悲，胸裂肠断。欲罢不能，岂敢韫默。虽凭我师之德广，还恐斯言之坠地；叹彼山海之易变，悬之日月之不朽。

乃作铭曰：

生也无边，行愿莫极。丽天临水，分影万亿。爰有挺生，人形佛识。毗尼密藏，吞并余力；修多舆论，牢笼胸臆。四分秉法，三密加持；国师三代，万类依之。下雨止雨，不日即时；所化缘尽，泊焉归真。惠炬已灭，法雷何春；梁木摧矣，痛哉苦哉。松樌封闭，何劫更开。

附录4 不空碑铭

《大唐故大德开府仪同三司试鸿胪卿肃国公大兴善寺大广智三藏和上之碑》

法华道场沙门飞锡敕检校撰于千福安国两塔院

一月飞空，万流不閟。五天垂象，三藏降生。曷其谓焉？我大师矣。大师法讳不空，北天竺婆罗门子也。初母氏遇相者曰："尔汝必当生菩提萨埵也。"已便失。数日之后，果梦佛微笑，眼光灌顶，既寐犹觉，室明如昼，因而孕焉。早丧所天，十岁，随舅氏至武威郡。十三，游太原府。寻入长安，以求出要。见大弘教金刚三藏，以为真吾师。初试教《悉昙章》，令诵梵经，梵言赊切，一闻无坠。便许入坛，授发菩提心戒。年甫十五，与出家焉。弱冠，从有部进具，成大苾刍，律相洞闲，知而不住。将欲学《声明论》，穷瑜伽宗，以白先师。师未之许，夜梦佛菩萨像悉皆来行，乃曰："我之所梦，法藏有付矣。"遂授以三密，谈于五智。十二年功，六月而就。

至开元二十九年秋，先师厌代。入塔之后，有诏令赍国信，使师子国。白波连山，巨鳞横海，洪涛淘涌，勐风振激。凡诸难起，奋金刚杵，讽随求章，辟灾静然，船达彼国矣。弟子僧含光、慧辩皆目击焉。师子国王郊迎宫中，七日供养。以真金器沐浴大师，肘步问安，以存梵礼。王诸眷属，宰辅大臣，备尽虔敬。其国有普贤阿遮黎圣者，位邻圣地，德为时尊，从而问津，无展乃诚。奉献金贝宝，曰："吾所宝者，心也，非此宝也。"寻即授以十八会金刚顶瑜伽，并毗庐遮那大悲胎藏五部灌顶真言，秘典经论梵夹五百余部，佥以为得其所传也。他日，王作调象戏以试大师。大师结佛眼印，住慈心定，诵真言门以却之。其象颠仆，不能前进，王甚敬异。与夫指降醉象，有何殊哉？则知七叶之花，本无香气；五阴之舍，岂有我人？三摩地中，示其能慧。

至天宝六载，自师子国还。玄宗延入建坛，亲授灌顶，住净影寺。于时愆亢，纳虑于隍，大师结坛应期，油云四起，沛然洪澍。遂内出宝箱，赐紫袈裟一副、绢二百匹，以旌神用。或大风拔树之灾，祅星失度之沴，举心默念，如影响焉。至十三载，有敕令往武威。趣节度使哥舒翰请，立大道场，与梵僧含光并俗弟子开府李元琮等，授五部灌顶金刚界大曼荼罗法。时道场地为之大动，有业障者，散花不下，上着子（于）盖，犹如群蜂味之香蕊，不能却之，事讫方坠。何神之若此耶！十桂紫眼月，敕还京，住大兴善寺。

洎至德中，肃宗皇帝行在灵武，大师密进《不动尊八方神旗经》，并定收京之日，如符印焉。乾元中，延入内殿，建护摩，亲授灌顶。渥恩荐至，有殊恒礼。寻令于智炬寺念诵，感本尊玉毫划然，大明照彻岩谷。及我宝应临朝，金轮驭历，圣滕弥积，师事道尊，授特进试鸿胪卿，加大广智之号。躬禀秘妙，吉祥至止。或普贤泻神光于紫殿，六宫作礼；或文殊呈瑞相于金阁，万乘修崇。或翻《密严》《护国》之梵文，云飞五色；或译《虚空库藏》之贝偈，雾拥千僧。大师衔命而陟彼清凉，承恩而旋归帝邑。凡诸应验，差难备陈。方悟夫虚空之花，体无生灭；真如之用，岂有去来？前后奉诏所译诸经，总八十三部，计一百二十卷，并已颁行入藏目录。兼奏天下诸寺以文殊为上座，仍置院立像，保厘国界，申殷敬焉。

至大历八年，有进止，于兴善本院又造文殊金阁，禁财内出，工人子来。宝伞自九霄而悬，御香亦一人所锡。微尘之众，如从地涌；钧天之乐，若在空临。至九年六月十一日，制加大师开府仪同三司，封肃国公，食邑三千户，余如故。荣问优洽，宠光便繁。降北极之尊，为师宗之礼，幡像之惠,玉帛之施,敕书盈箧,中使相不望,前古已来,未有如我皇之清信也,吾师之丹诚也!

大师爰自二十岁,讫于从心五十余年,每日四时,道场念诵,上升御殿,下至凡榻,刹那之顷,曾无间焉。万岭寒松,历严霜而黛色者,有以见之于直操矣。矧夫入朱门如荜户,五载三若鹑衣。虽驰于骐,常在九禅之清净。独立不及,同夫大通。众色摩尼,本无定彩,彩止自彼,于我何为?实谓真言之玄匠,法王之大宝者也。

于戏!菩萨应见,成不住心。如来坚林,度有情辈。示以微疾,自知去辰。以其月十五日,爰命弟子进表上辞,嘱以后事。削发汤沐,右胁累足,泊焉薨逝。春秋七十,法腊五十。时骤雨滂注,小方天开。哀悼九重,辍朝三日。赠绢三百匹,布二百端、钱三十万、米面共四百石,香油、薪炭及诸斋七,外支给。又赐钱二百二十五万,建以灵塔,宇内式瞻。又敕高品李宪诚勾当,及功德使开府仪同三司李元琮监护,即以七月六日,法葬于凤之南少陵原。其日,中书门下敕牒赠司空,谥大辨正广智不空三藏和上。又遣内给事刘仙鹤宣册致祭。内出香木,焚之灵棺,具荼毗之礼也。寺池涸而华萎者,告终之象;梦幢倾而阁倒者,惊诫之期;则双林变白之征,洞(泗)水逆流之感,岂昔时也!宰臣百辟曾受法印者,罔不哀恸。门人敕常修功德使、捡校殿中监、大兴善寺沙门大济等四部弟子,凡数万人,痛大夜之还昏,悲慧灯之永灭。不以才拙,令纪芳猷。飞锡谬接罗什之筵,叨承秦帝之会,想高柴之泣哭,尽同奢花之血见。式扬无说之说,以颂龙中之龙。其词曰:

文字解说即真言兮,天生我师贝叶翻兮。龙宫闾阖了本源兮,象驾逶迤仙乐繁兮。所作已办吾将灭兮,空留梵夹与花喧兮。冕旒增悼合会葬兮,人恸地振声何喧兮。金刚之杵梦西土兮,以表吾师安养国兮。法王之子惊牛轩兮,永度生死破魔怨兮。

大历九年岁甲寅七月六日丁酉建

附录5　楚金碑铭

唐国师千福寺多宝塔院故法华楚金禅师碑

潭碧千丈，无隐月容；松青万岭，莫静风响。夫德充于内而声闻于天者，有以见之于禅师矣！禅师法讳楚金，程氏之子。本广平郡，今为京兆之盩厔人焉。祖宗阀阅，存而不论。母渤海高氏，夜梦诸佛，是生禅师，真可谓法王之子者也。行素颜玉，神和气清，七岁讽花经，十八讲花义，三十构多宝于千福，四十入帝梦于九重。上睹法名，下见金字，诘朝使问，罔不有孚，声沸江海，岂惟京毂？于是倾玉帛，引金绳，千梁攒空，一塔耸汉，回廊飞阁，无不创焉。风起而铃鸣半天，珠悬而月生绝顶，清净眼耳，骏奔香花，度如恒沙，而无所度者有之矣！尝于翠微悟真，扪萝灵趾。乃曰："此吾栖遁之所。"遂奏两寺，各建一塔，咸以"多宝"为名，度缁衣在白云，昭其静也。矧夫心同琉璃，思出常境，工人梓匠，佥讶生知，毗首所未悟，班输所愕视？若然，则浮图之化，髻珠之教，风靡千界，皆禅师之力，岂止金丹五天而已哉！

禅师云雷发空谷之响，金石吐铿锵之音，吟咏妙经，六千余篇。宝树之下，彷佛见于分身；灵山之上，依稀觌于三变。心无所得，舌流甘露，瑞鸟金碧，栖于手中，天乐清泠，奏于空际。凡诸休应，皆不有之。乃曰：法本无名，焉用彼相？长而不宰，其在兹焉。若非法华三昧，禀自衡阳，止观一门，传乎台岭，安能迂象王之法驾，回圣主之宸眷？承明三入，宏道六宫，后妃长跪于御筵，天花每散而不着。元宗题额，肃宗赐幡。鹊返云中，住香楼而不下；龙蟠天上，挂金刹而常飞。玉衣盈箱，玺书满箧，写千经滴沥而垂露，答万乘涣汗之渥泽。夔龙貂冕，下黄道而整襟；隐逸高僧，入青莲而扣寂。微尘知识，如从百城而至；无边胜士，若自千华而来。岂荣冠于一时？亦庶几于佛在也。虽林茂鸟归，人高物向，澄渟天地之境，委曲虚空之姿，无来乃来，不往而往。所作已讫，吾将去乎？有梦彩座前迎，诸天献果。粤以乾元二年七月七日子时，右胁薪尽火灭，雪颜如在，昭乎上生于安养之国矣！享龄六十二，法腊三十七。天子悯焉,中使吊焉,寻敕骠骑大将军朱光晖监护,即以其年八月十二日,法葬于长安城西龙道原法华兰若塔之(阙)礼也。

于戏!禅师龄年诏度,初配龙兴,中岁观心,闭关千福。罢玉柄,葆天光,悟炎宅清凉,驾一乘独运。乃梦塔从地涌,因用模焉,今之所制,抑有由矣。至若神光熠耀于其颠,圣灯明灭于其下,画普贤则舍利飞笔,绘群释乃卿云澹空。顶中之血,刺写经王;衣里之珠,指呈醉士。当其无,有其用,不立心境,同乎大通。彼五色之相宣,我摩尼之何有?豁如也。缣纩皮革,多由损生,属徒衣布,寒加艾纳,慈至也。若乃降龙之钵,解虎之杖,莲花之衣,甘露之饭,凡诸法物,率多敕赐。不住于相,咸将施焉。室不贮于金钱,堂每流乎香积,澹然闲住,为天人师。允所谓利见于大雄,释门之亚圣者也。又曰:“吾自知终于六十有二矣,尔曹志之。”以其言,验其实,宛如也。

噫!八部增怛,万国同哀。有诏令荼毗,遵天竺故事。于是金棺闭,香木烧,玉兔驯,白鹤唳。雾咽松槚,风凄郊,月飞青天,无照元夜。法花弟子当院比丘慧空、法岸、浩然等,表妹万善寺上座契元、万善寺建多宝塔比邱尼正觉、资敬寺建法华塔比邱尼奔叱利等,真白凡数万人,悲化城之不住,痛宝所而长住。贝叶翻手,孰指宗通?金磬发林,谁宣了义?以予分座御榻,同习天台,爰讬斯文,镂之真石。式扬真古,敢不铭云:

天上云飘,海中日出。如何落照,大明奄失。莲花之外,别有莲花;寥廓之表,又逢寥廓。法离去来,道无今昨。松门一塔兮谁为寂寞,寂而常照,死而不亡。其响弥高兮其德弥彰。白鹤双双,飞香郁郁。明月既出,更无星宿。